住まいと人と環境

プロフェッショナルからの提言

住まいと環境 東北フォーラム 編

技報堂出版

はじめに

少子高齢社会に突入しています。我が国の人口は２００８年にピークの1億２８００万人となり、その後は減少し続け、70年後には半分になると推定されています。また、65歳以上の高齢者の割合は２０１３年に25％となっており、２０２５年には30％を占めると推定されています。今まさに元気で長生きできる住まいや環境が求められています。

しかしながら、住宅の環境は、必ずしも健康で快適に過ごせるようにはつくられていません。例えば、冬に脱衣室や浴室の温度が低いために、入浴時に血圧が急激に変化し、脳卒中を引き起こして亡くなる例が増えています。

一方で、ＩＰＣＣ（気候変動に関する政府間パネル）の第５次報告では、地球温暖化は人為起源の温室効果ガスの増加によってもたらされた可能性が極めて高いことが述べられています。したがって、省エネを進めながら快適・健康な環境づくりを進めていくことが重要となっています。

任意団体である「住いと環境　東北フォーラム」は、省エネ・快適・健康な住宅を全国に普及していくために蓄積された研究成果や最新の情報を生活者に発信していくということを目的として、１９９２年に発足しました。

それ以来、シンポジウム、研究会、講習会、見学会などを実施してきましたが、２００８年からは、Ｈ＆Ｅレターという会報を定期的に発行し、最新の情報を会員の方々に提供してきました。例えばシックハウスや湿気のない住宅のつくり方、光や熱の快適性とは何か、省エネはどこまで可能か、仮設住宅における環境問題と改善の工夫などです。それらの情報には、住まいづくりのヒントとなる情報が含まれることから、会員だけに限定してしまうには惜しいので、この度、一冊の書籍としてまとめ、生活者の皆様に提供することにいたしました。健康で快適な住まいづくりのためのヒント・アイデアが盛り込まれておりますので、是非、ご活用ください。

目次

01 2050年を見据えた住まいの姿

キーワード
温暖化防止、快適性、健康性、断熱改修

●建築関連分野の温暖化対策に関する提言

日本建築学会をはじめとする建築関連の学協会（17団体）は、２００９年12月に「建築関連分野の地球温暖化対策ビジョン２０５０—カーボン・ニュートラル化を目指して」と題する提言を発表しました（**写真１**）。以下の項目を目標に掲げています。

① 新築建築は、今後10～20年の間に二酸化炭素を極力排出しないよう、カーボン・ニュートラル化を推進する

② 既存建築も含め２０５０年までに建築関連分野全体のカーボン・ニュートラル化を推進する

③ 建築を取り巻く都市、地域や社会まで含めたカーボン・ニュートラル化を推進する

「カーボン・ニュートラル」とは、エネルギー需要を抑え、必要なエネルギーには再生可能エネルギーを調達することで、年間を通しての二酸化炭素排出収支がゼロになる状況や、ほかのプロジェクトにおける削減量を組み合わせて二酸化炭素の排出収

写真１ 建築関連の学協会（17団体）の提言の表紙

文がゼロとなる状況のことを指しています（**図１**）。

● カーボン・ニュートラル化のための手法

さて、住宅をカーボン・ニュートラルにするためにはどのように設計すべきでしょうか。まずは言うまでもなく暖房・冷房負荷を可能な限り削減することです。技術としては壁・床・天井や開口部の断熱・気密化、大きな南面開口を通しての太陽熱利用、夏の日射遮蔽、通風などです。また、高効率機器を導入して家電製品、ガス器具の負荷を削減します。そのうえで必要なエネルギーを供給するために自然エネルギーを最大限利用します。すなわち太陽熱や地熱の利用による暖房・給湯エネルギーの供給、太陽光による発電です。さらに、住まい方の工夫による省エネルギー効果も非常に大きいでしょう。これらのすでに開発されている技術を徹底的に用いて、住まい方を工夫すればカーボン・ニュートラル化を実現することは可能であると考えています。すでにハウスメーカーでは高いエネルギー自給率が得られています。

● 既存住宅の断熱改修とプロジェクトの開始

提言にも示されているとおり、温暖化防止のための大きな課題は既存住宅のカーボン・ニュートラル化です。新築住宅の建設戸数は年間約１００万戸ですが、それに対

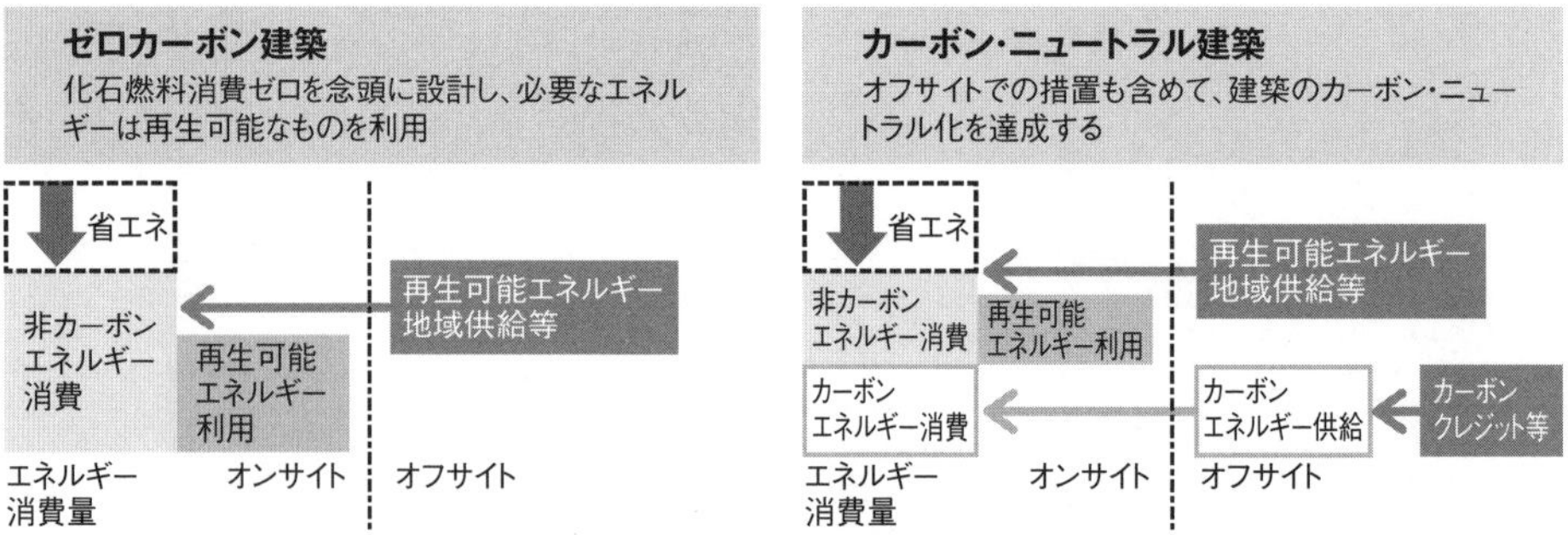

図１　カーボン・ニュートラル化について（建築関連分野の地球温暖化対策ビジョン 2050）

して既存住宅の数は５７００万戸に達します。新築住宅だけに着目しても温暖化防止は進みません。既存住宅に関しては、断熱が不十分な、または断熱が施されていない住宅を取り壊して新築するか、あるいはそれらを改修するかの二つの考え方があるでしょう。取り壊して新築する場合は、改修する場合と比べて多くの建築材料を必要とするため、エネルギーの消費も増えることになります。我が国の住宅の平均寿命は26年で、米国44年、英国75年に比べるとはるかに短いのです。長寿命ということもライフサイクルエネルギー消費の削減、資源の保存から考えると極めて重要であり、耐久性の面からみて構造部材や主要な材料に問題がなければ改修によって省エネルギーを図るべきでしょう。

●必要な断熱のレベル

断熱改修の際に考えなければならないことは断熱のレベルです。どの程度の断熱を施せば暖房負荷を大幅に減らせるかということです。筆者らが、標準的な住宅を対象に、断熱レベルと暖房条件を変化させて1月の暖房負荷を計算した結果を**図2**に示します。

図の中の線は、断熱レベルと暖房方法が同じ条件で計算した結果を、異なる地域の間で結んだものです。仙台を例にとると、現状の既存住宅の平均レ

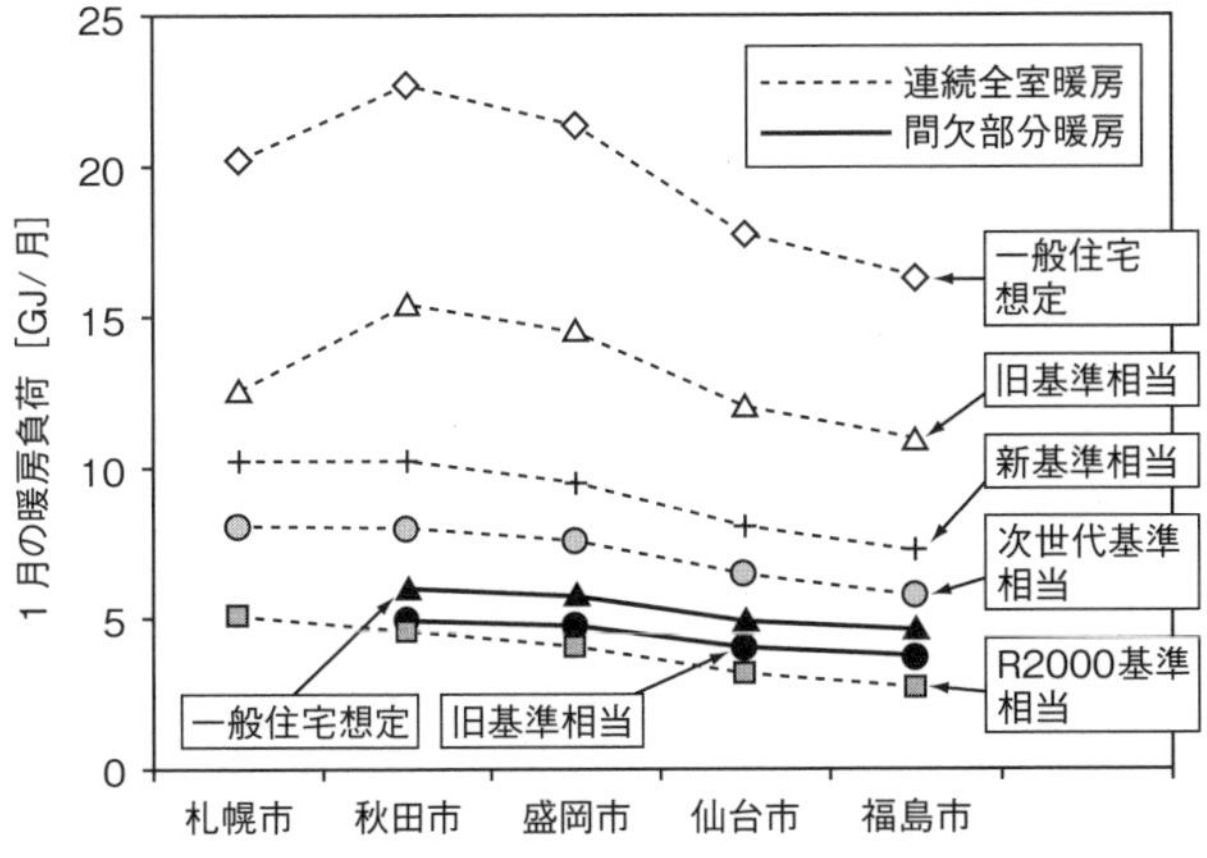

図2　断熱水準、暖房条件の違いと1月の暖房負荷

ベル（断熱は旧省エネレベルよりも下で、間欠部分暖房）では、4・9ギガジュールであり、かなり負荷は小さくなっています。まずこのことに注意してください。しかしながら、室内の温度は暖房している居間を除くと大変に低く健康性・快適性の面で大きな問題があります。この住宅で全室暖房を実施すると17・8ギガジュールまで一気に増大します。この暖房条件で断熱を段々と強化して、旧省エネレベル、新省エネレベル、次世代省エネレベルにすると、暖房負荷は、12・0、8・1、6・4ギガジュールと減少していきます。しかし、次世代レベルでも、まだ現状と同じレベルにはなりません。そしてR2000*レベルにまで高めて、ようやく現状の暖房負荷よりも小さくなります。この計算でわかることは、断熱化によって暖房負荷が削減できるかどうか、あるいは削減できるとすればどのくらいの量かという予測は、どの断熱レベルでどのような暖房条件を基準としているかに大きく依存するということです。断熱強化が温暖化防止の大きな手段の一つとして取り上げられていますが、この点は注意する必要があります。

なお、暖房が不要な「無暖房」に関してもすでにシンポジウムなどで取り上げられ議論されています。

*R2000
カナダ政府が1980年ごろ、2000年を目途に暖房エネルギーを二分の一に削減するために作成した建物モデルの断熱性能。

●断熱化のメリット

断熱の強化は必ずしも暖房負荷の削減にはつながりませんが、健康性・快適性の面では大きなメリットがあります。それはヒートショック*による健康障害の低減です。脳卒中による死亡は住宅の中での大きな温度差に起因するという可能性を、筆者は大規模な実態調査をもとにして25年ほど前に指摘しました。断熱を強化することにより、暖房していない空間の温度はそれ以前よりも高く維持されるので、ヒートショックの可能性は低くなり、健康障害も低減されます。また、最近では入浴中の死亡事故が話題を集めており、年間約４５００人が入浴中に死亡するという統計（厚生労働省・人口動態統計）があります【注1】。その原因は脱衣室や浴室の室温が低いことであるといわれていますが、断熱の強化によってこれも回避できるでしょう。さらに断熱・気密を強化すれば室内の上下の温度分布は小さくなり、壁体やガラス面からの冷輻射による不快な環境も改善され快適性も向上します。断熱化によるこのような健康性・快適性でのメリットに十分、目を向ける必要があります。

高断熱住宅に移り住んだ人を対象として、それ以前の住宅との比較のうえで、生活上の変化を聞いてみたことがあります。**図3**はその結果です。この図によれば、大きく変わったこととして、「夜のトイレが億劫でなくなった」「朝の起床が楽になった」「裸足で過ごすようになった」「子供や高齢者の室内での活動範囲が増えた」などの指摘が見られます。また、健康上の変化に対する意見としては、40％の居住者で良い変化があった、15％で悪い変化があったと回答しています。良い変化の例としては「かぜをひかなくなった」が特に多く、「神経痛、腰痛、肩こりがなくなった」がこれに続きます。これらの変化は、居住者の生理的な熱ストレスが小さくなったことがその

*ヒートショック
急激な温度変化がにより血圧の急激な上昇や下降が引き起こされる現象。

【注1】入浴中の死亡事故でも「溺死」という診断ではなく「心疾患」など別な原因として記録されている例もあり、それらを含めると1万７０００人という数値になる。

理由として考えられます。一方、悪い変化については、「乾燥肌になった」「喉の具合が悪くなった」などの指摘が見られます。

●給湯の省エネルギー

住宅のエネルギー消費量の内訳について、全国調査の結果（文献1）を**図4**に示します。エネルギー消費量は、北海道、東北、北陸の順に多いのは、暖房用と給湯用のエネルギー消費が大きいためです。したがって、このような地方では暖房の次に給湯の省エネルギーが大きな課題になります。省エネルギーのためには、給湯量自体を減少することが望ましいのですが、それに対する抵抗感は大きいものがあります。アンケート調査によりますと、例えば風呂に入る代わりにシャワーに切り替えることができるかという質問に対しては「難しい」という回答が多いのです。したがって給湯の省エネルギーを進めるためには、化石エネルギーに依存しない熱の供給や効率の高い給湯器の導入を考えなければなりません。最も有効な方法の一つは太陽熱利用ですが、残念ながら太陽熱給湯の設置面積は1980年をピークに減少しています。その理由として、デザインに魅力がないことや、支援政策がないこと、ほかの優れた競合機器が登場したことなどが考えられます。

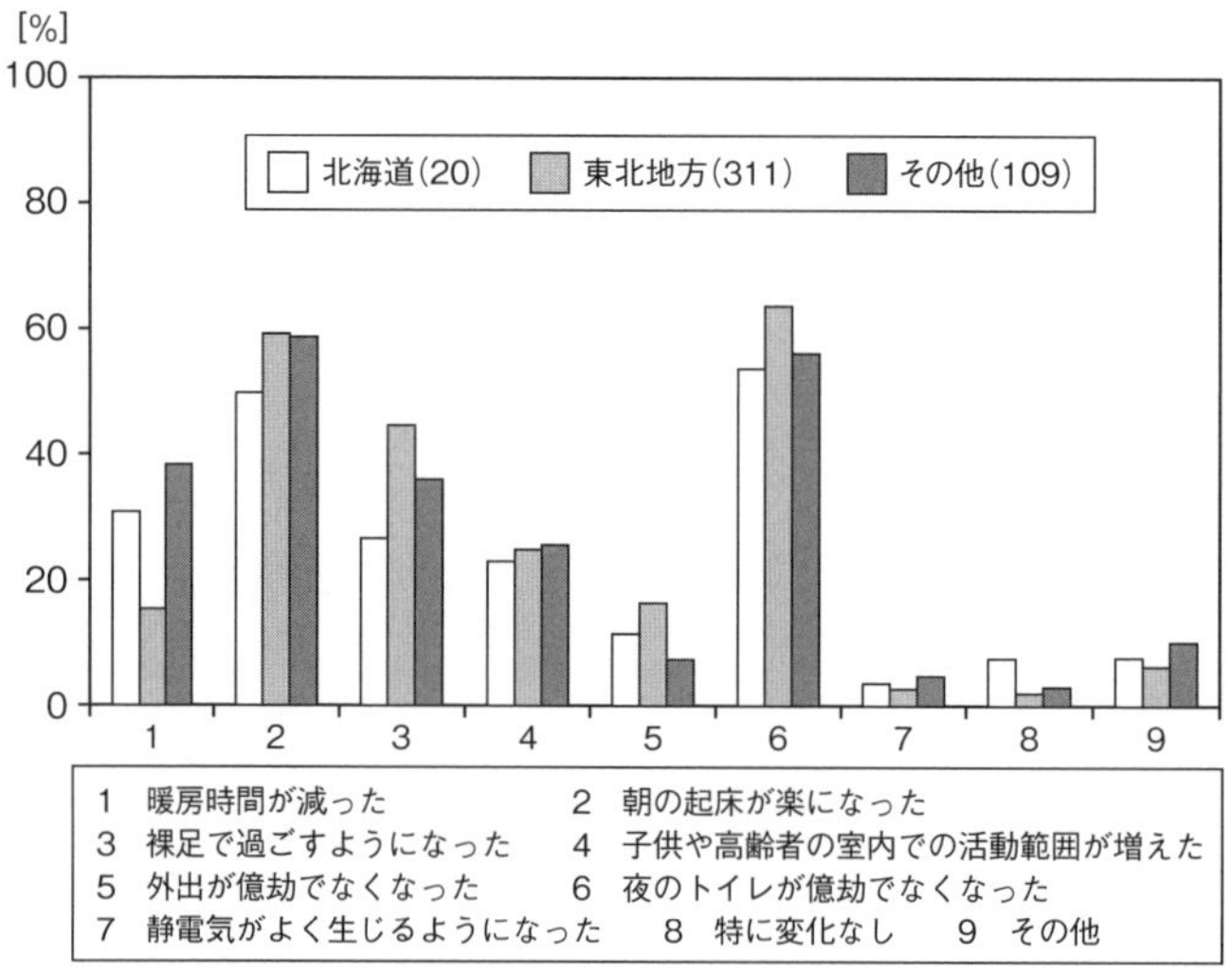

図3　断熱気密住宅に移った後の生活上の変化

しかし太陽熱給湯は、簡単に太陽エネルギーを利用することができる装置です し、コストも比較的廉価で効率も高いので、関連企業における新たな戦略のもとでの販売促進が望まれます。

●カーボン・ニュートラルを推進するためのインセンティブの付与

カーボン・ニュートラル化にとって最も重要なことは、生活者が多くのコストをかけても温暖化防止のために化石エネルギーを削減するというインセンティブ（動機）を持つことです。そのインセンティブを付与するための当面の課題のいくつかを列挙します。

① 断熱改修による健康性、快適性の向上に関する実績にもとづく情報の発信
② 経済的で簡便な断熱改修の開発と普及
③ 太陽熱給湯の集熱装置の優れたデザイン開発の促進
④ 財政的な支援策への提言

カーボン・ニュートラル化は決して難しいことではなく、達成するための技術的手法はすでに開発されているといってよいでしょう。それらの技術をいかにして多くの住宅に適切に取り入れるかということが大きな課題です。

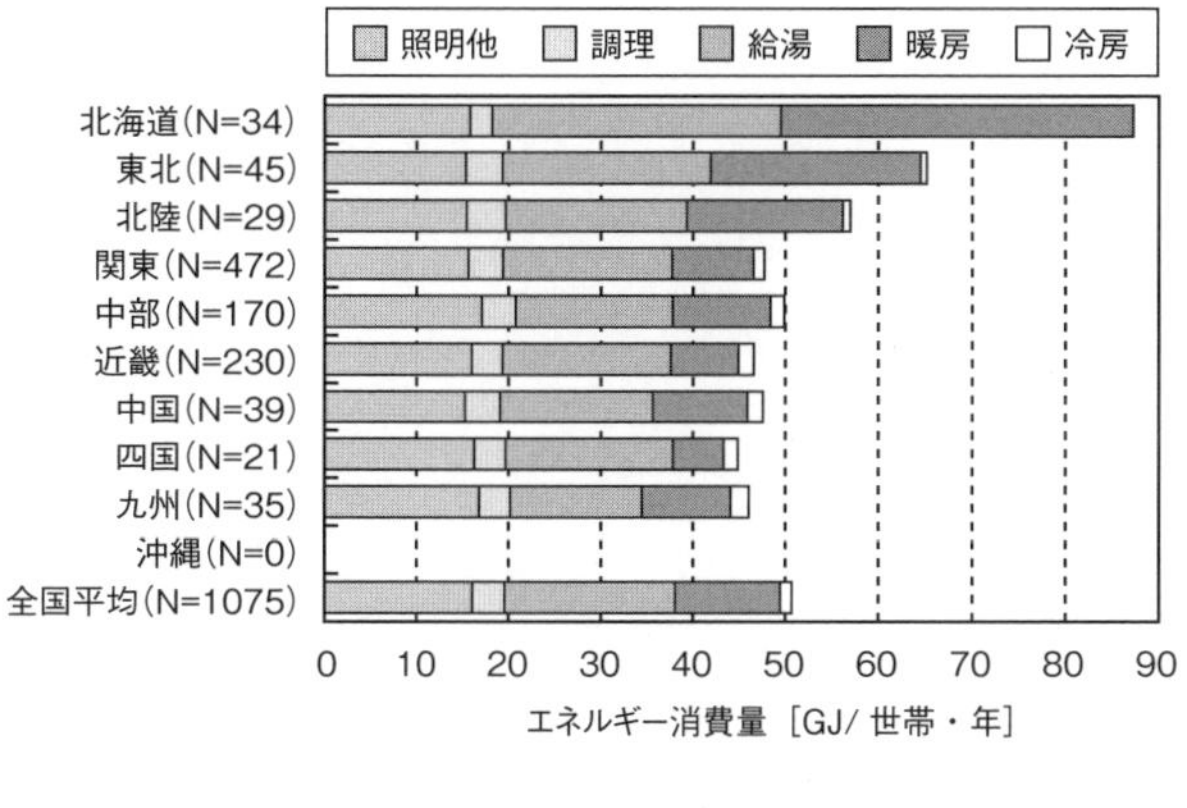

図4　住宅エネルギー消費の地域別比較（戸建住宅の場合）[1)]

なお、日本建築学会と建築関連団体の18団体が連携して、２０１４年7月に低炭素社会推進会議を立ち上げ、低炭素社会の実現に向けた情報共有、情報発信を積極的に進めていくことを決定しました。

（吉野　博）

《参考文献》

（1）井上　隆ほか「住宅内のエネルギー消費に関する全国的調査研究（ＣＤ-ＲＯＭ版）6章 アンケートによる住宅内エネルギー消費の実態と住まい方等に関する調査」日本建築学会、住宅内のエネルギー消費に関する調査研究委員会、２００４・3

02 高齢者のための室内環境とは？

キーワード
高齢社会、健康、体温調節、低体温症、空気清浄

●高齢者は低体温症におちいりやすい

日本は西欧の先進諸国に比し高齢化のスピードが著しく、高齢社会からさらに超高齢化しています。平成25年には65歳以上の老年人口が25%以上を占め、高齢者の世帯も多くなっています。65歳以上の者のいる世帯が全世帯に占める割合が平成元年に27%であったものが、最近では40%以上に上昇しています。また高齢者の単独世帯、すなわち独居老人も増加傾向にあります。北欧では「福祉は住居にはじまり住居に終わる」とされ、良質な住宅なしには福祉は成り立たないと考えられています。これからの超高齢社会の日本にとって高齢者の住まいは重要課題です。

かつて高齢社会の先駆けとして社会保障制度などに国を挙げて取り組み、「揺りかごから墓場まで」をスローガンとしていたイギリスでは、高齢者の医療、福祉、保健へのアプローチが行われました。しかしイギリスでも核家族化は進み、「スープの冷めない距離」と言われながら、子供は都会に出て行き、昔ながらの家には高齢者世帯や独居老人が住んでいる場合がみられます。昔ながらの天井の高い家の場合、部屋を

暖めるには暖房装置が不備で、また燃料費がかさむなど室内環境は高齢者にとっても必ずしも好ましいものではありません。（**写真1**）

イギリスでは高齢者の低体温症がすでに1950年ごろから問題視され、低体温症によって入院する高齢者もみられました。低体温症の定義として、体温が35℃未満とされ、体温の低下に伴って身体の抵抗力、免疫機能など全身のいろいろな機能の低下がみられます。周りの環境がそれほど厳しくなくとも、低栄養や疲労、免疫力の低下など身体面からのマイナスの要因が加わることにより、室内においても低体温化が加速し凍死に至る場合もみられます。日本でも特に独居老人が死後に発見されるといった事例がみられ、社会の高齢化とともに増加することが考えられます。

●高齢者の体温調節は劣化する

恒温動物である人間は、食物摂取によって生命維持、日常活動のエネルギーを得て、体温はほぼ37℃の一定に保たれ身体の機能が円滑に維持されています。脳内の体温調節中枢では産生される熱エネルギーと過剰なエネルギーをほどよく体外に放散させ体熱平衡が図られます。しかし高齢者では、体温調節機能の種々の段階で加齢による機能の劣化が起こり、外部環境の影響を受けやすく、体熱平衡が不安定となり身体の機能を一定に保つ体温の恒常性が崩れやすいのです。

人体と環境との熱交換に影響を与える主な外部の要素は、気温、気湿、気流、輻射（放

写真1　築後約150年の木枠レンガ造りのイギリスの館
現在は大学のゲストハウスとして使用されている。しかし薪や石炭を燃料とした暖炉、そして屋根から突き出た煙突は使用されていない。天井が高く広い生活空間は、冬には暖まりにくく寒く、こうした住まいは高齢者の低体温のリスクでもある。

射温度）の温熱環境要素であり、人体側の要素としてはエネルギー代謝および着衣などです。体温を一定に保つ体温調節機能は身体内の「自律性調節」と身近な行為による「行動性調節」に大別されます。行動性調節は、寒冷時には暖房をつけ着衣量を増やし、暑熱時には冷房をつけ着衣量を少なくするといった行為、行動などによる調節です。

自律性調節は、身体内部で産熱・放熱を調節する体温調節機能による調節であり、熱エネルギーを産生する産熱に関する調節を「化学的体温調節」といいます。一方、末梢血管の拡張・収縮、そして皮膚や呼吸による汗、水分の放散などによる体熱の調節を「物理的体温調節」といいます（図1）。

高齢者の体温調節能力には個人によるバラツキが大きく、一般的に温度刺激に対し、体温調節を行う自律反応の開始は遅れがちになるか、または過剰反応を起こします。反応の量が適切に調節されないことなどから、高齢者の体温は変動しやすく、寒冷、暑熱環境において、身体の恒温性が崩れ、体温の安全域を脱しやすいのです。身体機能の低下している高齢者は、外部からの過剰な温熱ストレスに対する反応の予備能力が少なく、身体全体への負荷が大きく健康障害をきたしやすいのです。

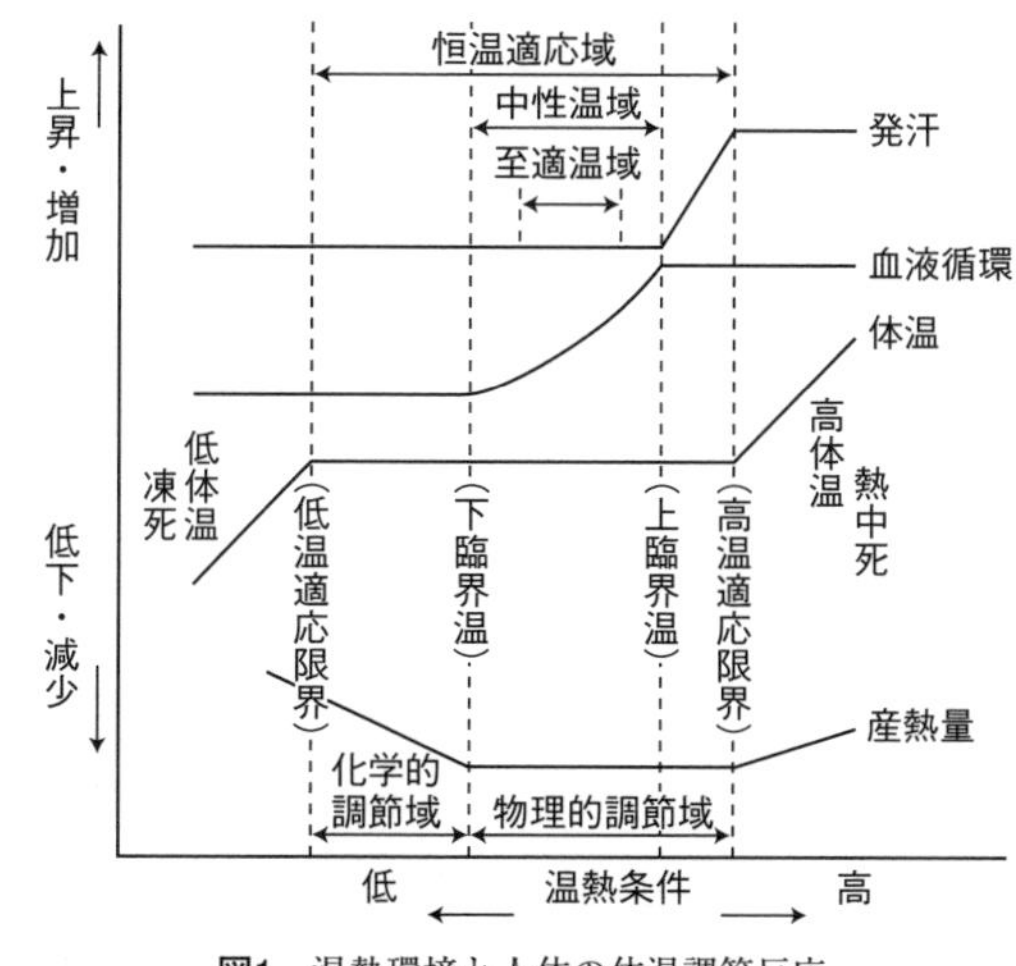

図1　温熱環境と人体の体温調節反応

●住まいを健康的に

寒冷地の北海道の建物は、一般的に高断熱・高気密であり、冬季の寒さに対して効果的です。これに対して、本州にみられる一般住宅は窓サッシなどにより気密性は以前に比べて高くなりましたが、断熱性の低い場合が多く、冷房、暖房時には屋内からの熱損失が大きく、外気温に影響されやすいのです。

高齢者にとっても夏の高温多湿の環境は身体的に負担が大きく、家の中でうつ熱*状態となり、体温は高くなり脱水症とも相まって熱中症になる危険性があります。冬には断熱、気密性が充分でない建物の場合、夜間に外気温の低下に伴い屋内の室温も低下し、浴室や脱衣室、トイレなどの環境条件は、脳卒中や心筋梗塞など血管・循環器疾患の引き金になりやすいのです。

家庭での不慮の事故による死亡のうち最も多いのが、「浴槽での死亡」で、しかもその多くが65歳以上の高齢者です。寒い浴室、そして高い湯温、そこでの血圧の上昇・下降の変動は大きく、血液循環・心臓機能にとって多大な負荷となり、事故につながります。

こうした居住状態に対して以前より高断熱・高気密住宅が省エネルギーの面からも寒冷地をはじめ全国的に推奨されています。既存の住まいに対しては、住宅改修が推奨されており、自治体によっては住宅改修費の助成を積極的に行っています。最近においても改修の人材育成、改修の活性化、組織化、あるいは目標とすべき住宅品質な

*うつ熱
体から発生する熱の放散が不十分な状態のこと。

どについての検討委員会が（財）ベターリビングを事務局として発足し注目されています。（図２）

● 換気で室内空気を清浄に

高気密化のあまり室内の空気質が悪化し健康障害を起こす危険性もあり、冬には一酸化炭素中毒事故がしばしば発生しています。そうでなくとも人は一呼吸ごとに酸素を消費し、室内に二酸化炭素を放出し、気密性の高い狭い室内では人がいるだけで空気汚染が生じます。室内の汚れた空気を排出し、新鮮な空気を取入れる換気が必要です。

建物の内外の空気の導入には、人が換気扇などにより室内の空気を入れ換える「換気」と、隙間などから人が望まずに空気が出入りする「漏気」とがあります。気密性の高い住宅は、温熱面では高性能の住宅ですから、漏気を少なくし、人が換気を適切にコントロールすれば快適な住まい空間となります。しかし、冬季には寒さを防ぐため窓を閉め、夏季には冷房効率を高めるために、気密性の高い空間で長時間にわたり換気を怠る傾向がみられます。

２００３年にはシックハウス問題から新築住宅においては各居住空間に換気装置の設置が義務づけられました。空気清浄には季節や地域に応じて窓の開閉をも考え室内の空気環境をコントロールすることが大切です。窓などの開口部

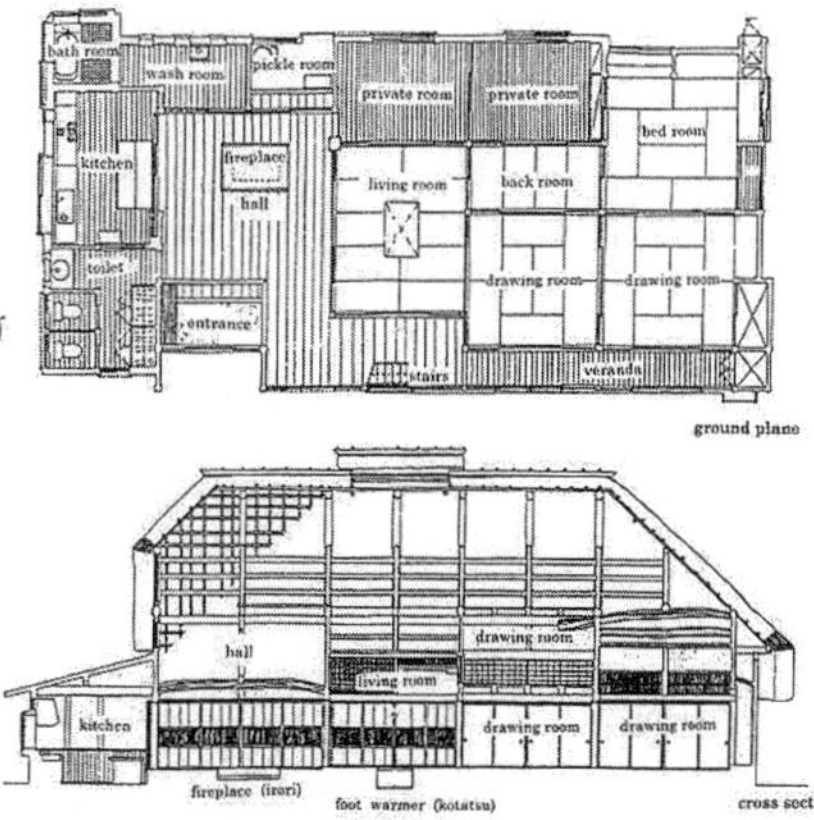

図２　改修の事例 築後約100年の茅葺きの家
玄関から東北側にトイレ、台所、浴室があり、これらの水廻り部分を改修、台所は床暖房にしている。囲炉裏のある玄関の間は主として夏の居間、冬用の隣室の居間には炬燵が設けられ季節により部屋を使い分けている。

にサッシを使った気密性の高い建物において、安全に、そして快適な生活をするには、換気に留意し新鮮な空気を確保することが基本です。

日本には四季があります。夏に冷房、冬に暖房と人工環境のみのスイッチの切り替えによる生活でなく、春と秋の気候のよい中間期には、環境共生の生活が好ましいのです。開口部をサッシや二重窓などで気密化された住宅の場合には、それに見合った換気や空調システムなどの設備機器が必要となります。

住宅は建築されてからの寿命は、木造にしても数十年の長いスパンを持っており、住宅にはその風土に合った建築様式がみられます。日本社会は核家族化、少子高齢化が進行し、高齢者世帯が増加しています。地方には昔ながらに広い住宅に暮らしている高齢者もいます。一方で都市部では気密性の高い住宅が多くみられます。冬に、気密性の高い住まい空間において、煙突なしストーブなどの空気質を汚染しやすい暖房器具や機器を使用している場合が多くみられます。住まいは、安全性とともに健康面が重視されなければなりません。

（田中正敏）

03

入浴時のヒートショックを抑えるには？

キーワード
準寒冷地、既存住宅、冬季、入浴法、ヒートショック対処、事例研究

●はじめに

高齢社会を迎え、近年、特に高齢者の日常の住生活において、夏季には住宅内での熱中症が、冬季には入浴時に曝される急激な寒暖差に起因する心臓・脳血管の発作や意識障害が、深刻な社会問題となっています。入浴中の死者数*は年間1万7000人に上るという推計も出されています。厚生労働省でも2012年度から研究班を立ち上げて対策に動き出しています。それもあって、最近はマスコミや自治体広報などで、冬の入浴の危険性と入浴事故を防ぐ入浴法の紹介を数多く目にします。それらで紹介されていた入浴時のヒートショック対策の項目は、後で示す表2の1～11の内容で網羅できていると思います。

ここで、各対策の方法と意味を考えると、人間側の生理機能面の対策と建築側の温熱環境改善の対策とがありますが、建築側の対策には実施効果が住宅熱特性の違いでかなり異なることが気になります。そこで、建築環境に従事する立場として、居住地域の気候、住宅の構造、住宅外被や浴室の熱的質、浴室暖房の種類や運転の仕方など

*入浴中の死者数
入浴中の死亡者数に関しては、厚生労働省の人口動態統計の中で「家庭内の浴槽の溺死（W65・W66）」数がある。この死亡統計は医師の死亡診断書に基づくが、入浴関連死は死亡診断書では事故死（外因死）と判断されて「溺死」になるものと、病死（内因死）と診断されて、例えば「心疾患」等に数えられるものもある。そこで、この「家庭内の溺死」数だけでは入浴中の危険の実態の全容が把握できないとして、「病死」に扱われるものも含めた「入浴中の急死」を捉える必要性が指摘されている。2000年に東京消防庁が行った調査研究では、全国で年間約14000人が入浴中に死亡していると推計された。その後、東京都健康長寿医療センターの調査研究では、2011年には約17000人と推計された。この数は、同年の「家庭内の浴槽の溺死」の4581人に対して3・7倍にのぼる。

によって、各対策の実施効果の具体的な違いの情報を提供することで、一般の方のヒートショック対策の選択の参考になればと考えて、少数ながらも事例調査を行いました。その結果の一部をご紹介します。住宅改修をしなくても生活スタイルや入浴法の変更で、危険な状態を回避できるか考える資料として、住宅改修が必要な場合にはその後押しの一助になれば幸いに思います。

●対象住宅・家族

表1に示す、秋田県内の木造一戸建てで住宅の熱性能に違いのある3世帯の協力を得て、高齢者・中年・青年家族の実際の入浴行為に伴う温熱環境と血圧変動・温冷感などを測定させていただきました。住宅の新築年が古い順にA・B・C家で、省エネ基準の対応、窓ガラスの二重化や外壁の断熱化ならびに浴室（無断熱の土間にタイル張りとユニットバス）などの熱的仕様に違いがあります。また、B家は浴室を改修し浴室暖房機を設けています。測定は、2012年秋10月または初冬11月と、冬季12月の通常時と対策時の計3期間について、各3日分（3回）の入浴で行いました。対策時には**表2**のヒートショック対策の方法と効能を家族に説明し、可能な項目を実践してもらいました。項目1の脱衣室の暖房は、A・C家では400Wの電気ストーブ（人体への放射熱の加熱効果や設置場所・安全面・簡易さからカーボンヒーターを貸出）を最初の入浴者の約1時間前から最後の人が脱衣室を出るまで使用しました。B家で

表1　調査住宅の基本データ

対象		A家	B家	C家
住宅全般	所在地	横手市	秋田市	秋田市
	改正省エネ基準の地域区分	3地域	4地域	4地域
	住宅の構造種類・階数	木造 一戸建て・2階	木造 一戸建て・2階	木造 一戸建て・2階
	建築年	1968年 (1985年に曳家と増築)	1979年 (2006年に浴室を改修)	2002年
	世帯人数・構成（下線は被験者）	4人 (祖母・父・母・学生)	2人 (祖母・学生)	7人 (祖父・祖母・父・母・学生・弟・妹)
	窓の構成（居間・脱衣所・浴室とも同じ）	単板ガラスの一重サッシ（アルミ）	単板ガラスの二重サッシ (内側：木、外側：アルミ)	複層ガラスの一重サッシ（アルミ）
	主要な暖房器具	開放式石油ストーブ	FF式石油ストーブ	FF式石油ストーブ
	平均的な暖房使用時間	朝、夕食	起床～就寝まで	起床～就寝まで
	暖房範囲	全館暖房ではない	全館暖房ではない	全館暖房ではない
脱衣室	階数・外に面する方位	1階・北西	1階・西	1階・西
	壁・床・天井の断熱材の有無	無	無	無
	暖房設備・機器の有無	無	無*	無
浴室	階数・外に面する方位	1階・南西	1階・西	1階・西
	ユニットバスか？	いいえ	はい	はい
	床・壁の仕上げの素材	タイル	樹脂系	樹脂系
	暖房設備・機器の有無	無	有 (TOTOの浴室暖房機)	無

＊ 脱衣室に暖房はないが、冬季には浴室のドアを開けて浴室暖房により入浴前に浴室と脱衣室を温めている。

表2　居住者によるヒートショック対策の実施状況と評価
（表中の網掛けは、実施人数または評価点が半分未満）

対策内容		実施状況								評価（平均点）	
		A家		B家		C家			実施人数	効果の実感度	継続の意思
		母	学生	祖母	学生	祖母	母	学生			
1	入浴前や入浴中に脱衣室を暖房で温める	◎	◎	○	○	◎	◎	◎	7	4.9	3.6
2	入浴する前にシャワーで浴室の床や壁を温める	◎	◎	◎	◎	○	◎	◎	7	4.3	3.3
3	入浴する前に心臓から遠いところから掛け湯をする	○	○	◎	◎	○	○	◎	7	3.7	3.7
4	入浴する前後に十分な水分補給をする	○	×	○	◎	◎	◎	○	6	2.8	2.7
5	浴槽から出るときはゆっくりと立ち上がる	◎	◎	○	○	○	×	×	5	4.2	3.6
6	浴槽にお湯を張るときや入浴前後に浴槽のフタを開けておく	○	○	×	×	◎	◎	◎	5	3.2	3.4
7	浴槽のお湯の温度は41℃以下にする	◎	◎	×	×	×	×	×	2	2.5	3.5
8	高齢者の方は一番風呂を避ける	×	×	◎	×	◎	×	×	2	2.0	3.7
9	肩までお湯につからずに半身浴をする	×	◎	×	×	×	×	×	1	2.0	2.0
10	食事前に入浴する	×	×	×	×	×	×	×	0	—	—
11	浴室の床にすのこやマットを敷く	×	×	×	×	×	×	×	0	—	—

＊ 上から、実施人数、効果の実感度、継続の意思の値の大きい順
＊ 実施状況：× 実施しなかった、○ 以前から実施していた、◎ 今回新規に実施した（A 家の祖母は 12 月の対策時は不参加）
＊ 効果の実感度の評価（5 点満点）：5 感じた、4 やや感じた、3 どちらとも言えない、2 あまり感じなかった、1 まったく感じなかった
＊ 継続の意思の評定（4 点満点）：4 常に実行したい、3 なるべく実行したい、2 あまり実行できそうにない、1 実行できない

は、浴室暖房機（ヒートポンプ）を最初の入浴者の約10分前から最後の入浴が終わるまで使用しました。

●ヒートショック対策の実践効果

図1に入浴中の室温を住宅別・期間別・入浴順に示し、表2に12月（対策時）のヒートショック対策の実施状況と評価を示します。A家の秋季10月は全くの暖房なしですが、それ以外は居間では暖房をしています。また、12月（対策時）には脱衣室を暖房しています。

図1より、まずA家では、外気温が14～19℃の秋季には、居間・脱衣室・浴室のいずれも18～20℃で、室間温度差は3℃未満ですが、冬季に外気温が低下すると、非暖房室の脱衣室と浴室の温度が低下して居間との室間温度差が大きくなり、推奨範囲の5℃以内を超えヒートショックの危険度が高まっています。12月(通常時)には最初の入浴者では脱衣室・浴室温が10℃で、居間との室間温度差も10℃あり、健康・快適面からは推奨できません。一方、12月の諸対策時には、12月（通常時）との外気温と居間温度の違いを勘案して、通常時に比べ4℃程度の改善が見られましたが、それでも浴室温が約11℃なので寒冷な環境は十分には改善されていません。

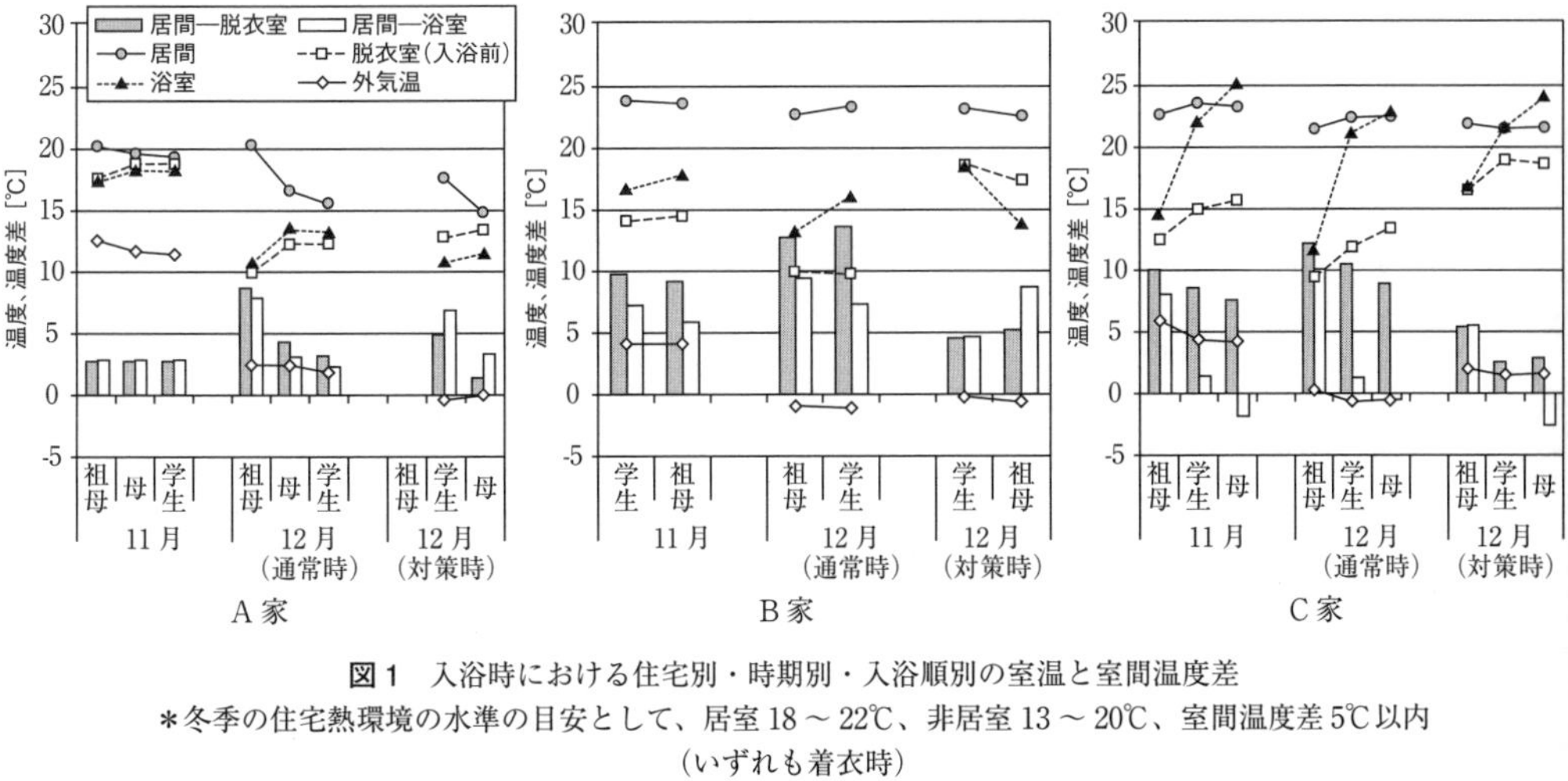

図1　入浴時における住宅別・時期別・入浴順別の室温と室間温度差
＊冬季の住宅熱環境の水準の目安として、居室18～22℃、非居室13～20℃、室間温度差5℃以内（いずれも着衣時）

B家でも12月（通常時）には脱衣室が10℃と低温になり、居間との室間温度差は10℃を超えましたが、諸対策時には脱衣室・浴室は14～19℃に改善しました。

C家も12月（通常時）に最初の入浴者の脱衣室・浴室温が約10℃で室間温度差も10℃あったのが、諸対策時には最初の入浴者の脱衣室・浴室温でも16℃で室間温度差が5℃になり、後から入浴する家族の脱衣室・浴室温は19～24℃にまで達しました。

また、C家とA・B家とを比較してみると、入浴の順番が後ろのほうが浴室の温度が高くなりますが、C家（窓ガラスが二重、外壁に断熱あり、ユニットバスの断熱仕様）の場合には、入浴の順番が3番目・4番目になると諸対策がない場合でも通常の入浴行為のみで浴室の温度は5℃～10℃上昇して20℃以上にまで温まりましたが、A家とB家では2番目以降の入浴でも浴室の温度上昇幅が3℃程度で浴室温が13～15℃に止まり、住宅と浴室の断熱性能でこの対策の効果に大きく差があることがわかりました。

表2より、ヒートショック対策の実施状況とその主観評価では、家族で連続して入浴すれば後ろの順番ほど入浴時の温熱環境が良くなりますが、高齢家族の入浴順を後ろにするのは高齢家族とその他の家族の生活スケジュールに合わず、この生活スケジュールの変更を受け入れて実践・継続するのは難しそうでした。また、社会的に増加している単身高齢世帯では、この対処法は使えません。この調査では、諸対策で浴室や脱衣室の低温が幾らか改善されましたが、湯温を41℃以下にすることや半身浴は「寒い」として受け入れられず、41℃超の高温で肩までつかる入浴スタイルが好まれ

ました。高温浴は驚愕反射という血圧上昇や熱中症による意識障害（失神）を助長するので止められており、半身浴は心臓への負担を軽くするので推奨されますが、ぬるめの湯温や半身浴の入浴スタイルの実現には今回のような入浴法だけの対策では不十分でした。これらのことから、さらに建物外被の断熱や浴室の仕様の熱的性質の向上を進めることにより浴室と脱衣室の室内表面温度の低下を抑制して放射温度や接触伝熱の改善を行うことや、あるいは脱衣室・浴室空間だけでなく住宅全体から寒さをなくす熱環境の向上が必要だと考えられます。

電気ストーブを使った脱衣室の暖房に費やした電力と電気代は、A家は1ヶ月当たり30キロワット時／月、約750円で家族1人につき約188円／人・月となり、C家は1か月当たり48キロワット時／月、約1200円で家族1人では約171円／人・月でした。脱衣室の暖房は、効果の実感度が高く、継続の意思も高い項目でした。A家の場合には、ストーブの輻射熱で体が直接温められて寒さによる心理生理的な負担感を緩和する効果が機能して高く評価されていました。

（西川竜二）

04 脳卒中の多い地域の住環境にはどんな特徴があるのか？

キーワード
脳卒中、室内温度、疫学調査、温熱環境、住環境、生活習慣

●はじめに

脳卒中は高齢者の死亡原因において常に上位に位置しており、特に東北三県（岩手県、秋田県、山形県）ではその死亡率が高くなっています。季節別にみても冬季に死亡率が高くなり、冬の寒さが大きく影響しています。一方、北海道は東北地方よりも冬の寒さは厳しいにも関わらず、脳卒中の死亡率は全国平均程度です。よって、外気温よりも室内温度による影響が大きいことが容易に想像できます。吉野ら（文献1）は、約30年前に、脳卒中死亡率の地域性を住環境要因で説明するために東北地方郡部の住宅を調査し、住宅内の温度差の大きさなど温熱環境の質が脳卒中死亡に影響している可能性を指摘しました。その後、現在に至るまで環境改善についての啓発を継続していますが、その効果がどの程度浸透しているか検証する時期にきているといえます。

そこで、約30年前の調査と同様の地域を対象として、脳卒中死亡率が高い地域の住環境の特徴を明らかにするための疫学調査*を行いましたので、その結果を紹介します。

*疫学調査
地域や集団を対象に健康障害の要因とその発生の関連性について統計的に調査すること。

*スクリーニング調査
本調査の条件にあった対象者を抽出するための事前調査。

す。

●疫学調査の概要

表1に、調査対象地域の概要を示します。30年前の調査（文献1）と同様に東北地方郡部の三地域（A地区、B地区、C地区）を対象地域としました。1982年と2014年のデータが並んでいるので、三地域とも、この30年間で人口が減少し高齢者率が増加していることがわかります。

図1に、疫学調査のフローを示します。ここでは、調査規模が異なる三種類の調査を企画し、段階的に進めています。まず、調査フィールドを確保するために、事前に役場などを通じてスクリーニング調査*を実施しました。

第一次調査はアンケート調査です。各地域100世帯を目標として、住環境に関する質問への回答ならびに、冬季の1週間の室内温度を記録することを依頼しました。

第二次調査の対象を第一次調査から抽出し、20世帯に対して訪問調査を行いました。調査では、暖房期間の温熱環境を詳細に把握するため、各室の温度を自動計測するとともに、被験者（65歳以上）の血圧と活動量を記録しました。

表1　調査対象地域の概要

項　目	A 地区		B 地区		C 地区	
	1982 年	2014 年	1982 年	2014 年	1982 年	2014 年
人口［人］	8 603	6 519	10 671	9 059	11 270	8 770
世帯数［戸］	2 017	1 904	2 336	2 330	2 678	2 311
人口密度［人 /km^2］	42.1	31.9	98.6	83.7	57.3	44.6
高齢者数［人］	1 334*1	2 148	1 549*1	2687	1 991*1	2 798
高齢者率［%］	16.1*1	32.9	14.8*1	29.6	18.3*1	31.9
標準化死亡比*3（男） （女）	195.6 190.0	164.2*2	100.4 96.0	50.6*2	78.6 80.1	61.6*2

*1：昭和 60 年人口動態調査による
*2：死亡小票より算出（平成 23 ～ 25 年の平均値）
*3：実際の脳卒中死亡数と集団の年齢構成比から予測される脳卒中死亡数の比

第三次調査は、被験者の血圧変動の季節性を把握するために実施しました。各地域10世帯を対象に、血圧と活動量を1週間に1回記録し、同時に居間の温度を連続測定しています。

●脳卒中死亡率

調査対象地域のみの死亡率データは整備されていませんので、厚生労働省の許可を得たうえで死亡小票を閲覧し、各調査地域の過去3年分の脳卒中死亡者数を調べました。それを基に各年の人口10万人に対する年齢調整死亡率を算出し、各年の全国の年齢調整死亡率を100としたときの比である標準化死亡比を求めました。

表1を見ると、標準化死亡比は30年前と比べて三地域とも減少しておりB地区は全国平均と同等から半数にまで減少しています。一方、A地区の死亡比は依然として高く全国平均を大きく上回っており、三地域の中でA地区の死亡比が最も高いことは30年前と同様でした。

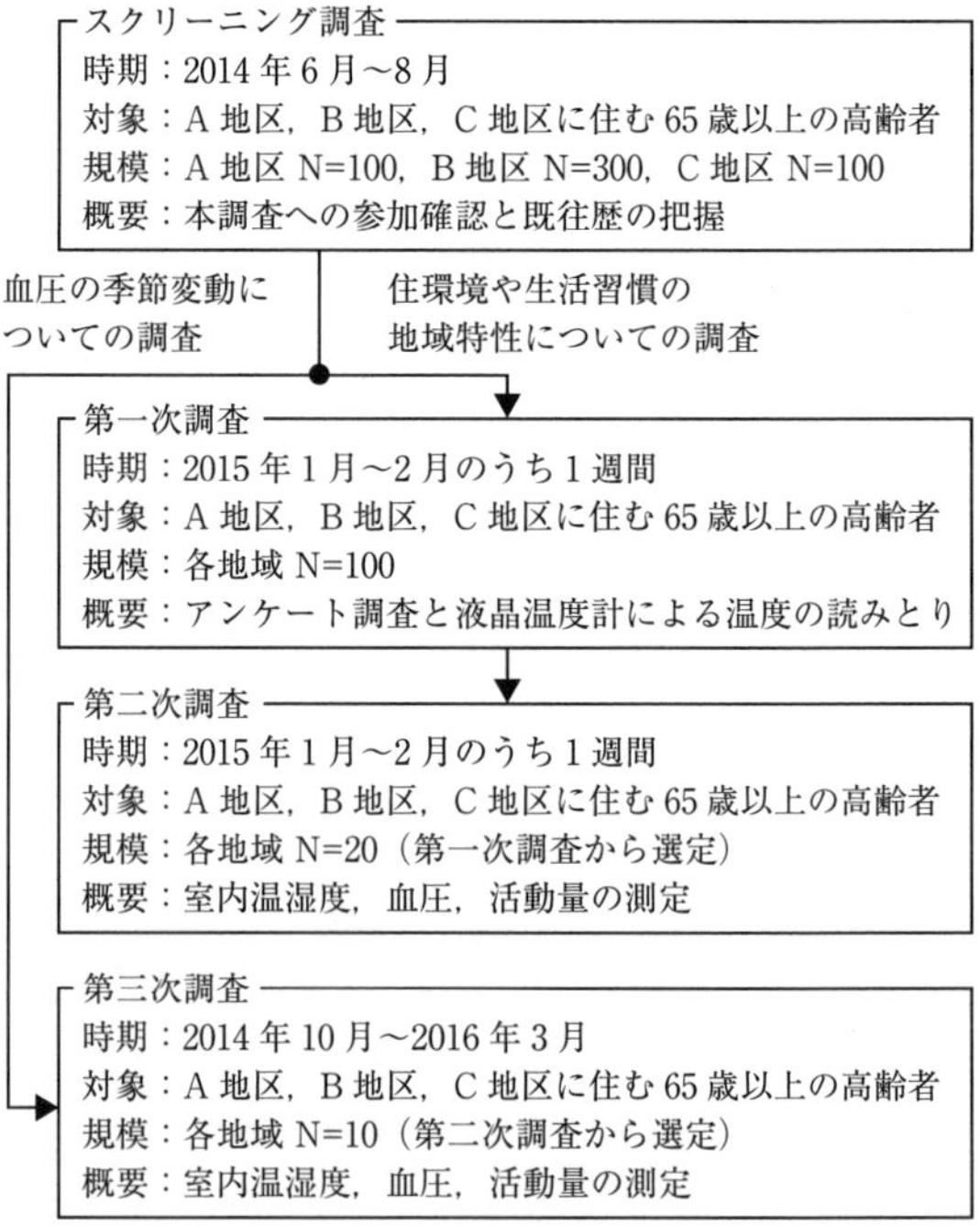

スクリーニング調査
時期：2014 年 6 月～8 月
対象：A 地区，B 地区，C 地区に住む 65 歳以上の高齢者
規模：A 地区 N=100，B 地区 N=300，C 地区 N=100
概要：本調査への参加確認と既往歴の把握
血圧の季節変動についての調査
住環境や生活習慣の地域特性についての調査
第一次調査
時期：2015 年 1 月～2 月のうち 1 週間
対象：A 地区，B 地区，C 地区に住む 65 歳以上の高齢者
規模：各地域 N=100
概要：アンケート調査と液晶温度計による温度の読みとり
第二次調査
時期：2015 年 1 月～2 月のうち 1 週間
対象：A 地区，B 地区，C 地区に住む 65 歳以上の高齢者
規模：各地域 N=20（第一次調査から選定）
概要：室内温湿度，血圧，活動量の測定
第三次調査
時期：2014 年 10 月～2016 年 3 月
対象：A 地区，B 地区，C 地区に住む 65 歳以上の高齢者
規模：各地域 N=10（第二次調査から選定）
概要：室内温湿度，血圧，活動量の測定

図 1　疫学調査のフロー

●冬期の住環境と生活習慣（第一次調査結果）

調査地域の合計233世帯にアンケートを配布し、188世帯の有効回答（回収率81％）を得ることができました。

調査結果を統計分析すると、脳卒中死亡率が高いA地区の住宅では、浴槽の種類に和式が多いことや、居間の隙間風を感じる世帯が多いといった住環境の要因、味噌汁の摂取頻度が高いため塩分摂取が多いなどの生活習慣に特徴が見られることがわかりました。今後は温熱環境も含めて分析する必要があります。

●冬期の温熱環境（第二次調査結果）

図2に調査結果の例として、ある被験者宅の1週間の測定データより作成した時刻別平均の温度変動を示します。この住宅の温熱環境グレード【注1】（文献2）は2・7と低い水準にあり、30年前の調査の平均グレードと同値でした。この程度のグレードでは、暖房時に居間とその他の部屋との温度差や居間の上下温度差が大きく、暖房停止に伴い温度が急激に低下することが確認されます。

【注1】　暖房期間中の温熱環境を総合的に評価するために、居間の団らん時の温度（上下温度差、グローブ温度など）、居間の明け方温度、寝室と便所の温度を用いて、1（劣）～5（優）の5段階で評価する。

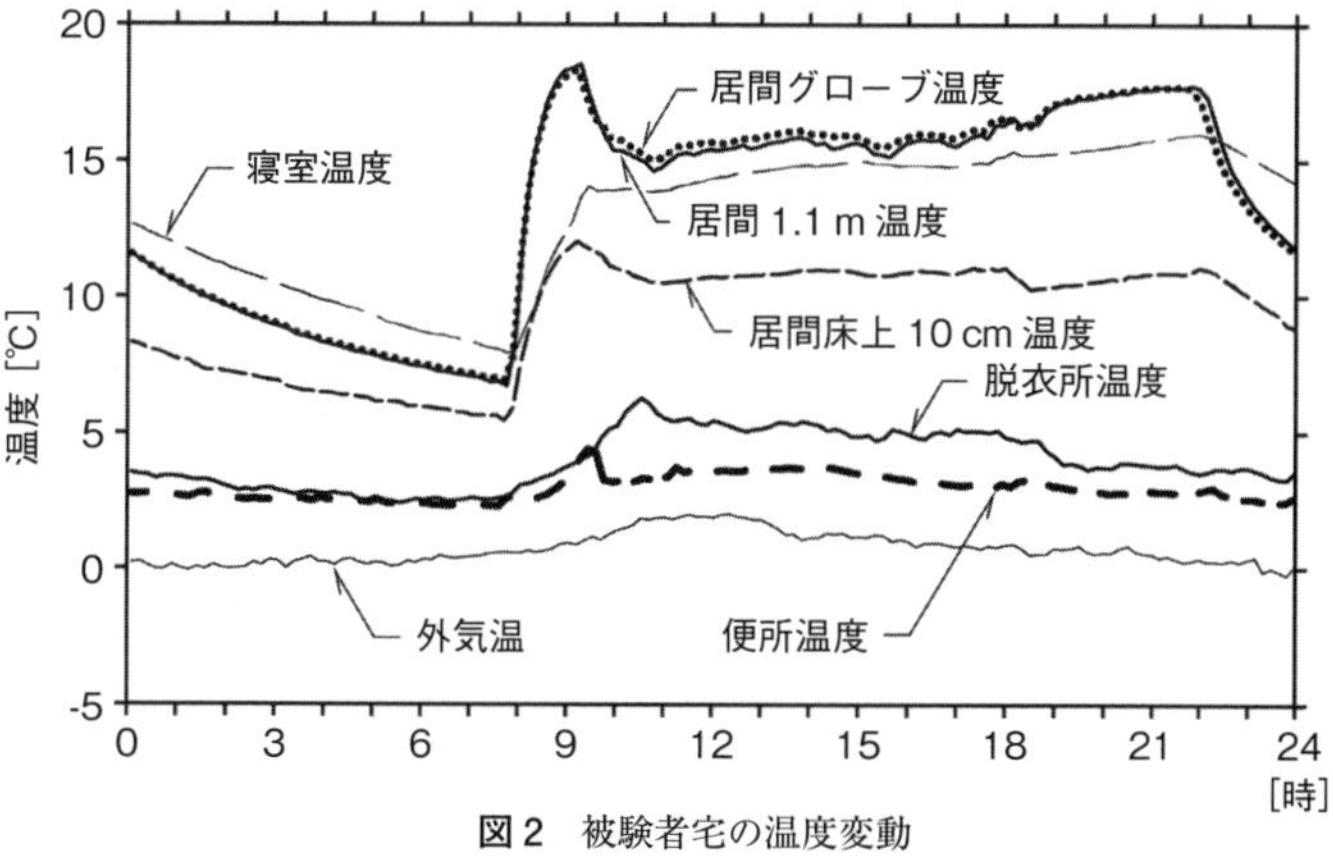

図2　被験者宅の温度変動

●温熱環境と血圧変動（第三次調査結果）

第三次調査では、血圧の季節変動を把握します。調査では、居間床上1・1メートルと外気温を計測し、1週間に1回の起床時と就寝前の血圧と一日の活動量を測定しました。**図3**に調査結果を示します。**図3（b）**を見ると、被験者宅の期間中の室内温度は5～20℃とばらつきが大きく、室温の変化に伴って、収縮期血圧が上昇・下降していることが確認できます。また、**図3（a）**では、血圧は室内温度との関連が認められますが、外気温度には影響を受けていません。この傾向は、Hozawaら（文献3）の指摘【注2】を裏付けるものであり、興味深い結果といえます。

●まとめ

調査地域は温熱環境グレードが低い住宅が多く、30年前と大差がないことや、温熱環境のグレードが低い住宅では室内温度のばらつきが大きく血圧が変動しやすいことなどがわかりました。このような調査は継続して行われることが重要で、それによって住環境の改善につながる知見の蓄積が可能になるものと思われます。

（長谷川兼一）

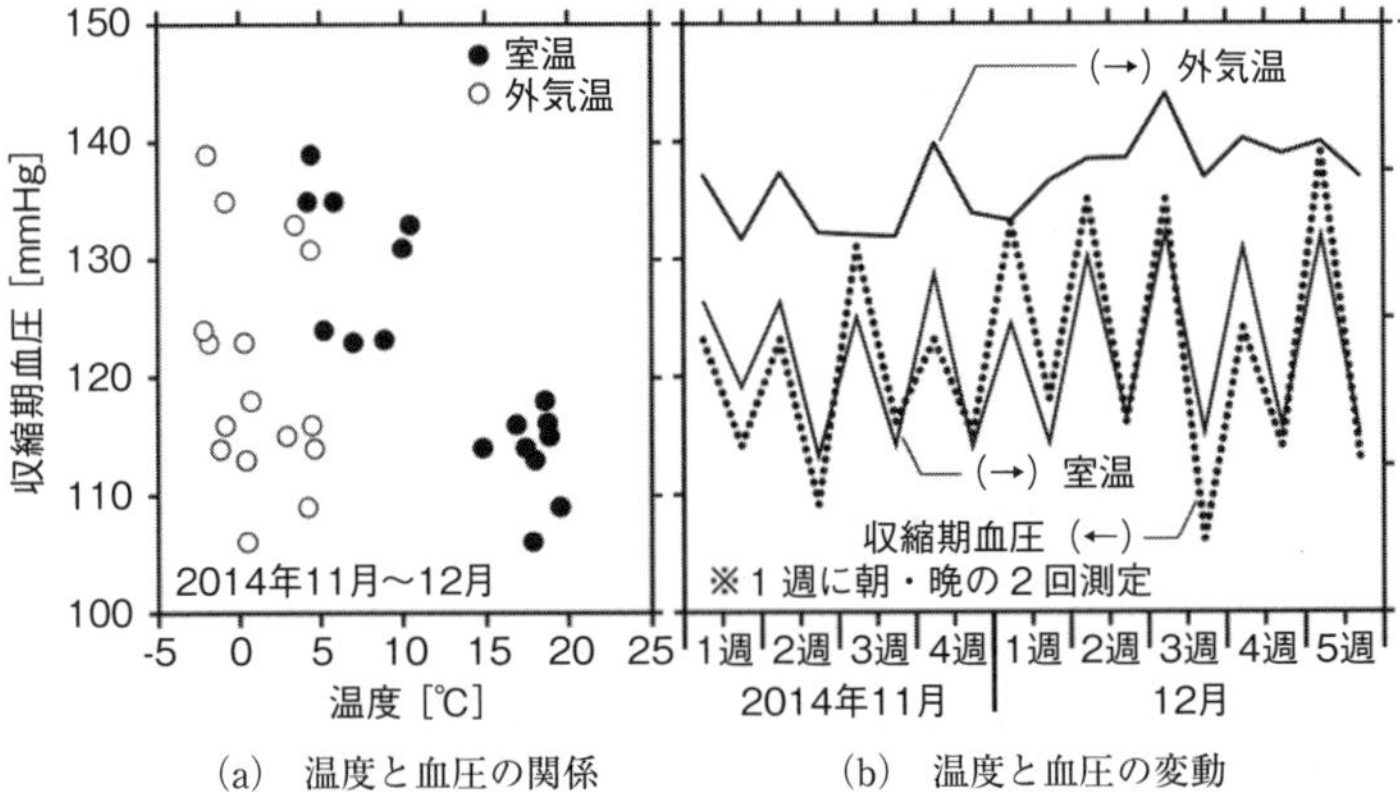

（a） 温度と血圧の関係　（b） 温度と血圧の変動

図3 被験者の血圧と室温および外気温

《参考文献》

（1）長谷川房雄・吉野博ほか「脳卒中の発症と住環境との関係についての山形県郡部を対象とした調査研究」『日本公衆衛生雑誌』第32巻第4号、181～193頁、1985

（2）長谷川房雄・吉野　博「東北地方の各種住宅における冬期の室温に関する調査研究」『日本建築学会計画系報告集』第371号、18～26頁、1987

（3）Hozawa A. at el.: Seasonal Variation in Home Blood Pressure Measurements and Relation to Outside Temperature in Japan, Clinical and Experimental Hypertension, 33 (3), pp.153-158, 2011

【注2】 Hozawaらは、西会津の住民を対象とした血圧の長期測定を通じ、外気温が10℃を下回ると血圧は室内温度の影響を受けやすくなると予測しているが、室内温度の情報が反映されていない。

05 人の適応を考えた温熱快適性の最新情報

キーワード
温熱快適性、適応、Adaptive Model

●はじめに

在室者の快適性を予測するために、現在一般的に用いられている指標としてPMV*やSET**があります。これらの指標は、人工気象室内で被験者条件を固定した実験が基礎となっているため、人間が単なる環境を感受する存在として捉えられており、人間の環境に対する適応性はほとんど無視されていました。それに対して de Dear と Brager は、世界中で行われた総計160件のオフィスビルの実測データに基づいて、人間の行動的適応と心理的適応を考慮した温熱快適性予測モデル―Adaptive Model を1998年に提案しました。このモデルは、国際的な温熱環境基準 ASHRAE Standard 55 にも採用されています。

●適応の分類

Brager と de Dear は、人間の適応を「行動的適応」「生理的適応」「心理的適応」

*PMV
予想平均温冷感申告。温熱6要素（気温・湿度・気流・熱放射・代謝量・着衣量）を考慮した人間が感じる温冷感の指標。

SET
物理的な温熱要素（代謝量、着衣量、気温、放射、湿度、気流）をすべて考慮した体感温度。

の三つのカテゴリーに分類しています。「行動的適応」は快適性を改善するために人々が行う、着衣の調節、代謝量の調節、送風機を動かす、窓を開けるなどの行動を指しています。これらの行動は、身体の熱バランスの維持に寄与しています。「生理的適応」とは、短くは発汗や血流の調節機能の季節順化から、長くはそれらの遺伝的発達のことを指します。しかし、熱的中立条件*に近い温度範囲での季節差や人種差は認められないとする既往の研究も多いのです。「心理的適応」とは、日常の経験や場のコンテクスト*によって、環境に対する要求が緩和されることを指します。

*熱的中立条件
生理的な体温調節機能を働かせなくても，身体の熱のバランスがとれる条件

*コンテクスト
文脈、背景。

● de Dear らの Adaptive Model

de Dear と Brager は１９９８年、世界中で行われた総計１６０件のさまざまな建物における実測データをとりまとめて、約２万１０００の物理測定とアンケート申告の組み合わせからなるデータベースを作成しました。そして、そのデータを統計解析することにより、自然換気建物ではセントラル空調建物より在室者が快適だと感じる温度（快適温度）が外気温に近く、快適範囲も広いことを明らかにしています。この理由として彼らは、自然換気建物では、快適性を改善するために人々が行う着衣調節や窓開けによる気流調節といった行動的適応が促進されること、さらに、空調建物に比べてそもそもの期待度が低かったり、自らが環境の操作に関与【注１】したりすることによって、環境への要求が緩和されるような心理的適応が生じることを指摘して

【注１】自分で窓開閉などを行うことによって環境が改善したとき、それが十分な改善ではなかったとしても、他者に環境をコントロールされる場合と比べて、環境に対する満足感は得やすいと推測される。

います。ただし、生理的適応については、上述のように、熱的中立条件に近い温度範囲での存在は認められないとする既往研究が多いため、その影響については言及していません。

彼らは、セントラル空調建物と自然換気建物のそれぞれに対し、快適温度および快適範囲を外気温の関数として予測するモデル—Adaptive Model を提案しており、特に、自然換気建物に対する Adaptive Model（**図1**）は ASHRAE Standard55 の２００４年版以降にも採用されています。なお、図1の濃い灰色の範囲は90％の在室者が受け入れられる温度範囲（90％レンジ）を示しており、薄い灰色の範囲が80％の在室者が受け入れられる温度範囲（80％レンジ）を示しています。

● Adaptive Model の問題点

de Dear らによる研究では、世界中で行われた実測データが一緒くたに統計処理されており、各国の気候的・文化的特徴の影響が一切考慮されていません。しかし、心理的適応が日常の経験などによって生じるものならば、本当にそれらの影響を無視してよいか疑問が残ります。また、服装の種別（ドレスコードの有無）や、日本に多い空調と自然換気の併用方式の建物などに関する検討が行われておらず、Adaptive Model をそのまま日本の建物に適用することは困難だと言えます。

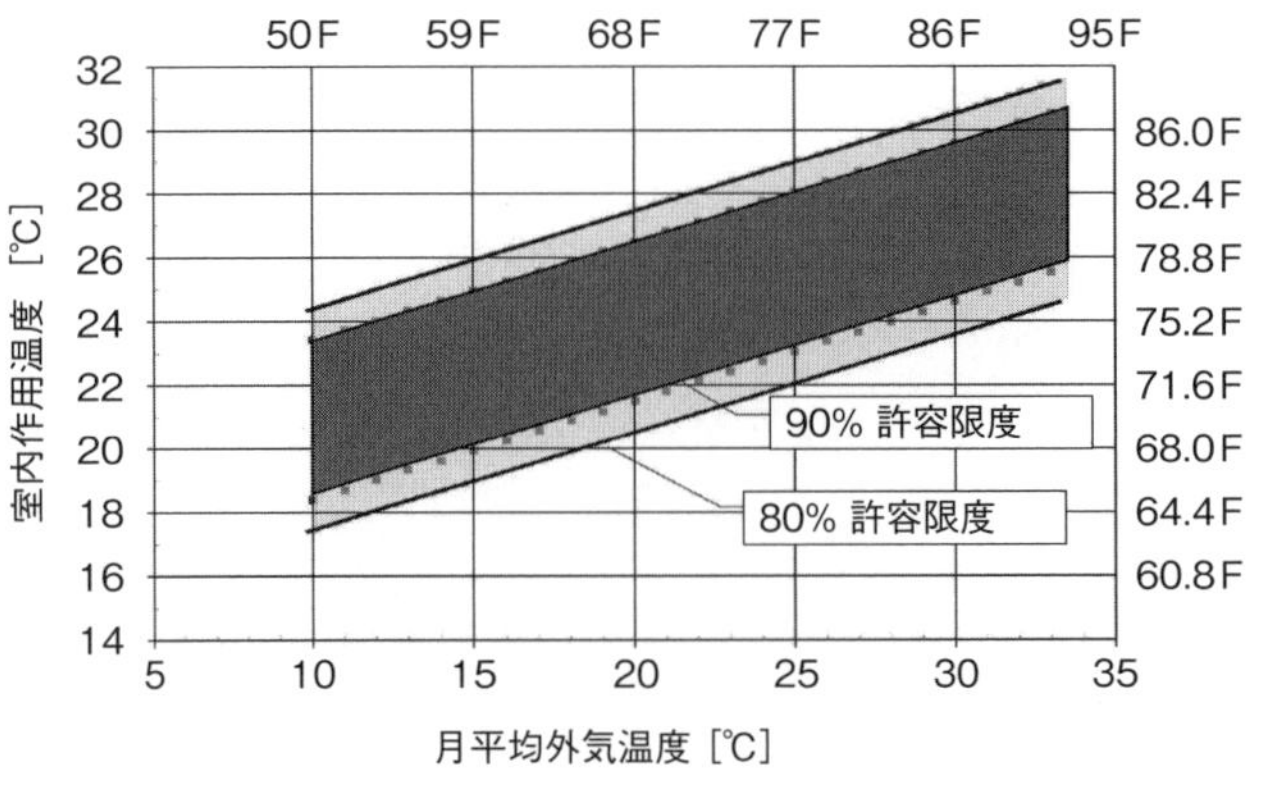

図1　Adaptive Model

●筆者らによる実測調査

筆者らは上記の問題意識に基づき、日本の一般的なオフィス6件を対象とした長期実測調査を2003年から2005年にかけて実施しました。実測対象は**表1**のとおりであり、それぞれの建物では、空調や窓の操作性、服装が異なっています。実測の結果、行動的適応として、窓の操作性の高い建物では窓開閉の頻度が高くなる様子が見られ、また、着衣調節が外気温と室温の両方に応じて行われていることが明らかになりました。なお、服装の種別に関しては、女性の制服着用の場合にほかより着衣量が大きくなる様子が見られましたが、それ以外の服装では着衣の調節のされ方に大きな違いは見られませんでした。**図2**は、外気温と平均着衣量の関係を室温2℃ごとに分けて示したものです（女性の制服着用データは除外してある）。この図より、着衣量は外気温5℃の上昇で約0・05クロ*減少し、室温6℃の上昇で約0・1クロ減少していることがわかります。また、0・5クロ付近が着衣量の下限になると推測されます。

一方で、空調や窓の操作性の高い建物でも低い建物でも、また、どの季節においても、SET＊＝26℃となる環境が最も快適であるという結果が得られ、そこに差異がみられなかったことから、残念ながら本実測では心理的適応の存在は確認できませんでした【注2】。

表1　実測対象及び実測期間

オフィス	所在地	空調方式	在室者が開閉可能な窓	着衣	調査期間	協力者数（男：女）
A	仙台市	セントラル空調	なし	男性スーツ 女性制服	2003.7－ 2004.2	20名 12：8
B	仙台市	ゾーン空調 約15人／ゾーン	約5ヶ所／ 床面積100m²	男性任意 女性任意	2003.7－ 2005.2	17名 12：5
C	つくば市	ゾーン空調 約5人／ゾーン	約10ヶ所／ 床面積100m²	男性任意 女性任意	2003.7－ 2004.6	14名 7：7
D	仙台市	セントラル空調	なし	男性スーツ 女性任意	2004.6－ 2005.5	19名 17：2
E	横浜市	ゾーン空調 約10人／ゾーン	約6ヶ所／ 床面積100m²	男性スーツ 女性任意	2004.6－ 2005.5	18名 14：4
F	横浜市	ゾーン空調 約20人／ゾーン	約3ヶ所／ 床面積100m²	男性スーツ 女性任意	2004.6－ 2005.5	20名 10：10

●着衣調節を考慮した温熱快適

図3は、図2の着衣量に椅子の着衣量0・1クロを加算するとともに、横軸を室温に書き直したものです。そこへ、26℃の等SET＊線*を書き込むと、それらの線の交点が各日平均外気温の快適温度と捉えることができます。このように求めた快適温度を図示したものが、**図4**です。また、上記実測のアンケート結果より、快適温度プラス・マイナス約2℃が90％の在室者が受け入れられる範囲であったことから、この範囲を90％レンジとして示してあります。

ASHRAEのAdaptive Modelと比較すると、外気温に対する快適温度の変動は明らかに小さくなっています。一方で、外気温0℃および30℃の場合のそれぞれの90％レンジは、従来から一般的に認識されている冬季および夏季の温熱快適域と大きく違いません。したがって、温熱環境設計を行ううえでは、従来の快適域に変えて今回示した快適域を利用する意味はあまりありませんが、季節に応じた空調などの運用判断の基準としてはその利用価値を見出すことができます。また、そのような使い方をするうえでは、快適域を空気線図*上に示すのではなく、今回のように外気温の関数として表すほうが適しています。

＊クロ（clo）
着衣の断熱性能を表す単位。裸体は0クロ，男性が冬用のビジネススーツを着用している時で1クロ程度である。

【注2】SET＊とは、物理的な温熱要素（代謝量、着衣量、気温、放射、湿度、気流）をすべて考慮した指標であり、心理的適応が存在するならば、SET＊では説明しきれない差異が生じるはずである。つまり、空調や窓の操作性の高い建物と低い建物の間で、また、季節によって、好まれるSET＊が違ってくるはずである。

＊等SET＊線
SET＊が等しくなる条件を結んだ線。

＊空気線図
乾球温度を横軸，絶対湿度を縦軸とした図。空気の状態を表現する際などに用いられる。この図から，乾球温度および絶対湿度と相対湿度や湿球温度などとの関係を読み取ることもできる。

●今後の課題

日本の従来型のオフィスでは心理的適応を確認できませんでしたが、近年増加している、自然換気をより積極的に意図した建物や、パーソナル空調のように特に操作性に優れた空調方式を持つ建物では、従来型のオフィスとは異なる適応過程が存在する可能性もあることから、今後そのような特徴的な建物を調査していくことも重要と考えられます。

（後藤伴延）

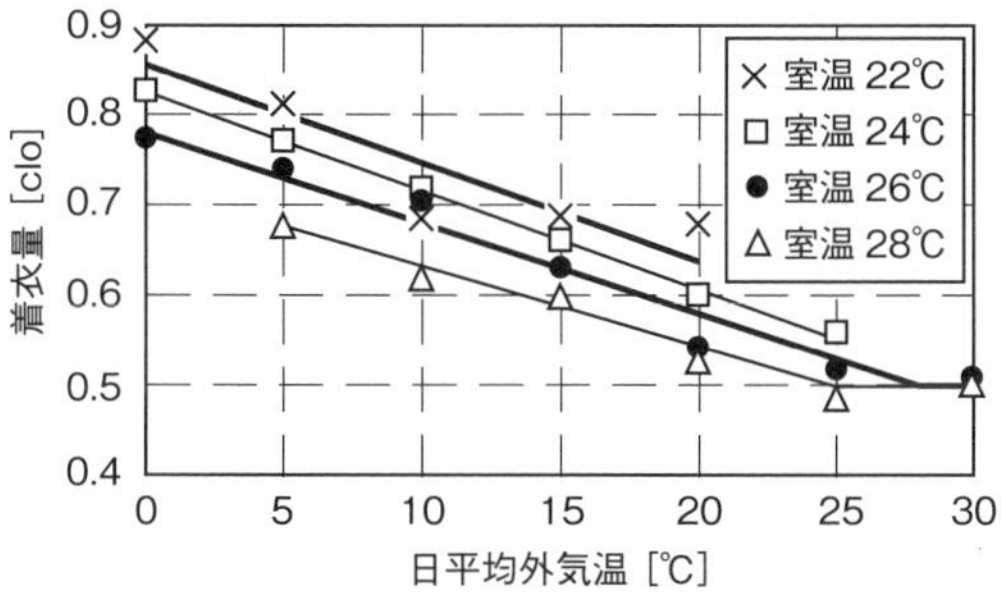

図 2　室温・外気温と着衣量の関係

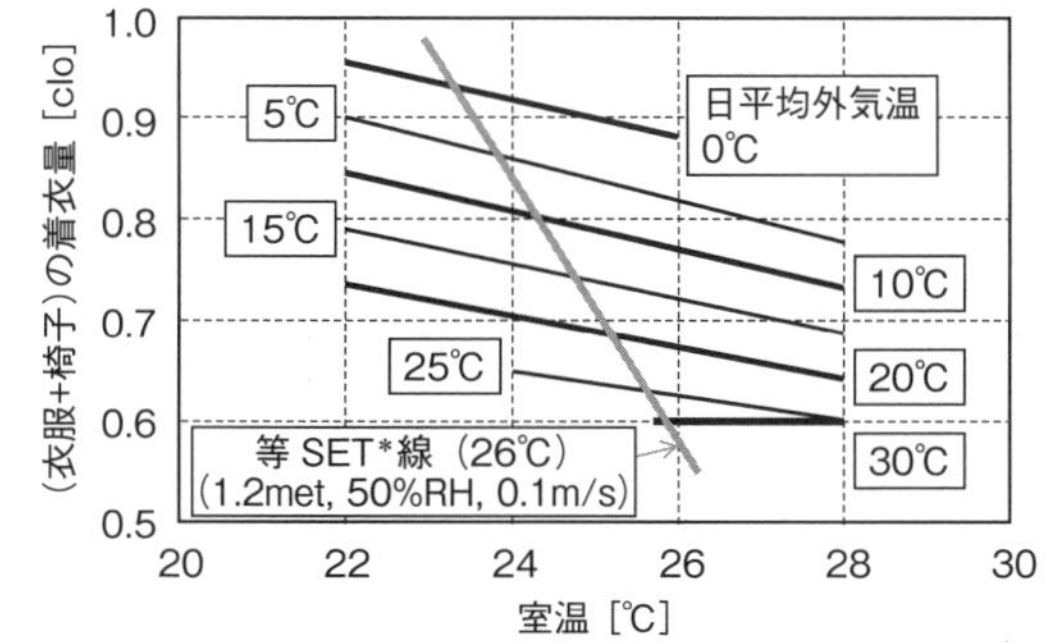

図 3　快適温度の導出

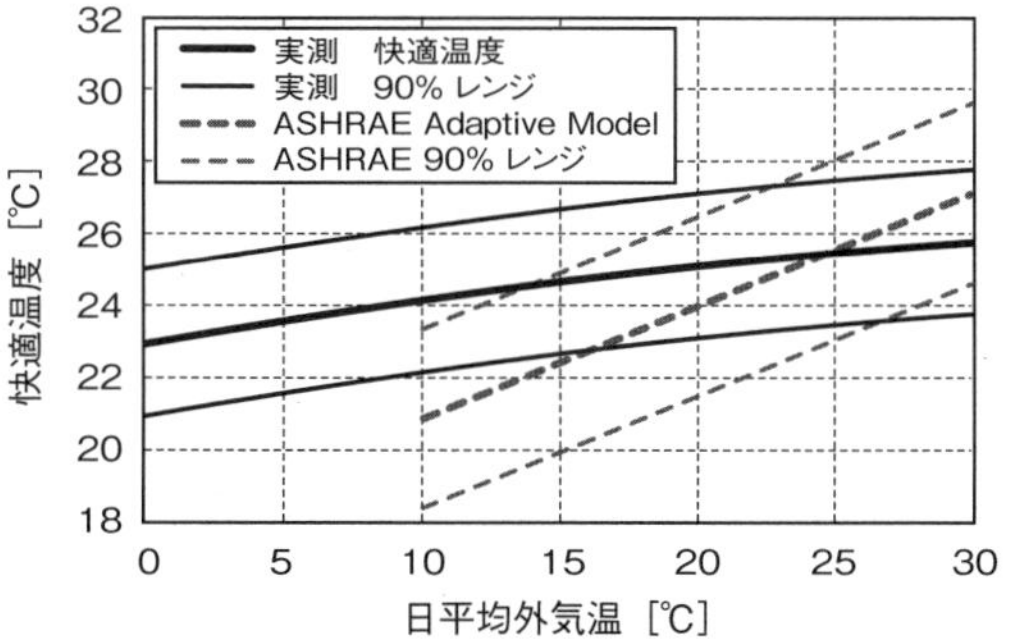

図 4　日平均外気温による温熱快適域の変動

06 健康な住まいのあかりを考えよう

キーワード
光環境、色温度、概日リズム、電灯照明、昼光照明、曝露照度

●健康なあかり

健康のために食生活に気をつけている方は少なくないと思います。健康には食事の量（カロリー）と質（品目、栄養バランス）の双方が大事であり、朝ごはん・昼ごはん・夕ごはん・夜食で身体（生理的）に望ましい食事内容が異なります。食事の栄養バランスは、厚生労働省と農林水産省が生活者向けの「食事バランスガイド」を作成しており、学校教育の家庭科や給食を通じた食育で教えられています。

毎日の生活で私たちが浴びる光にも食事と同じように身体（生理的）に望ましいと考えられる量と質、朝・昼のあかり（明り）、夕・夜のあかり（灯り）があることが科学的に明らかにされてきています。

ここでは、主に、体内時計に光が与える影響に関する知見から、住まいのあかりを考えてみます。ヒトの身体には眼の視細胞からつながる脳の視床下部視交叉上核という場所に体内時計の親時計があり、それにより体温の変化やホルモンの分泌などの生体現象のリズムが刻まれ、自然と眠りにつきやすかったり目が覚める生理的な睡眠と

覚醒の周期が決まります。その体内時計の周期は、遺伝的・生得的には何時間なのかといえば、１９６０年ごろからの研究では約25時間周期という知見が得られていましたが、その後の研究で平均的には24時間10分くらいの周期で、短い人の23時間50分～長い人の24時間40分くらいといわれています。そして、多くの人は24時間より長い体内時計を持っていて、それに従うと1日24時間周期からだんだんと遅れていき、規則的な社会生活への生体リズムの適応が困難になります。

こうした人間の生体リズムを24時間周期の社会のリズムに合わせるための外部環境要因（同調因子）として、一番目に光があり、加えて規則的な運動や食事があります。朝から昼の時間に太陽光を十分に浴びると体内時計が前に進み、その逆に、夕方から夜の時間に光を浴びると体内時計が後退します。光と眼には、物を照らして見る以外にも、体内時計を整える働きがあった訳です。

体内時計を24時間周期に同調させるのにいい光の浴び方は、朝から昼に太陽光をよく浴び、夕方から夜には光を浴びすぎないことで、そうした光環境づくりと生活習慣を取り入れることです。光の色と種類では、青色の波長を中心とした光（ブルーライト）が体内時計に影響を与え、太陽光や白色の蛍光灯・ＬＥＤランプ（青色光を含んだ混色により白い光にみえる）がブルーライトを多く含んでいます。照明とは違いますが、テレビ・パソコン・携帯などの画面の光もそうです。夜に使っても体内時計を遅らせる効果が小さいのはブルーライトが少ない暖色系の灯りで、白熱電球や電球色のランプ、昔から使われていたロウソク・行灯・松明もそうです。また、光を浴びる強さと時間（の積）が大きいほど体内時計への影響が高まります。

そして、実際に、朝から昼にかけてどれほどの光を浴びればいいかの目安は、参考として、体内時計が乱れた場合の医学的な光療法では、照度が最低2500～1万ルクス（lx）の白色光のライトを2時間程度照射して効果があるということです。日常生活において、屋外の自然の太陽光は、直射日光下で最大約10万ルクス、直射日光のない天空光下で1万5000ルクス、暗めの曇り空でも5000ルクスありますが、室内の通常の電灯照明のみでは学校教室や事務所の机上面で200～高くても1000ルクスの照度なので、毎朝～昼に必要な体内時計を進める調整には太陽光に勝る光源はありません。一方、夜間の光に関しては、住宅の団らん・食事のテーブル上の数百ルクスでも、それより低い照度でも、体内時計を遅らせる作用は皆無ではないので、明るくしすぎない必要最小限の灯りの使い方が望ましいと考えられます。休息の場所と時間である住まいの夜の灯りには、暖色系を選び、明るすぎないことが、ヒトの心身に自然です。

身体のリズムが社会生活のリズムと合わないことは心身へのストレスです。体内時計の乱れによる障害には、昼夜逆転による不登校・不出社、睡眠障害、高緯度や冬季の日照が少ない地域の季節性感情障害（冬季うつ）などがあります。また、肥満、動脈硬化、糖尿病、がん（前立腺がん、乳がん、子宮がん、直腸がん）、認知症、のリスクを高めるという研究もみられます。ただし、ここで書いたような健康的な光環境から外れた生活をしていても、体調不良の症状が現れないこともあります。この点も光環境は食生活と似ています。毎日の食事の量や栄養が偏っていても、すぐに病気になるとは限らず、病気にならない人もいます。

現代人は、昼間には屋内で太陽光を浴びず、夜間には煌々とした電灯の光を浴びる生活を送っています。ヒトと電灯との付き合いは、日本では白熱電球が普及したのが1920年代からで90年ほど、蛍光灯は1950年代からの60年ほどで、夜間にこれほど明るい光環境で生活したのは人類史上ごく短期間の数世代に過ぎません。今後は、LEDランプというさらに高効率の電灯も私たちの生活と社会を照らすようになりますが、これからの住まいや社会では、安全安心と利便性・生産性に加えて、光環境が心身の休息や健康性に与える影響も含めて、どのように照らすかを追求していくことが大切です。以下では、健康な住まいのあかりに関する研究についてご紹介します。

●夜のあかり
—団らん室の電灯照明設備と住まい手の意識

2004年に、秋田を中心とした東北（48件）とほか2地域（札幌、横浜）でアンケート調査をしました。東北の団らん室は、6～11畳の居間が多く、照明器具は天井直付けまたは吊り下げの一室一灯、ランプは9割の家庭が蛍光灯（白色で、環形や直管形の系統ランプ）でした。こうした光環境でも作業性と雰囲気に7～9割の人が満足でした。団らん室で重視している物理環境要素の質問では、熱が最多で46％、光は

2番目で25%でした。この結果から、住宅の断熱化がさらに進み、熱環境への住要求が満たされれば、その次には光環境の改善への需要が高まると考えます。

ただし、住宅の光環境の変更は、ランプの光の色やワット数の変更（交換）や照明器具の追加など、専門の工事等を全く必要としないことからでも手を付けられ、簡易・安価に大きく変化させることもできます。この種の方法であれば賃貸の住まいでも可能です。

住宅の居室では、一室で多様な生活行為が行われるので、生活シーンに応じた光の演出ができるように、部屋全体を照らす主照明と局所照明の一室多灯の照明が推奨されます。一室に複数の照明があれば、白色と電球色の照明を備えて場面で使い分けることもできます。そして、明るすぎない照明にするためにも、照明パターンを増やすためにも、特に主照明には明るさを調節できる調光機能が必須です（最近のLED照明の中には、一灯で光の色と明るさを調光可能な製品もあります）。体内時計への影響からは、夜間に浴びる光は、住宅の団らん・食事のテーブル上の数百ルクスでも、それより低い照度でも、体内時計を遅らせる作用は皆無ではないので、明るくしすぎない必要最小限の灯りの使い方が適切です。光の色と照度には「クルーゾフ効果」と呼ばれる心理的な傾向があり、暖色の光では低照度が快適で高照度になると暑苦しく不快に感じる傾向があり、白色の光では低照度だと陰鬱で不快に感じ高照度のほうが快適に感じる傾向があります。この関係からも、休息の場所と時間の灯りには、暖色系を選ぶことが理に適っています。また、就寝前の時間には、パソコンや携帯機器の使用を控えるといった生活習慣や、夕方から夜間のパソコンの作業にはブルーライトカット眼鏡を着用することも体内時計を乱さないための一手段です。

●朝のあかり
―団らん室の昼光照度と住まい手の曝露照度

２００７年度の冬季と２００８年度の夏季に、秋田市の一戸建てに居住する大学生とその母親（46～48歳）の３組について、自宅の団らん室・寝室の照度および生活行動と曝露照度の実測を各期に４日間ずつ行いました。冬に比べ夏には屋外滞在時間が増えて朝の太陽光の曝露照度の総量が高くなると予想しましたが、実際はそうなりませんでした。主婦では、季節に関係なく１日の約９割を建物内で過ごし、屋外（車内は除く）の滞在時間は１日の２～３％の30～40分間でした。この結果は、ＮＨＫ国民生活時間調査における全国の主婦と差がなく、生活時間に季節・地域差がないのは、現代生活では自然環境よりも社会環境要因の影響が大きいのだと理解できます。

図1は、ある住宅街に建つ住宅の午前中の居間照度（テーブル面）と曝露照度の出現頻度分布です。居間は１階の東南角部屋、窓面積率は０・36で建築基準法の窓面積率*の基準値（１／７＝０・14）の２・６倍でした。ただし、窓は外部の視線を遮るために日中レースカーテンを閉めていました。居間照度の平

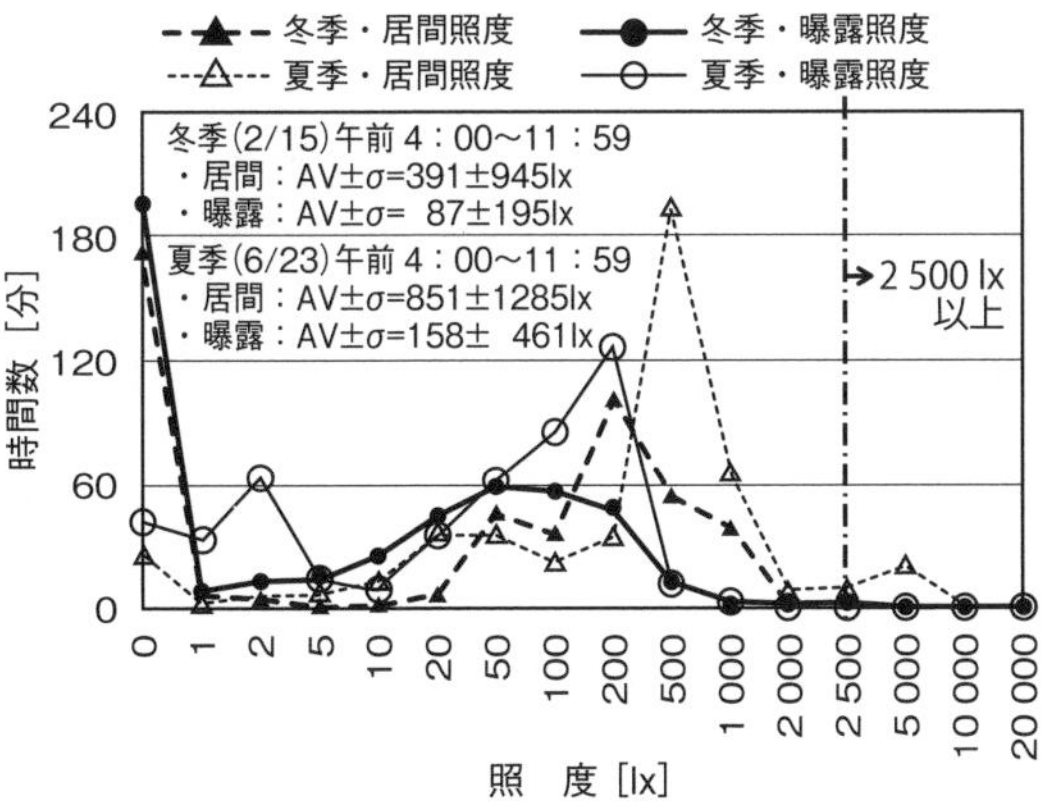

図1　午前中の居間机上面照度と曝露照度の実験事例

均値は冬季391ルクス、夏季851ルクスで、2500ルクス以上の時間数は冬6分、夏30分間でした。また曝露照度が2500ルクス以上の時間数は、冬も夏も1分間でした。前述した光療法に比べるとかなり心もとない光の浴び方といえます。居間照度は、住宅の照度基準に照らして問題ない明るさが得られていますし、住まい手の主観でも光環境に不満はありませんでしたが、朝のあかりとして量不足が指摘できます。調査にご協力いただいた住まい手には、概日リズム障害の症状のような訴えはありませんでしたが、住まい手が高齢になると、生体リズムの振幅が弱まり、社会的接触が減る傾向になるので、今よりも光環境の影響を受けやすくなる可能性はあります。

＊窓面積率
対象とする居室の床面積に対する採光に有効な窓面積の割合。住宅の居室では、（有効窓面積／床面積）＝1／7＝14％として建築基準法で定めている。

●朝のあかりの改善
―昼光照明デザイン

朝のあかりの改善として、住まい手が朝の散歩などの生活習慣を取り入れる方法もあります（体内時計の面では、夜より朝の散歩がいい）が、建築的な方法として新築でもリフォームでも採用可能な2階居間の効果を模型実験で検討しました。この模型住宅は秋田市街の低層の住宅地に建つ2階建て戸建住宅群で、総2階建ての延べ床面積は約120平方メートル、間取りは一般的な5LDK（1階にはLDKと和室の公室群、2階に3つのベッドルームと予備室の個室群を配置）を標準タイプ（建築学会の「住宅用標準問題」とよばれる間取り）として、南に面する居間を対象室にしました。

周辺にも同じ形状の住宅が立ち並び、南側の隣棟間隔は10メートルとしました。そして標準タイプの居間を２階に移し側窓*に追加して高窓*も設けた場合と比較しました。いずれも側窓は実態に合わせてレースカーテンを閉めた状態としました。

図２は、１月のある日の午前中における屋外の全昼光照度（直射日光を含む）と居間の中央で窓の方向を向いた人を想定した鉛直面照度の出現頻度分布です。屋外の昼光の明るさは、普通の日（全天空照度は１万５０００ルクス以上、３万ルクス未満）に近いものでした。居間中央部での曝露照度が２５００ルクス以上の時間数は、標準タイプの１階居間の場合は０分、２階居間では81分となり、また全天空照度に対する居間照度の割合は１階居間の約５％から２階居間は約10％と２倍に増えました。２５００ルクス以上の曝露照度は２時間以上には届きませんでしたが、都市型住宅では珍しくなくなっている２階居間の昼光照明の有効性が定量的に明らかにできました。

この検討では、一般に居住者が昼間に長くいるであろう居間を対象にしましたが、朝方の寝室に朝日が入って目覚めることや、在宅時間の長い高齢者の居室の採光も重要です。こうした部屋は、日本の本州の自然環境に配慮した典型的な居室配置の仕方では、午前の日当たりのいい東南向きが推奨されており、住まいの健康なあかりの科学的な知見とも符合しています。

＊側窓《がわまど》　建物の外壁側面に設けた窓。

＊高窓　外壁の天井付近などの高い位置に設けた窓。

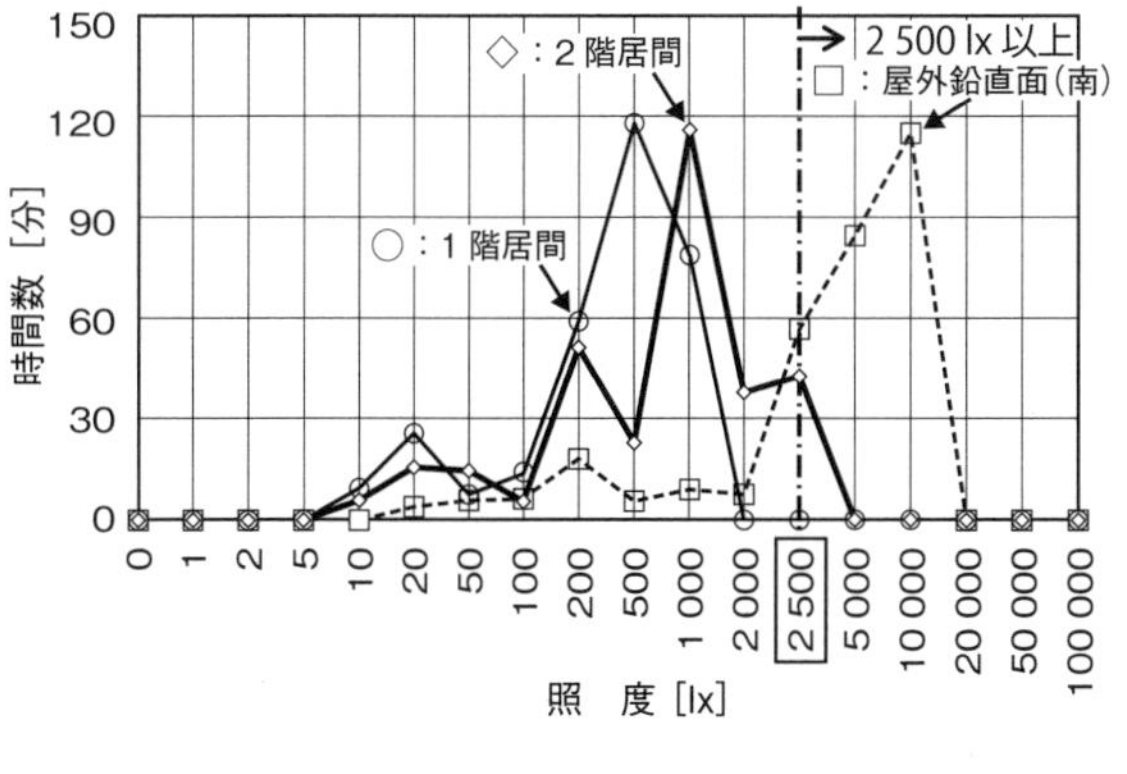

図2　屋外曝露照度と住宅居間の曝露照度の実験結果

おわりに

朝～昼には太陽光のような白く高照度の光を浴び、夜間には昼間のような白く強い光を浴びないほうがよいという体内時計と光の関係は、これからの建築・住宅や社会における光環境のあり方を考えるうえで重要です。

室内照明は通常、高照度にした場合でも1500～2000ルクスなので、電灯照明だけでは朝～昼に必要な光を得られません。住宅であれば、十分な曝露照度が得られるような住まいの日照と採光の条件の確保、もしくは屋外で太陽光を浴びる生活習慣を取り入れる必要性があるといえます。

日本の住宅における、蛍光灯（白色光のランプ）による一室一灯の照明は白々と明るすぎるといわれ、西欧の照明を引き合いにして低色温度の光源を用いることや局所照明で陰影をつくることが雰囲気を高める豊かな照明だともいわれてきましたが、日本人の黒色の瞳は眩しさに強く白く明るい灯りは機能的には不便がないので、今なおこの照明の方法は多くの住宅で用いられています。しかし、夕方から夜には電球色で明るすぎない灯りが、ヒトの体内時計を整えて健康によいという科学的な裏づけには、私たちの住まいや社会の照明のあり方を見直させる説得力があると思います。

（西川竜二）

07 太陽からの光を適切に利用するには？

キーワード
昼光利用、採光装置、省エネルギー

●はじめに

地球環境や温暖化などの諸問題を背景とした建築の省エネルギー化への取組みは、今や常識になった感があります。環境・設備計画のみならず、建築計画においても環境配慮をデザインのエッセンスにしている事例を見かけます。「風と光を採り入れる」といったキーワードがよく登場します。言葉はもっともですが、一体どうやって風や光を採り入れたらよいのでしょうか。環境設計・設備設計においては、風はまだよいのですが、光についてはピンとこない方も多いのではないでしょうか。そこで、熱負荷をはじめとする陽の光の基本的な事柄について考えながら、筆者が取り組む採光技術について簡単に紹介いたします。

● 太陽光利用の基本的な事柄

最も手軽で身近な自然

陽の光は風とともに、いつでも身の回りにある最も身近な自然です。曇天でも屋外に出れば5000~1万ルクス程度の照度があります。この自然をうまく使ってエネルギー消費を減らそうと思うのはまさに自然な話です。ZEB*の取組みでは太陽光は光源として、また電気に変換しても用いられる重要なエネルギーです。

光源としての太陽光

陽の光は日周運動、年周運動で高度・方位が時々刻々変化し、色温度も5500~2500ケルビン（K）程度に大きく変化する光源です。快晴時の照度は10万ルクスを超えて極めて明るい光源ですが、天候や雲の動きによって大きく変化します。年間の晴天率は地域によって異なりますが概ね50%程度であり、これらのことからも太陽光は極めて不安定な光源だと言えます。一方で、人はこの変化も含めて昼光を楽しむことができます。知的生産性への貢献など、陽の光によるエネルギー以外の便益への期待も高く、昼光利用は肯定的に捉えられています。

昼光利用と冷房負荷の関係

晴天日の太陽光のエネルギー密度は約1000（ワット/平方メートル）で、500ワットが可視光、500ワットが近赤外線です。西日が空調負荷を押し上げることは建築関係者の常識です。西面にスパン10平方メートルの開口があれば、夕刻に

*ZEB
ネット・ゼロ・エネルギー・ビル。省エネや再生可能エネルギー利用などにより、建物内のトータルのエネルギーの年間使用量をほぼゼロにしようという建築物。

は10キロワット近いエネルギーが入射します。

しかし、太陽光を発光効率的に評価してみると10万（ラドルクス＝ルーメン／平方メートル）／1000（ワット／平方メートル）＝100（ルーメン／ワット）であり、Hf蛍光灯と同等以上の効率のよい光源であることがわかります。さらにLow－Eガラスなどで選択的に赤外線をカットすれば、熱の少ないより効率の良い光になります。太陽光が暑いのは強過ぎが原因です。昼光利用では太陽光を採り入れ、薄く広く拡げることが重要です。そして、その分だけ人工照明を調光すれば冷房負荷も低減する可能性まであるのです。

● 採光装置の利用

採光装置の種類と特徴

採光装置には、ライトシェルフなどに代表される固定式のパッシブなものと、太陽追尾機能

表1　代表的な採光装置と特徴

<table>
<tr><th colspan="3">固定式採光装置（パッシブ）</th></tr>
<tr><th>光ダクト</th><th>ライトシェルフ</th><th>ルーバー、ブラインド</th></tr>
<tr>
<td>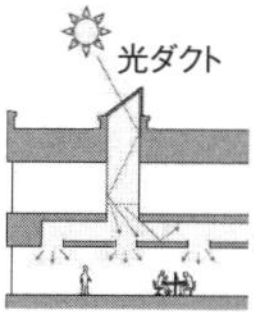

屋上などで採光。鏡面ダクト内を反射させて光を導く。中距離の搬送。</td>
<td>

窓上部に設けた反射板によって拡散光を採り入れる。</td>
<td>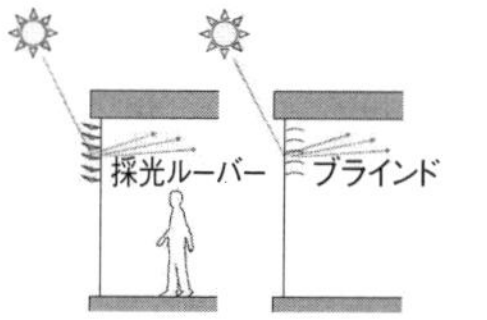

採光ルーバーやブラインドにより、室内に光を採り入れる。</td>
</tr>
<tr><th colspan="3">追尾式採光装置（アクティブ）</th></tr>
<tr><th>太陽追尾ミラー（ヘリオスタット）</th><th>太陽追尾採光装置</th><th>自動制御ブラインド</th></tr>
<tr>
<td>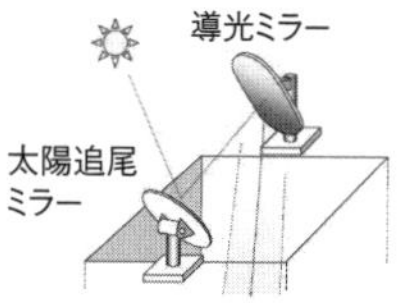

太陽追尾ミラーで採光。直射光をピンポイントで照射。直射光のような平行光の採光を可能とするシステム。長距離の搬送可能。</td>
<td>

採光した光を光ファイバーで搬送。照明器具のように室内に放光。</td>
<td>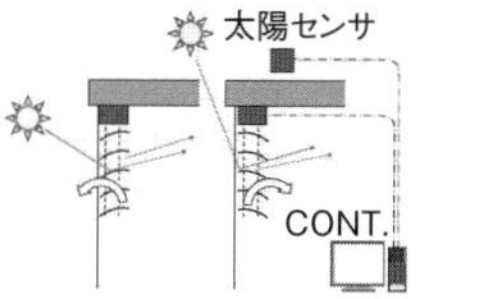

採光と遮光を両立させるように、スラット角度を全自動制御するブラインド。屋外のセンサを併用して制御する高度なものもある。</td>
</tr>
</table>

を備えたアクティブなものがあります。代表的な採光装置とその特徴を**表1**にまとめました。固定式採光装置は主に直射光を拡散光として採光する装置で、シンプルであり清掃以外のメンテナンスを必要とせず、多くは採光量当たりの価格も安価です。設置場所と条件さえ良ければ採光量も得やすい装置ですが、特殊な断面形状の採光ルーバーなどを除いて、太陽の動きには対応できず、採光量が安定しにくい側面もあります。一方のアクティブ採光装置は、太陽を追尾する採光部とその光を導く導光部、配光する放光部からなり、直射光を確実に採光することができます。追尾精度の高い採光ミラーを使えば、例えば100メートル程度の高層吹抜け空間の頂部から床面への直射光の導入なども可能です。パッシブ採光装置に比べて光量当たりの価格は高価ですが、省エネルギーとともに建築空間の環境づくりのために用いられています。

省エネルギーと採光装置の選択

採光装置を用いた省エネルギーは、採光した昼光によって人工照明を代替することではじめて実現します。それが建物のどこであっても省エネルギー上の価値は変わらないので、南向きの開口からパッシブな窓面採光装置でインテリアゾーンに採光することが得策と考えられます。このとき人工照明は基本的に効率が良く調光が自在なＬＥＤ照明を採用することが望ましいと言えます。

●省エネルギーのための採光技術開発

筆者はこれまで、太陽追尾装置を含むアクティブ採光システムの開発を行ってきました。短手方向の幅が1メートル未満の換気シャフトを介して、50メートル下の地下まで採光するなど、さまざまな案件に対応しました。一方、ZEBなどの省エネルギーを最大限に考える対象においては、低コストで採光量が多く、物理的にも採用しやすい採光装置が求められます。筆者らは現在、特殊な曲面を用いて固定式でありながら太陽高度によらずに採光可能なルーバーの開発を行っています（**図1**に一例を示します）。これは、非結像光学と呼ばれる技術を採光に用いたもので、すでに欧米を中心に研究され Anidolic Daylighting System と称される場合もあります。実用化された事例としては、米国の国立再生可能エネルギー研究所のZEB建築に採用された例などがあります。こうした既往の採光ルーバーは、その断面形状にも起因して窓内や複層ガラスの中空層に設置されます。しかし、太陽高度が高い場合には窓表面での反射が大きくなることや、窓回りの小庇や窓枠によって相当に日射が遮られて、夏季の正午前後には十分に機能しません。そこで筆者らは太陽高度が高い中緯度から低緯度地域でも適用できる屋外設置型のルーバーを検討しています。

こうした採光ルーバーを用いることで、**図2**に示すように太陽高度20～80度程度の範囲で直射光を室内の天井に配光することが可能になります。パッシブな採

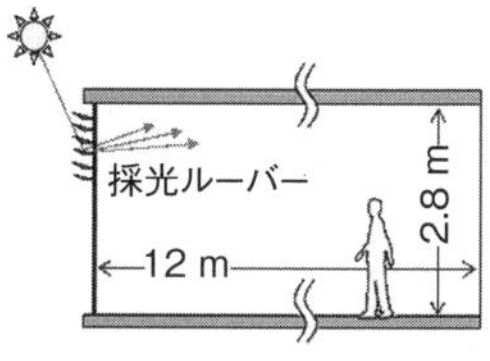

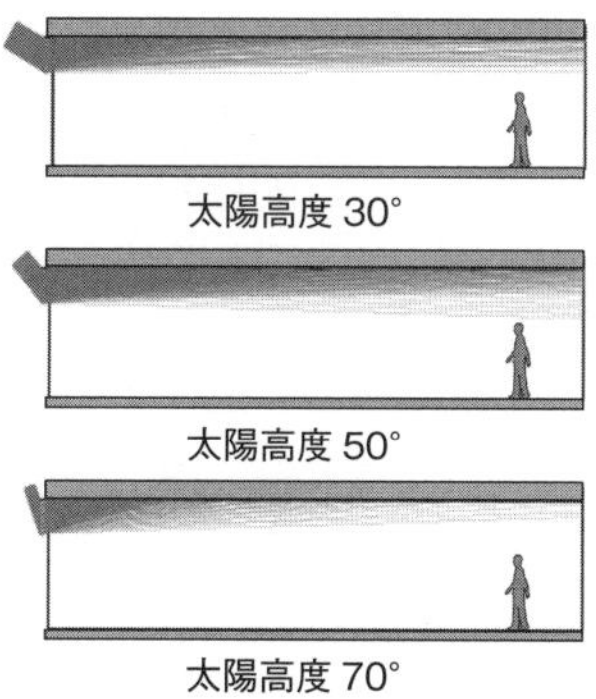

太陽高度により、配光範囲および分布に変化はあるものの、おおむね天井面に配光。天井からの反射によって室内の照度を形成する。

図2　異なる太陽高度に対する天井面への配光

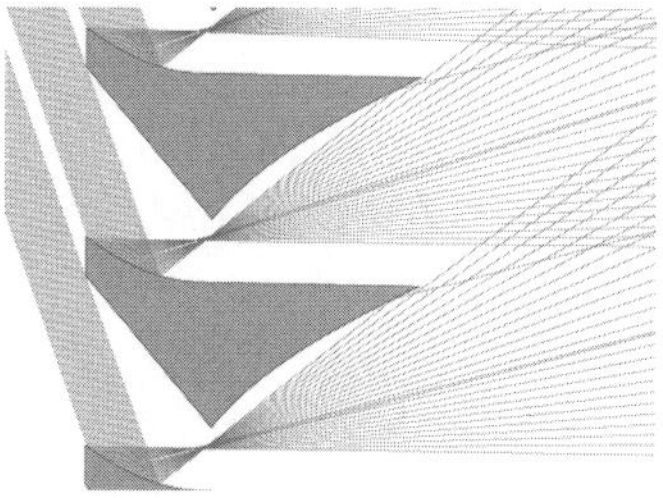

図1　非結像光学による採光ルーバーの例（断面）

光装置では配光が窓近傍に偏りやすいなどの限界もあると考えられますが、今後さらに検討を進め、より手軽で実用性の高い採光技術の構築を目指しています。

●おわりに

昼光利用に関連して太陽光とその利用について簡単に紹介しました。陽の光や風のような気まぐれなエネルギーを外乱とみなして建物からシャットアウトして、人工照明と完全な空調で室内環境をつくることは諸先輩の努力によって今や簡単なことです。しかし、これからの環境の時代には、こうした気まぐれなエネルギーの気まぐれさにフレキシブルに対応して、これを最大限上手に使う研究・開発・設計が求められていると思います。

（小林　光）

08 いい家ってなんだろう？
―北海道から住まいを考える

キーワード
住宅デザイン、寒冷地、日本文化、民俗

―週刊「司馬遼太郎 街道をゆく」第21号「北海道の諸道」より

和人が「ワタリ」として多数道南に移住するようになった鎌倉・室町時代以来、一度も北方の冬をしのげるような建物や装置を考えだしたことがなく、本土の南方建築で間に合わせてきたというのは、驚嘆すべき文化と言っていい。人間を極端な寒さから守るという点で、日本ではそういう思想そのものがなかった。思想がないためにそういう住居構造そのものが開発されず、炕《オンドル》も用いられず、むしろそれを用いて独自の文化を創れば中央文化と均一になれないという怖れのほうが思想として先行していた。幕末幕府は、津軽、南部、仙台藩などに蝦夷地警備を命じたが、驚くほど多数のものが短期間に病死している。そのうちの津軽藩の数字を何かで読んだことがあるが、溶けるように死んでゆくという感じで、しかも原因の追及もされなかったという鈍感さにおいて文明史的な事件であると言っていい。むろん原因は簡単で、家屋（兵舎）にあった。（引用終わり）

この司馬遼太郎さんの言葉には、以下の二つのポイントがあると思います。

①日本の伝統的建築には、寒冷気候への配慮はない

②日本の文化には、中央集権制が根強く、地方軽視が本質的である

寒冷地仕様の住宅技術が日本で顧慮されなかったのは、そのまま事実でしょう。今日に至っても、断熱・気密を重視しない考え方が、日本の住宅建築において勢力を持ち続けていると思います。

会津若松に、江戸時代初期の茶人、建築家・小堀遠州一門の作庭になる大名庭園「御薬園」がありますが、そこにある茶屋は、まさに「文化としての日本」を重視して、寒冷地であることを顧慮しない建築の代表のように思います。この茶屋は、毎年の積雪荷重に対して薄く華奢な構造が支えきれず、江戸期を通じて何度も何度も修理・再建築され続けてきたと言われています。もちろん冬季半年は使用されずにきました。

（**写真1**）

こういう民族的建築文化体験・経緯が、冬を「耐え忍ぶもの」として忌避する、あるいは思考の外側に置いておこうとする考えをもたらせたのだと思います。筆者が北海道で地域住宅雑誌を発刊しようと考えた二十数年前には、東京で出版される住宅雑誌に掲載される住宅のデザインは、少なくとも北海道においては全く参考にすることができませんでした。それは今日においても変わっていません。

結局、北海道は、フロンティアとして取り組む以外にありませんでした。しかしそう考えると逆に「伝統がない」ということは、新しいものを生み出すための格好の追

写真1　会津若松・御薬園

い風になりました。なぜなら、本州以南の地域のように、床柱はこれでなければ、瓦は当然どこどこのものを、というような建築に対する既成観念が存在できなかったからです。強いて言えば、明治の初年に国家計画として取り組まれた北海道開拓政策の基本理念とされたアメリカ北東部の寒冷地開拓理念に基づく建築様式・赤煉瓦の道庁庁舎や、ツーバイフォー工法の原型とされる時計台などの建築がモデル的に存在するに過ぎなかったのです。

そういう状況のなかで、北海道では住宅に特化した「住宅作家」といわれるような建築家の動きが存在しました。古くはF・L・ライトの弟子であった田上義也さん、さらに上遠野徹さんといった建築家が活躍していた素地のなか、倉本龍彦さんや、圓山彬雄さんが細々と住宅設計に取り組んでいました。倉本さんの、昔の札幌の都市風景を思い出させるような下見板張り外壁の古くて斬新なスタイル、戦後北海道知事が音頭を取って、地域らしい住宅素材として取り組んだブロック住宅に対して、それを二重に積み上げて外断熱とした圓山さんの住宅シリーズなどは、非常に北海道らしい住宅への取り組みとして注目されました。**（写真2・3）**

筆者らも、こういう北海道の住宅フロンティア精神を盛り上げたいという思いが強く、積極的に誌面で紹介しました。こうしたことも一定の効果を上げて、地域としての住宅デザインのバラエティは格段に豊かになりました。

そういったなかから、例えば宮島豊さんや、中山真琴さん、五十嵐淳さん、ヒココニシさんといった個性豊かで、地域らしいデザインをされる作家の活動領域が広がっ

写真2　倉本龍彦「清くん家」
（撮影：安達治、「北のくらしデザインします」4号より）

てきていると思います。近年、北海道の建築家が世界レベルの住宅の賞を受賞するケースが増えています。それは、こうした作り手とユーザーの関係から生み出されてきています。

そして一方で、こういった「個性的住宅」の波、運動は確実に地域工務店のレベルの向上と全国ハウスメーカーのシェアの縮小をもたらしています。

高級住宅マーケットにおいて全国ハウスメーカーが地元工務店の後塵を拝している現実は、きびしいユーザー視線のなか、住宅性能とデザインを両立させる努力がなされてきている証拠と言えるでしょう。ぜひこうした流れを、全国で育てていきたい。ユーザーと作り手がいっしょに作り上げる「地域らしい」住宅マーケットの創造。そんな思いを強くもっている次第です。

◎追記／北海道の先人の住宅

上記のように北海道の住宅のことを記述するのは、一般的に自然なのですが、近年の北海道における「考古」的な発見や事物に即した実証的な想像力による探求は目覚ましく、畏敬の念を持って注目しております。

そのなかでも古い時代の復元住居を見ていると、かれら先人の営みと暮らしようが考古的発掘と相まって、まことに心に迫ってきます。**写真4**は釧路市郊外の北斗遺跡です。

写真3　圓山彬雄「新旧ふたつのブロックの家」
（撮影：安達治、「北のくらしデザインします」5号より）

現代住宅は実にさまざまな「材料」を使って建てられます。その多くは化学製品を使わざるを得ません。建材という言葉に、わざわざ、「新」という言葉を付けて化学処理した建材を使います。室内の温熱環境をコントロール可能なものにするために壁の室内側にビニールシートで「気密層」を作ります。また、壁の中にはガラスを繊維状に加工した材料を使います。このことは、現代の暖かい住宅建築技術では、仕方のない選択だと思います。しかし、それ以外では、できる限り、自然とともに呼吸できる素材を使いたい。そんな思いで現代住宅を見つめています。

そうした思いから見ると、まさに極限的にシンプルな素材でつくられたこれらの家々は、可能な限りの知恵と工夫できびしい自然条件と戦っていた先人たちの思いを伝えてくれます。「竪穴」という言葉そのもの。地面を掘り込んで柱を立てる穴をつくり、そこに掘っ立てで柱を立てる。このように地面を掘り下げることで、その土地の「年平均気温、約6℃」以下には下がらない室温が得られ、あと数℃の加温で適度な居住環境が実現したと思われます。その柱に対して、横架材を交差させ、やわらかいシナの木の樹皮のロープで縛り上げていく。そのように構成された軸組に対して、茅束で屋根とも壁ともいえる面を掛けていく。そこでもやわらかい樹皮ひもを使って、茅束を「編み込んで」いく。このように造作された内部には、囲炉裏による暖房、かまどによる調理装置が作られています。かまどからの煙道装置まで粘土の造作で作り込まれています。囲炉裏やかまどは、掘り込んだ土壌に熱を貯える（土壌蓄熱）ように機能して、たぶん極寒期でも、一定以上の温度環境を作り出せていただろうと推測

写真4　北海道の先人の住居（北斗遺跡）

できます。数少ない自然そのままの素材をなんとも合理的に使っており、知恵と工夫で生き抜いていくたくましさを感じます。こういう知恵と工夫は、現代でも先端的な研究開発のヒントになっています。北海道で普及している「パッシブ換気」などは、こうした知恵がベースのように思えてなりません。内外の温度差を利用して換気し、導入新鮮空気への加湿で室内温熱を確保するという、こういう住宅の知恵の系譜も、日本の建築はきちんと組み込んでいくべきではないでしょうか。

（三木奎吾）

09 シックハウスと隙間通気

キーワード
気密性能、換気方式、シックハウス

1990年代より社会問題となったシックハウスの対策には、「換気」が重要です。設計上では理解しづらい住宅の隙間の影響も、このシックハウス対策においては無視できない、場合によっては必須の要素なのです。ここでは、住宅の室内環境設計において、従来からの課題でもあり、最新の課題でもある隙間通気の影響について、シックハウス対策研究の成果を例にその概要を紹介します。

●隙間通気と室内環境

我が国旧来の住宅の構造は木造軸組構法*です。この構造は、湿潤な気候に適しており、建物各所にある隙間からの自然通気によって、木材の腐朽防止が図られていました。同時に、風や内外の温度差によって、換気が自然に確保されていました。旧来の住宅、例えば北海道の1970年代の住宅でも、その相当隙間面積*（C値）は16平方センチ／平方メートル以上（延床面積150平方メートルの場合、50×50センチ程度）もありました。しかし、日本人の生活の欧米化や都市化による周囲環境の変化

*木造軸組構法
建築構造の木構造の構法の一つ。日本で古くから発達してきた伝統工法を簡略化・発展させた構法で、在来工法とも呼ばれる。

*相当隙間面積
住宅全体の隙間の総面積（平方センチ）を床面積（平方メートル）で割った値のことで、気密性能を表す指標の一つ。

などに伴った住宅デザインの変化、開口部の縮小やサッシの防音性、防犯性の向上、省エネルギー化などによって、建物構造は急激に変化してきました。このような変化のなかで、寒冷地から広まった断熱・気密化は、冬季の室温維持、暖房エネルギー削減をもたらしましたが、同時に気密化によって隙間通気が減少し、機械換気などによる常時換気の設計が不可欠になりました。

住宅の気密化は、我が国の住宅構造の特徴である隙間通気を抑えることにほかなりません。フィルムやテープなどを使った詳細な設計施工が、気密化を実現してきました。しかし、気密化住宅においても、建物各所に隙間が残されています。例えば「気密住宅」と評価される相当隙間面積（C値）が2・0平方センチ／平方メートルの住宅においても、延床面積が150平方メートルの場合、300平方センチ（例えば17×17センチの開口に相当）もの隙間があることになります。この残された隙間は、1990年代に社会問題化したシックハウス問題のなかで、逆に悪い作用を持つようになりました。

●隙間通気による汚染物質の室内侵入

図1に示すように、床下の防蟻剤や防腐剤、さまざまな建材

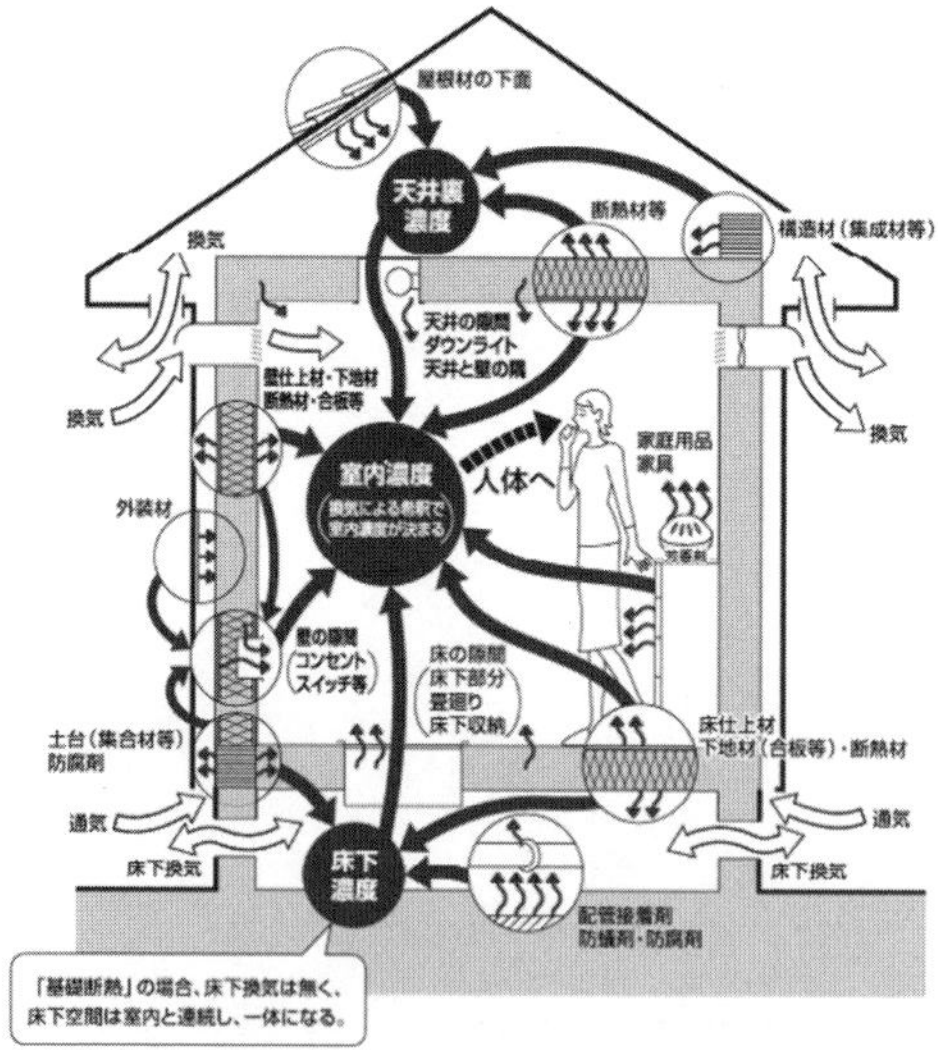

図1　構造内部空間からの汚染物質侵入[1)]

や設備などの施工材から発生する化学物質（ホルムアルデヒド、トルエン、キシレン、パラジクロロベンゼンなど）は、隙間を通じて室内に侵入する可能性があります。これまでの実際の建物の測定では、床下で発生した化学物質の5％から60％が室内に侵入しています。また、階間《かいま》（下階の天井と上階の床の間）で発生した化学物資の場合には、80％以上が室内に侵入しています。このような侵入のメカニズムを明らかにするため、建物構造の内部を確認しながら空気の流れを測定できる、木造軸組構造やツーバイフォー構造法による構造体スライスモデルを、宮城学院女子大学内に製作しました（**写真1**）。これにより、実際の住宅では測定困難な、壁内、床下、天井裏などの隙間分布を測定し、その結果を用いて化学物質侵入のシミュレーションを行いました。それによれば、床下の空気は外壁や下屋の天井裏、階間を通って2階の寝室にまで流れることが明らかになりました。

図2にシミュレーションによるホルムアルデヒド濃度を示します。次世代基準*レベルの気密住宅と非気密住宅について、第三種換気*と第一種換気*を行った場合の各室（階段室、寝室、ユーティリティー、ＬＤＫ）のホルムアルデヒド濃度の1年間の平均値です。第三種換気の場合に室内ホルムアルデヒド濃度が高くなっています。階間や壁内などで発生したホルムアルデヒドが、第三種換気で室内気圧が下がることで、隙間から室内に引き込まれているためです。

このようなことから、２００３年の改正建築基準法に規定されているように、第三種換気を行う場合には、天井裏などの内部空間の建材に考慮する必要があります。場

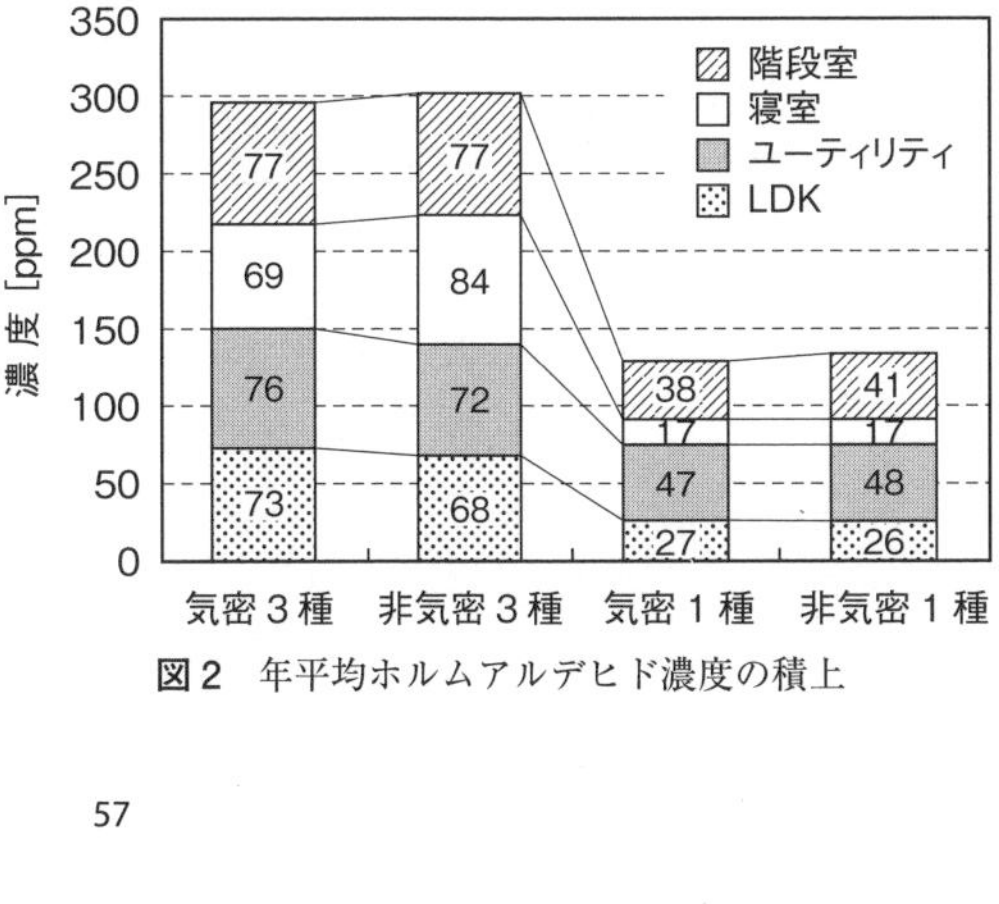

図2　年平均ホルムアルデヒド濃度の積上

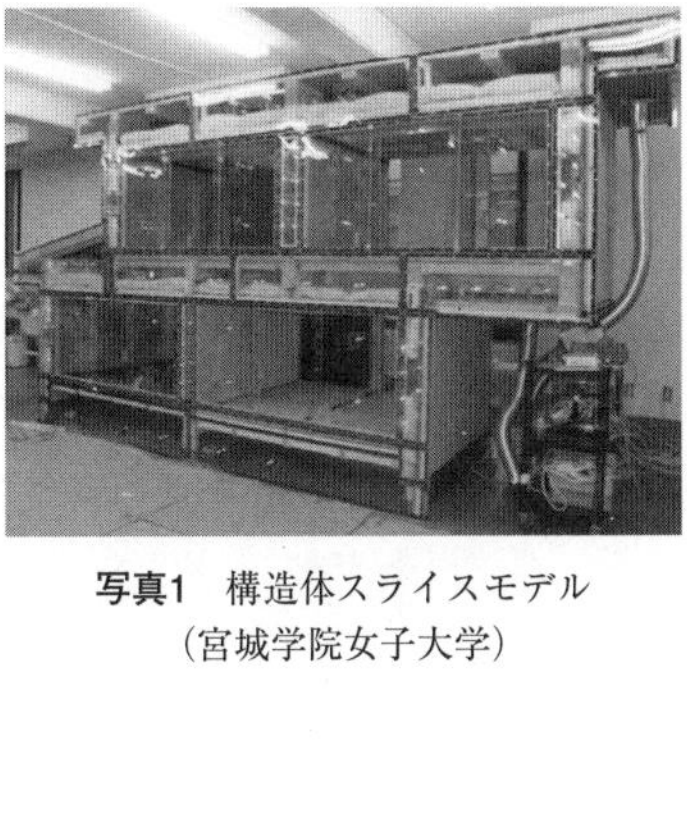

写真1　構造体スライスモデル
（宮城学院女子大学）

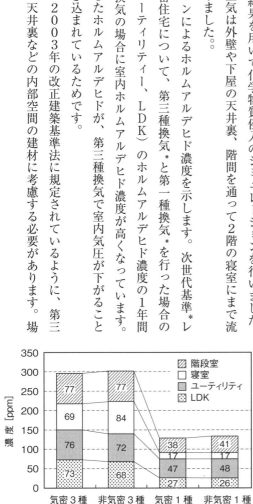

合によっては、天井裏などの空間を別に換気する方法も考えられます。第二種換気*（給気して室内気圧を上げる）を用いる方法もありますが、室内の湿気が漏出して、断熱層などで内部結露を起こし、カビの発生や木材の腐朽などを招く危険があります。

このように、隙間通気は、シックハウス対策、換気設備設計、建物構法などに大きく影響する、古くて新しいテーマなのです。

（林　基哉）

＊次世代規準
平成11年に告示された住宅の省エネルギー基準。

＊第一種換気
給気、排気とも機械で行う換気。

＊第二種換気
給気は機械、排気を自然で行う換気。

＊第三種換気
給気は自然、排気を機械で行う換気。

《参考文献》

（1）室内空気対策技術ハンドブック編集委員会『室内空気対策技術ハンドブック』財団法人住宅リフォーム・紛争処理支援センター、２００５

10 ＰＭ２・５問題をどう考える？

キーワード
中国、大気汚染、ＰＭ２・５

●はじめに

最近何かと話題のＰＭ２・５は、隣国中国の経済発展による副産物です。この微小粒子の大部分は、化石燃料が燃焼して生じた粒子や、ガス状の大気汚染物質が大気中で粒子に転換した二次粒子などの人工由来のものであり、これらの粒子は自然由来の粒子よりも毒性が強いと考えられています。これらの粒子が偏西風に乗り、台湾、韓国、日本などの近隣諸国だけでなく、オーストラリアなどの国々まで拡散していることから、国境を越えた大きな社会問題となっています。粒子は、微小なほど肺胞などの気道の奥に沈着し、結果として健康に悪い影響を与えます。この問題は、中国の都市における大気汚染のひどさを懸念したアメリカ大使館が、敷地内で測定した汚染濃度を公表しはじめたことで注目されるようになりました。

●ＰＭ２・５とは

粒子の粒径別の捕集効率*は一般に**図１**のような曲線となっており、ＰＭ２・５は捕集効率が50％となる空気力学径が２・５マイクロメートルとなる粒子のこと（図中の左端）です。同様に、ＰＭ10は捕集効率が50％となる空気力学径が10マイクロメートルとなる粒子のことです（図中の右端）。一方、建築物衛生法の浮遊粉塵（ＳＰＭ）は10マイクロメートル以下の粒子と定義されており、正確には10マイクロメートルを超える粒子が１００％カットされている粒子（図中の中央）のことです。したがって、浮遊粉塵（ＳＰＭ）とＰＭ10は異なる粒径のものであり、粒径分布からいうとＰＭ２・５、浮遊粉塵（ＳＰＭ）、ＰＭ10と大きくなります（文献１）。

●ＰＭ２・５の基準

ＰＭ２・５に関しては、日本をはじめ多くの国やＷＨＯがさまざまな環境基準を示しています。

日本の基準は新しい部類に入るもので、２００９年に環境省により定められました。環境基本法第16条第１項に基づく人の健康の適切な保護を図るために維持されることが望ましい水準として「１年平均値が15マイクログラム／立方メート

＊捕集効率
フィルターが捕集する空気中の粉塵の割合。

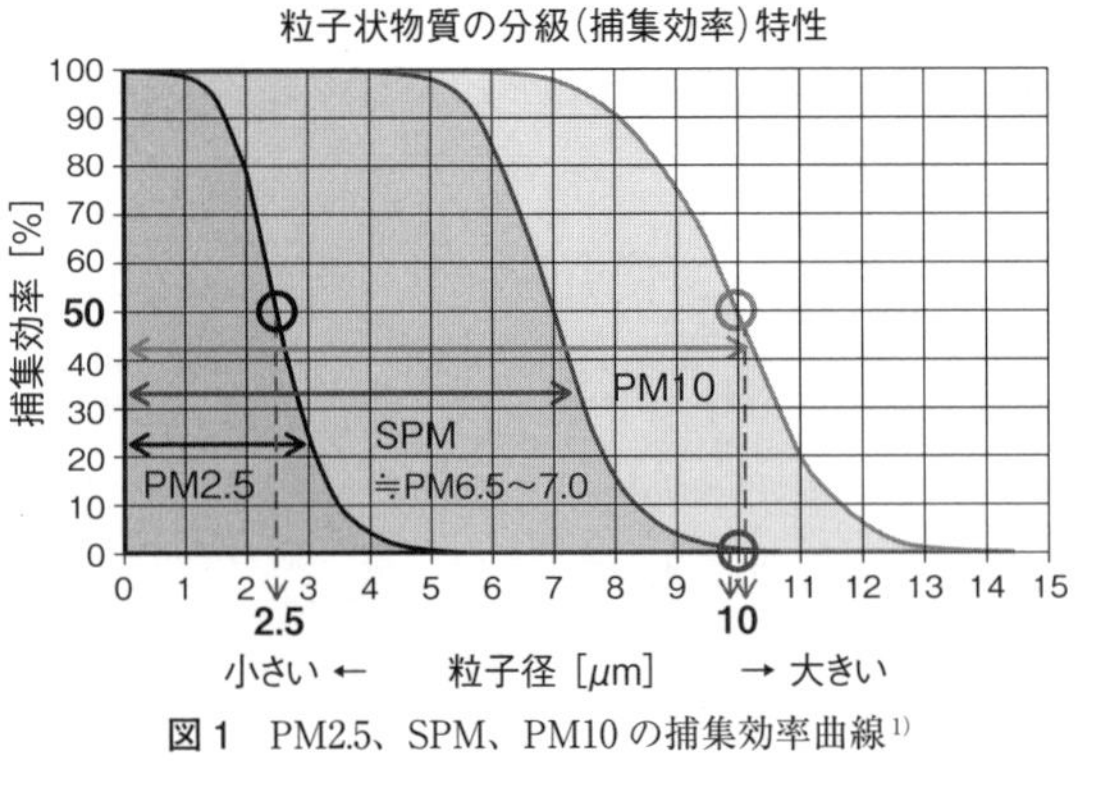

図１　PM2.5、SPM、PM10 の捕集効率曲線[1)]

ル以下、かつ１日平均値が35マイクログラム／立方メートル以下であること」としています。

●粉塵による大気汚染の実態

元来、この粒子が注目されるようになった大きな背景に、米国において１９９７年にそれまでのＰＭ10に関する環境基準が改定されて、ＰＭ２・５と呼ばれる微小粒子の環境基準が追加されたことがあります。

中国で発生した黄砂や石炭などの燃焼排気ガスなどに含まれる多様な浮遊粉塵が、偏西風に乗って台湾、韓国そして日本に飛来しています。九州などの西日本では、昔から春先の黄砂の飛来が問題とされてきましたが、それにＰＭ２・５が加わったかたちで大きな関心を呼んでいます。現在までのところ、そのほとんどが中国東部にある北京、上海などの大都市や工業地帯で排出される浮遊粉塵だと考えられています。しかし、西部の農村地帯における伝統的な民家においては、薪、石炭だけでなく家畜の糞を乾燥させたものを燃料とする暖房・調理器具の使用が一般的であり、この地域からもかなりの量の粉塵が排出されているものと考えられます。

一部には中国からＰＭ２・５粒子が拡散していく様子を数値シミュレーションで示し、危機感をあおるような報道も少なからず見られます。

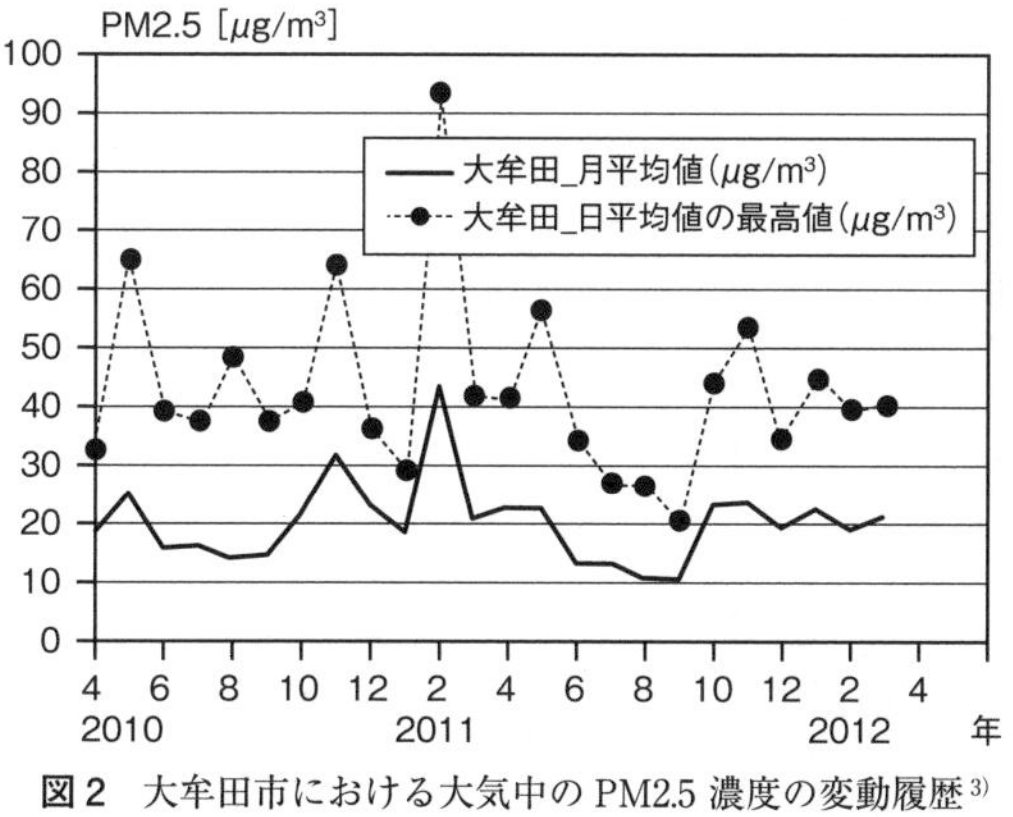

図２　大牟田市における大気中のPM2.5濃度の変動履歴[3)]

しかしながら、2012年までの福岡県大牟田市での観測では、PM2・5が顕著に増加したというデータはありません（**図2**）。

また、昔から有名な黄砂についても、その飛来日数の増加傾向は明確ではありません（**図3**）。全体的なトレンドはあるとしても、年間の月別の変動（春先に多くそのほかの季節にはあまり飛んでこないという傾向）の中に埋もれているようです。

●PM2・5による室内空気汚染の防止対策

室内に汚染源がある空気汚染問題であれば、換気が最も有効な対策となりますが、PM2・5問題の場合は、室内空気と入れ替えるべき外気が汚染されているのですから、単に外気を導入するのは逆効果となります。したがって、外気を室内に導入するときに対処するか、導入したあと室内で空気清浄機などにより処理することが有効となります。空気清浄機は、元々、室内の浮遊粉塵やタバコ煙の除去を目的としたものであるため、**図4**に示すように、粉塵除去用のフィルターに強制的にファンで空気を導くタイプの空気清浄機（ファン式）では、各種粒子径の粒子状物質の除去に関しては、それ相応の効果（この図では0・5回／時程度）が示されています。しかし、改めて言うまでもないことかもしれませんが、浮遊した粉塵は空気清浄器の中に入らない限り除去されることはありません。また、同じ空気清浄機でも、1990年ごろ使用さ

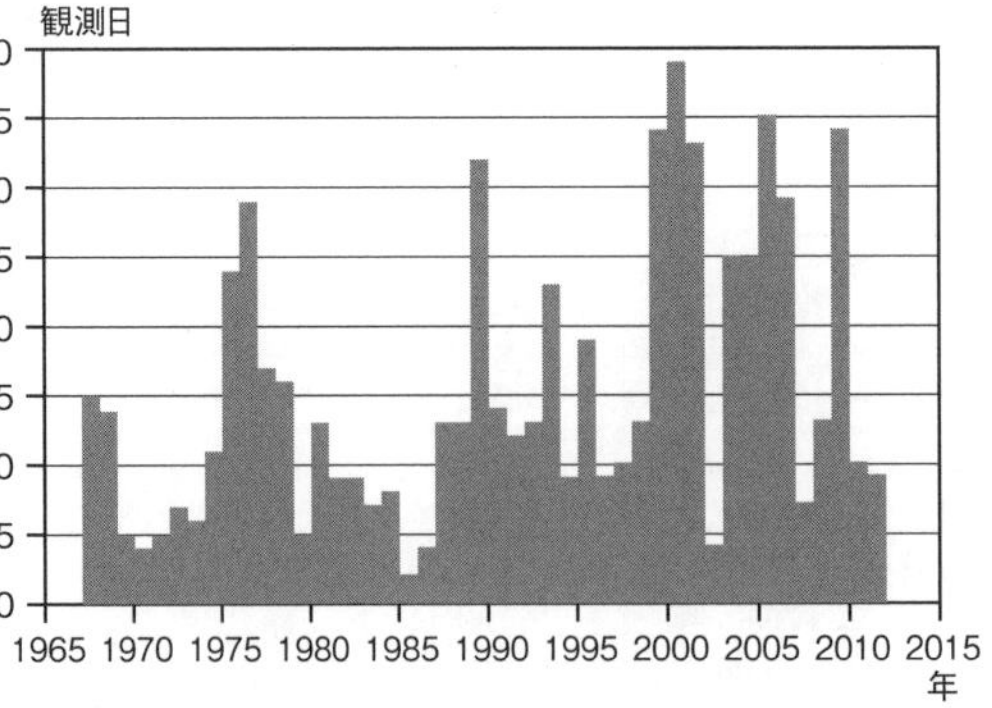

図3　大牟田市における黄砂飛来日数の経年変化[3)]

れた浮遊粉塵を電場に導き、帯電させておいて、それと反対の電極に誘引するタイプのイオン式と呼ばれるタイプの場合（後述の最近のタイプとは異なるので注意）は、ファン式ほど高い効果は見られません。ただし、イオン式は消費電力が小さく、音をほとんど出さないので、静かにゆっくりと（例えば、一昼夜かけて）浄化するという目的（手術室などの浄化）に適しています。

なお、２０１０年ごろから、「イオン」「プラズマ」などといった「技術」が「空気清浄機」に「導入」され、かなりの売り上げを上げているそうです。これらの「空気清浄機」を使うと確かに室内空気中の花粉やダニアレルゲンを含む粉塵などの濃度が減少しますが、その理由はこれらの機器にバックアップ用としてついている簡易型のフィルターによる効果であると言われています。「イオン」「プラズマ」の技術については、現時点では効果や影響に関する信頼性のあるエビデンス*は得られていません。よって、軽々な判断は避けなければなりませんが、エビデンスの明確でない技術にあまり多くを期待するのは適切とは言えないでしょう。

●まとめ

中国で猛烈な大気汚染を引き起こしているＰＭ２・５の我が国における影響に関しては、明確なデータが得られていません。今後、長い時間をかけて継続的に観測していけば、一定の特徴が浮かび上がってくるかもしれません。よって、現時点で一部メ

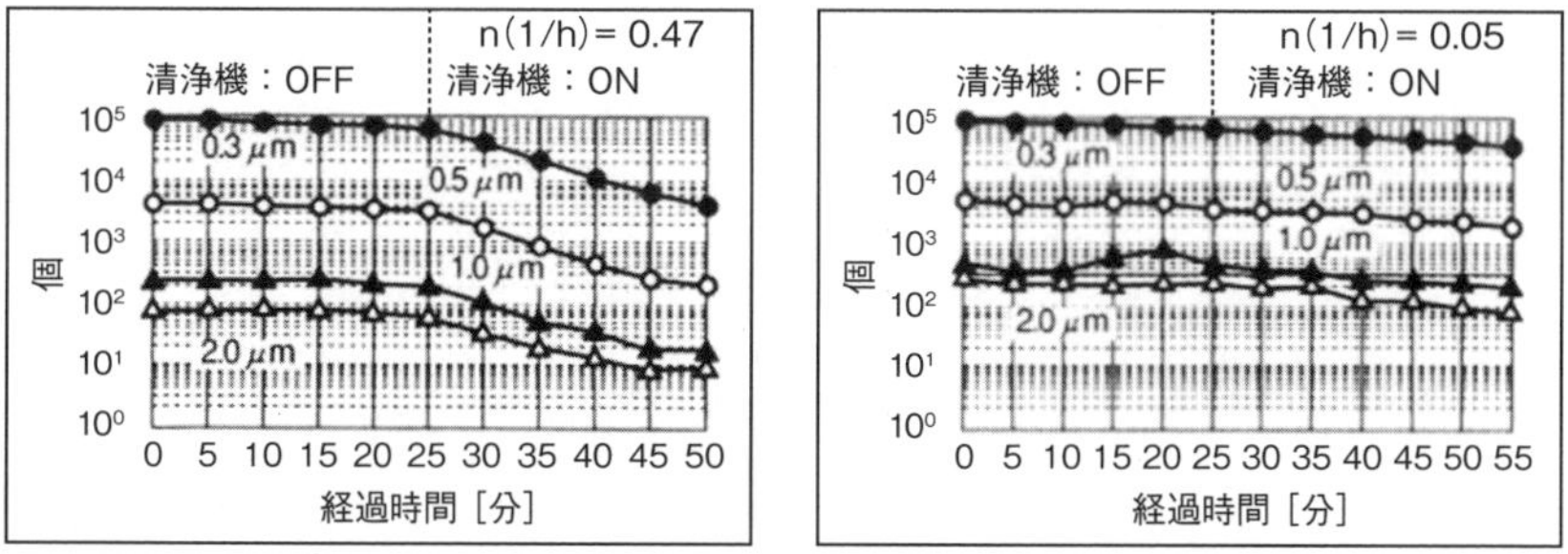

① ファン式　　② イオン式

図４　空気清浄機の特性[2)]

ディアによってセンセーショナルに報じられているような危機が迫っているという明確な根拠もまだありません。ただし、今はその傾向がみられないからといって安心するのは早すぎると言えるでしょう。

いずれにせよ、大気に国境はないのですから、国の壁を越えた大気汚染対策が不可欠です。

（池田耕一）

＊エビデンス　科学的根拠。

《参考文献》

（1）新田裕史「環境問題基礎知識、SPM、PM2・5、PM10、…、さまざまな粒子状物質」国立環境研究所ニュース、第31巻第5号、2012

（2）News U.S.（2013）：「中国大気汚染」
(http://www.news-us.jp/article/31819620l.html)

（3）Ohara T. et al. 〝An Asian emission inventory of anthropogenic emission sources for the period 1980-2020〟,Atmos. Chem. Phys., 7, 4419-4444（2007）

11 子どものアレルギー疾患の原因は？

キーワード
居住環境、健康、アレルギー

●はじめに

近年、児童のアレルギー疾患の有病率は全国的に上昇しています。その原因として遺伝的要因や食生活などのほか、人が1日のうち約6割の時間を過ごすといわれている室内の居住環境の変化も無視できません。室内では、各種建材、家具、家電製品、PC、生活用品や殺虫剤などから化学物質が発生しており、特に近年、揮発性有機化合物（VOC）のみならず、可塑剤、難燃剤などの添加剤に含まれるフタル酸エステルや有機リン酸などが発生し、これらの物質と健康障害との関連性が指摘されています。また、建物の気密性の向上と不適切な換気計画が原因で室内の湿度が上昇し、それに伴い結露が発生し、カビ、ダニなどの微生物が繁殖しやすい環境に推移しています。以上のことを鑑みると、化学物質や微生物のようなアレルギー性疾患の誘発因子に対する居住者の曝露リスクが高くなったと考えられます。アメリカ、スウェーデン、ブルガリア、中国などの国々では、すでに大規模な疫学調査を実施しており、居住環境とアレルギー性疾患との関連は国際的に非常に関心が高まっています。そこで、筆者らの研究グループでは、居住環境が児童のアレルギー性疾患に与える影響を明らかにするとともに、建築的な視点からの防除策を提案することを目的として、建物の断熱・気密性能、換気量、室内温湿度などの建築環境工学的視点を取り入れた、疫学的手法に基づいた調査を実施しました。ここでは、疫学的手法に基づいた調査デザインの概要を紹介するとともに、児童のアレルギー疾患の実態、アレルギー性症状と居住環境要因との関連性の検討結果を紹介します。

●疫学的手法に基づいた調査デザイン

この調査は全国の小学4、5年生を対象とした大規模な調査です。調査手順は、スウェーデンで実施されている疫学調査を参考にしており、調査段階を経るごとに調査対象を限定し、より詳細な内容を調査します。

図1に調査の概要を示します。調査は三つのフェーズから構成されています。フェーズ1では、アレルギー性疾患の有無と種類に関する全国規模のアンケート調査を行いました。フェーズ2では、ケース・コントロール研究*と位置づけ、フェーズ1で得られた有効回答の中から3000件程度の対象を抽出し、アレルギー性疾患と居住環境との関連について詳細アンケート調査を行いました。さらに、フェーズ3では、臨

*ケース・コントロール研究
症例対照研究。ある病気に関して、病気の人（症例群）とそうでない人（対照群）の二つの集団を対象にして、病気の原因と考えられる因子への曝露状況を比較する研究。

フェーズ 1　アレルギー疾患有病率調査
調査時期：2007.7～2010.10
調査規模：配布数　n=30,332
　　　　　回収率　n=8,336
対　　象：全国の小学 4,5 年生
【概要】アレルギー疾患の有無と種類を把握。
フェーズ 2 調査のための母集団を確保。

↓

フェーズ 2　ケース・コントロール研究
調査時期：2008.2～2010.12
調査規模：配布数　n=2,865
　　　　　回収率　n=1,846
対　　象：フェーズ 1の有効回答から選定
【概要】アレルギー疾患と居住環境に関する詳細なアンケート調査。

↓

フェーズ 3　実測調査
調査時期：2008.11～2010.11
調査規模：冬　期　n=88
　　　　　梅雨期　n=105
　　　　　夏　期　n=76
対　　象：フェーズ 2から選定
【概要】住宅の化学物質濃度，微生物濃度，温湿度を測定。
測定期間中の住まい方や症状についてヒアリング調査。

図 1　調査の概要

床的調査を実施し、居住環境がアレルギー性疾患に及ぼす影響を検討するために、住宅の実態調査を行いました。調査項目は、化学物質濃度や微生物量（カビ、ダニなど）、温湿度、換気量などです。同時に、居住者の生活行動やアレルギー性疾患などの症状に関するヒアリングも行いました。

●児童のアレルギー疾患の実態（フェーズ1）

調査対象は小学4、5年生とし、各都道府県の小学校に調査協力を依頼し、承諾を得られた小学校を通じて**図2**に示すようなアンケート用紙（返信用はがき）を配布しました。調査項目は図に示すとおりで、回答は対象児童の健康状態を熟知している保護者に依頼しました。配布数は約2万1000件、回収数は約6000件です。

図3に調査結果のうち、各都道府県における児童のアレルギー性疾患の有病率を示します。いずれも有病率が高く、全国平均は50％前後と見てとれます。この割合は多いように思われるかもしれませんが、過去に実施された宮城県、秋田県、埼玉県での調査の結果とほぼ同じような傾向を示しています。また、アレルギー性疾患の有病率は、女子よりも男子のほうが高い傾向にあり、これは一般に指

あなたのお子様についてお尋ねします。該当する回答を○で囲んで下さい。

質問1　あなたのお子様の性別は？　［男・女］

質問2　あなたのお子様は，医師から以下(①～③)と診断されたことがありますか？

①化学物質過敏症　［はい・いいえ］
②シックハウス症候群　［はい・いいえ］
③アレルギー　［はい・いいえ］

「③アレルギー」にて「はい」と答えた方は質問3，4に，「いいえ」と答えた方は質問4に回答してください。

質問3　(1)どんな症状のアレルギーですか？(複数回答可能)
［喘息，結膜炎・鼻炎・アトピー性皮膚炎・消化管アレルギー・その他(　　　　)］

(2)何に対してのアレルギーですか？(複数回答可能)
［花粉・ダニ・ペット・ハウスダスト・カビ・食物・金属・昆虫・薬物・その他(　　　　)］

質問4　居住環境と健康影響の関係について，より詳しいアンケート調査(10ページ程度，回答所要時間15分)を企画しています。調査に協力していただくことは可能でしょうか？　［はい・いいえ］

「はい」と回答いただいた方は以下をご記入ください。

ご住所：
お名前：　　　　電話番号：
E-mail アドレス：

お忙しい中，ご協力いただきありがとうございました。
※個人情報保護のため，添付いたしました「個人情報保護シール」をご利用下さい。　［No.　　］

図2　フェーズ1アンケート用紙

摘されているとおりです。図には示していませんが、化学物質過敏症やシックハウス症候群の有病率は相対的に低く2％前後です。

調査結果より、症状別の割合については、アレルギー性鼻炎の有病率が最も高く、次いでぜん息やアトピー性皮膚炎が高くなっています。

どのような居住環境要因がアレルギー性疾患と関連があるかについては、花粉、ダニ、ハウスダストが挙げられています。また、ペットやカビを要因とする割合も少ないとはいえません。各地域でアレルギー性疾患の原因として花粉の割合が最も高く、栃木県、岐阜県、静岡県では顕著です。また、ハウスダストの割合は花粉に次いで高く、特に北海道、秋田県、東京都ではそれぞれ原因の3割程度を占めており、アレルギー性疾患の原因物質として室内中のハウスダストは無視できないようです。ハウスダストにはダニやカビなどの微生物、準揮発性有機化合物（SVOC）が含まれると推察されますので、これらが何らかの影響を及ぼしている可能性を指摘することができます。

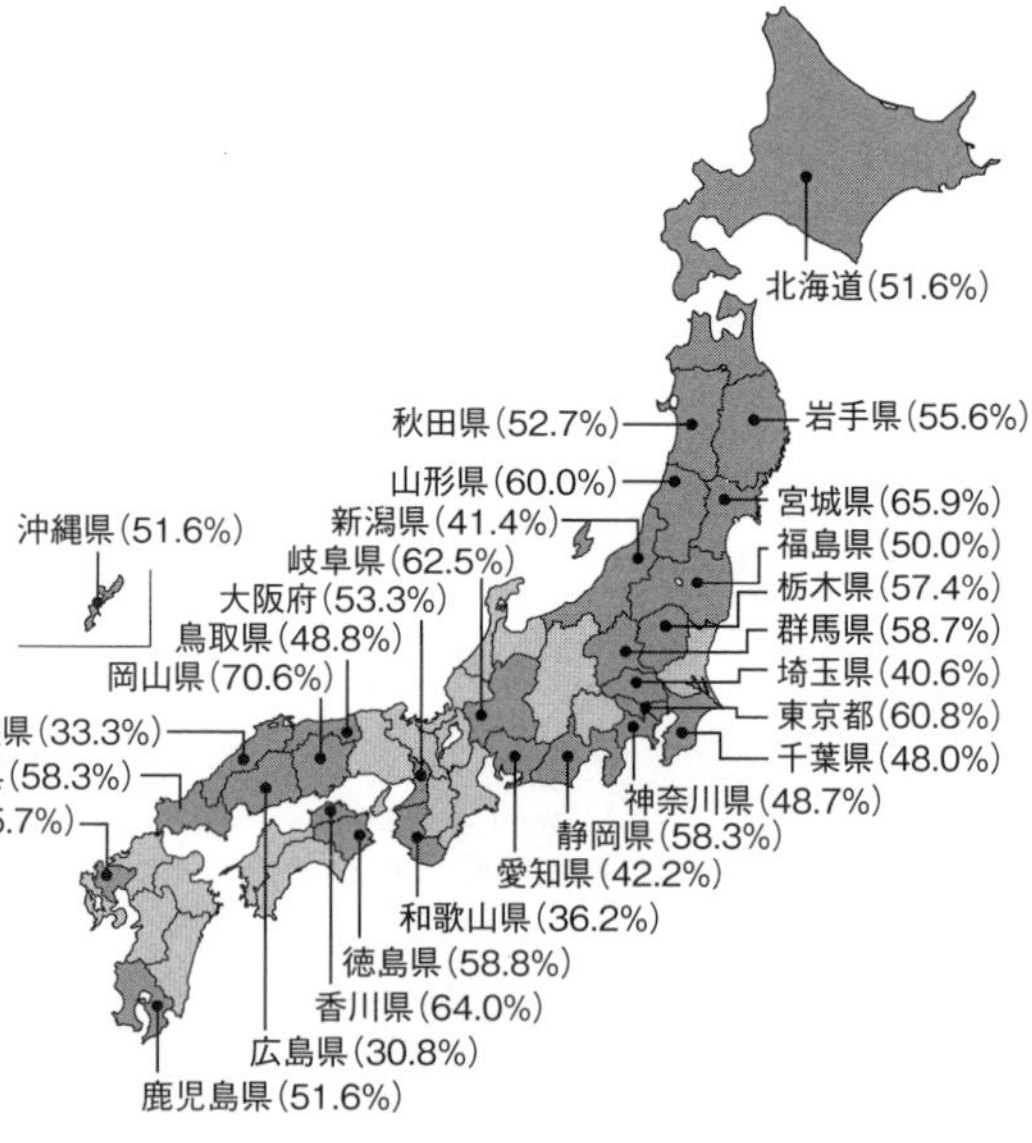

図3　児童のアレルギー性疾患の有病率（2008年10月現在）

●アレルギー性症状と居住環境との関連（フェーズ2）

フェーズ1の段階で、フェーズ2での詳細アンケートに協力可能かを尋ねて、承諾が得られた住宅の児童2865人を調査対象としました。これらの住宅に対してアンケート用紙を郵送にて配布し、児童の保護者が回答した後に、返送してもらいました。回収したアンケート用紙のうち、有効回答数は1846件（回収率64・4％）です。調査項目は児童の個人属性、健康状態、住宅属性、室内環境に関連する内容です。児童の健康状態の質問には、「持続性のせき」「花粉症様症状」「気道過敏症」「喘息様症状」などの症状が判定できる問診票を用いました。

表1に結露、カビなどの室内環境に関して、性別や年齢等の交絡因子で調整したアレルギー性症状のオッズ比（AOR：複数の独立変数から求められるオッズ比。オッズ比は、コントロール群の曝露割合に対するケース群の曝露割合の比で、値が1・0であれば両群に差がなく、1・0以内で何らかの関連性があります。）を示します。これ

表1　室内環境要因のオッズ比

要因		度数	持続性せき			喘鳴			気道過敏症			花粉症様症状			喘息様症状		
			AOR	95%信頼区間	p値	AOR	95%信頼区間	p値	AOR	95%信頼区間	p値	AOR	95%信頼区間	p値	AOR	95%信頼区間	p値
結露	発生しない	110	1.00			1.00			1.00			1.00			1.00		
	窓・サッシのみ(一室)	133	1.68	(0.39 - 7.14)	0.48	0.77	(0.33 - 1.80)	0.54	0.82	(0.44 - 1.53)	0.54	0.79	(0.55 - 1.13)	0.20	0.87	(0.47 - 1.60)	0.65
	窓・サッシのみ(二室)	360	1.77	(0.50 - 6.31)	0.38	1.20	(0.62 - 2.34)	0.59	1.33	(0.81 - 2.17)	0.26	1.22	(0.90 - 1.64)	0.19	1.18	(0.72 - 1.95)	0.52
	窓・サッシ以外(一室)	69	4.18	(0.96 - 18.3)	0.06	1.48	(0.59 - 3.71)	0.40	1.74	(0.90 - 3.36)	0.10	1.24	(0.81 - 1.91)	0.32	1.51	(0.76 - 2.98)	0.24
	窓・サッシ以外(二室)	10	**8.96**	**(2.09 - 38.4)**	**<0.01**	1.90	(0.69 - 5.23)	0.22	**2.45**	**(1.16 - 5.20)**	**<0.05**	**1.86**	**(1.13 - 3.08)**	**<0.05**	**2.41**	**(1.12 - 5.18)**	**<0.05**
	p for trend				**0.006**			0.149			**0.026**			**0.004**			0.075
モデルχ^2検定：p<0.01，判別適合率：65.9%(花粉症様症状)〜94.1%(持続性せき)																	
カビ	発生しない	375	1.00			1.00			1.00			1.00			1.00		
	窓・サッシのみ(一室)	85	1.32	(0.46 - 3.84)	0.61	1.28	(0.64 - 2.56)	0.48	0.92	(0.51 - 1.67)	0.79	1.04	(0.75 - 1.45)	0.80	1.15	(0.65 - 2.04)	0.63
	窓・サッシのみ(二室)	123	1.28	(0.49 - 3.34)	0.61	1.26	(0.66 - 2.38)	0.48	**1.63**	**(1.04 - 2.54)**	**<0.05**	**1.37**	**(1.04 - 1.81)**	**<0.05**	1.56	(0.98 - 2.49)	0.06
	窓・サッシ以外(一室)	97	1.37	(0.53 - 3.56)	0.52	1.18	(0.60 - 2.31)	0.63	1.45	(0.90 - 2.34)	0.12	1.11	(0.81 - 1.52)	0.51	1.45	(0.89 - 2.38)	0.14
	窓・サッシ以外(二室)	38	**3.56**	**(1.22 - 10.4)**	**<0.05**	**2.56**	**(1.13 - 5.82)**	**<0.05**	**3.05**	**(1.64 - 5.69)**	**<0.001**	**1.60**	**(1.02 - 2.53)**	**<0.05**	**3.76**	**(2.03 - 6.98)**	**<0.001**
	p for trend				0.244			0.272			**0.003**			0.088			**0.001**
モデルχ^2検定：p<0.01，判別適合率：66.0%(花粉症様症状)〜94.2%(持続性せき)																	
シミ	発生しない	546	1.00			1.00			1.00			1.00			1.00		
	窓・サッシのみ(一室)	33	-	-	-	1.17	(0.42 - 3.21)	0.76	0.70	(0.27 - 1.78)	0.45	0.80	(0.49 - 1.32)	0.39	0.92	(0.38 - 2.26)	0.86
	窓・サッシのみ(二室)	33	-	-	-	1.96	(0.82 - 4.68)	0.13	**2.26**	**(1.22 - 4.22)**	**<0.05**	**1.82**	**(1.18 - 2.82)**	**<0.01**	**2.70**	**(1.42 - 5.11)**	**<0.01**
	窓・サッシ以外(一室)	62	2.28	(0.89 - 5.85)	0.09	0.96	(0.41 - 2.26)	0.92	**1.87**	**(1.10 - 3.18)**	**<0.05**	1.39	(0.97 - 2.00)	0.07	**2.30**	**(1.36 - 3.90)**	**<0.01**
	窓・サッシ以外(二室)	38	**4.62**	**(1.71 - 12.5)**	**<0.01**	**2.48**	**(1.09 - 5.63)**	**<0.05**	**2.72**	**(1.45 - 5.09)**	**<0.01**	1.17	(0.72 - 1.89)	0.52	**3.11**	**(1.63 - 5.94)**	**<0.001**
	p for trend				**0.03**			0.162			**0.001**			**0.024**			**0.000**
モデルχ^2検定：p<0.01，判別適合率：66.4%(花粉症様症状)〜93.8%(持続性せき)																	
Dampness Index※ (居間)	発生しない	173	1.00			1.00			1.00			1.00			1.00		
	1	243	0.71	(0.28 - 1.85)	0.49	1.06	(0.56 - 2.01)	0.85	1.00	(0.62 - 1.60)	0.99	1.20	(0.91 - 1.58)	0.21	0.79	(0.48 - 1.28)	0.33
	2	172	1.59	(0.64 - 3.91)	0.32	1.30	(0.66 - 2.55)	0.45	1.42	(0.87 - 2.32)	0.17	**1.43**	**(1.06 - 1.93)**	**<0.05**	1.22	(0.74 - 2.01)	0.43
	3	97	1.22	(0.41 - 3.68)	0.72	1.63	(0.78 - 3.39)	0.19	**2.20**	**(1.30 - 3.73)**	**<0.01**	**1.47**	**(1.04 - 2.08)**	**<0.05**	**2.21**	**(1.30 - 3.76)**	**<0.01**
	p for trend				0.335			0.523			**0.006**			0.061			**0.001**
モデルχ^2検定：p<0.01，判別適合率：65.9%(花粉症様症状)〜94.2%(持続性せき)																	
Dampness Index※ (子供寝室)	発生しない	161	1.00			1.00			1.00			1.00			1.00		
	1	234	1.99	(0.61 - 6.50)	0.26	0.91	(0.47 - 1.76)	0.78	0.92	(0.56 - 1.52)	0.76	1.07	(0.81 - 1.43)	0.63	0.90	(0.54 - 1.49)	0.69
	2	177	2.96	(0.92 - 9.57)	0.70	1.54	(0.81 - 2.94)	0.19	1.51	(0.93 - 2.46)	0.09	**1.43**	**(1.07 - 1.92)**	**<0.05**	1.32	(0.80 - 2.18)	0.28
	3	161	**4.18**	**(1.26 - 13.8)**	**<0.05**	1.64	(0.82 - 3.31)	0.16	**2.39**	**(1.44 - 3.94)**	**<0.001**	**1.46**	**(1.05 - 2.0)**	**<0.05**	**2.60**	**(1.56 - 4.31)**	**<0.001**
	p for trend				0.090			0.160			**0.000**			**0.022**			**0.000**
モデルχ^2検定：p<0.01，判別適合率：65.9%(花粉症様症状)〜94.1%(持続性せき)																	

交絡因子：性別，年齢，父親アレルギー，母親アレルギー，父親喫煙，母親喫煙，記入季節，周辺環境

※　Dampness Indexは結露，カビ，水シミの発生個数を足し算したものであり，'3' の場合は全て発生していると回答した住宅となる。

は、高湿度な環境が各アレルギー性症状に与える影響程度を明らかにするために行った分析結果の例です。表に示される有意確率p<0.05の要因を有意な要因と判定し、有意差が得られた要因にはそれぞれ＊＊（p<0.01）、＊（p<0.05）を付記しています。「持続性せき」や「気道過敏症」「喘息様症状」と、カビの「窓サッシ以外の両室（居間と寝室）発生」には有意な関連性がみられ、それぞれＡＯＲが３・01（p<0.05）、１・99（p<0.05）、３・05（p<0.01）となり症状に与える影響が大きいことわかります。

次に、高湿度な状態の程度を代表するDampness Index（居間と寝室の結露、カビ、水シミの発生の有無を加算し、「０」はいずれも発生せず「３」は結露、カビ、水シミが全て発生しています。）と各症状との関係についてみると、「気道過敏症」や「喘息様症状」にてDampness Indexが増加するほど、ＡＯＲが１・０より大きくなる傾向を示しました。つまり、高湿度な状態が複数発生しそれらが重篤化するほど、発症の確率が高いといえます。

●アレルギー性症状を有する児童の住宅の特徴（フェーズ３）

何らかのアレルギー性症状を持つ児童（ケース群、患者群）と持たない児童（コントロール群、対照群）の自宅における相対湿度を比較しました。ケース群は冬季調査で７割、梅雨期調査で７割を占めています。

図4に、測定期間中において住宅毎に相対湿度が70％を超過した割合（縦軸）を求め、それらを小さい値から並べて、横軸を百分率の順位とした図を示します。カビの生育状況には相対湿度70％以上の出現率が影響することが報告されているため、各住宅における70％超過率を求めました。冬季と梅雨の居間では室中央付近、床上ともにケース群の相対湿度70％超過率がコントロール群より高い傾向にあることが確認されました。

図4（a）の縦軸の50％以上をみると、居間床上では両群の差が顕著であり約半数の住宅においてケース群の相対湿度が高いことが確認できます。両群の相対湿度70％超過率は統計的に、ケース群がコントロール群よりも有意に高くなっています。また、図4（b）の梅雨期居間中央付近では、ケース群のほうが、相対湿度70％超過率が高い傾向がみられる。よって、高湿度な状態が継続することを防げば、健康影響が生じる可能性を低下させることができそうです。

（長谷川兼一）

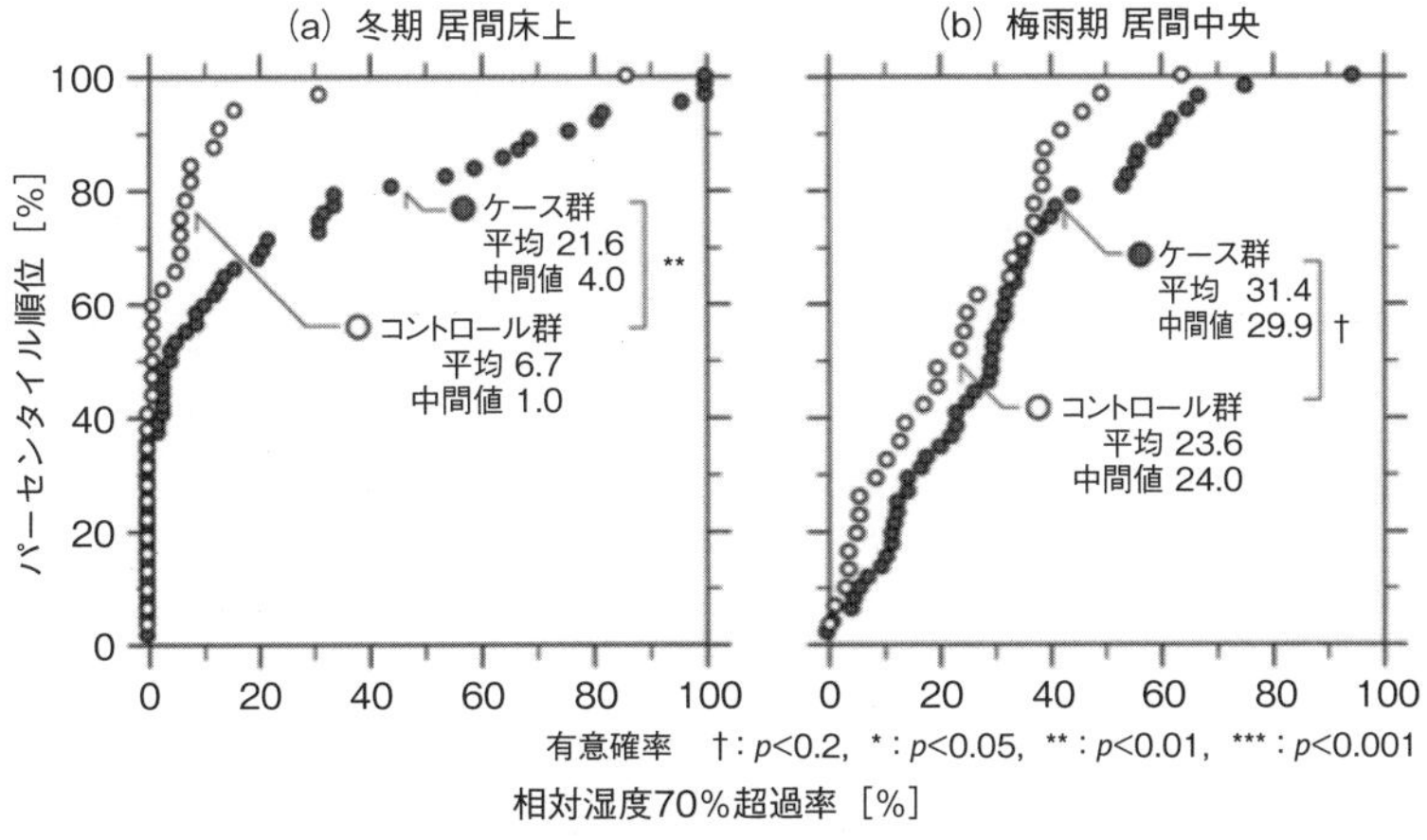

図4　相対湿度70％超過率

12 空気清浄機の効果のほどは?

キーワード
室内空気汚染、シックハウス、VOC、ホルムアルデヒド、対策製品、化学物質除去性能

●はじめに

シックハウス症候群や化学物質過敏症が社会問題となり、法規制によるシックハウス対策が講じられるようになりましたが、シックハウスの被害は後を絶たず、シックハウス症候群や化学物質過敏症に苦しむ人が未だ多いのが現状です。

個人レベルで実行できる身近な汚染対策として、換気の励行、汚染発生源の除去、空気汚染対策製品の利用が挙げられます。その中でも最も確実な方法は「換気」です。換気による対策のメリットは、発生源が不明だったり多種の化学物質が存在したりする場合でも室内濃度の低減が図れることです。一方で、夏季や冬季の換気による急激な室温の変化のほか、特に冬季は熱も一緒に排出されてしまうため、省エネ上のデメリットもあります。

このような問題や居住者の健康・快適嗜好の高まりから、空気汚染対策製品が広く利用されています。

●代表的な空気汚染対策製品の種類

物理吸着剤

物理吸着剤とは、炭製品、珪藻土、ゼオライト、シリカゲルなどの内部に直径数マイクロメートルの細孔からなる多孔質構造をもつ材料です。物理吸着剤には、除去対象の汚染物質の範囲が広いメリットがあります。なお、吸着効果は細孔構造の表面積の影響を受けることや汚染物質が効果的に運搬、衝突しない場合は、その性能が小さくなるデメリットもあります。また、吸着剤の吸着量を超えると汚染物質が室内に再放出される特性があります。

化学吸着剤

化学吸着剤とは、グラフト重合高分子吸着剤のように、化学結合力によって汚染物質を吸着する材料です。物理吸着剤のように再放出の心配はなく、優れた化学物質除去性能が期待されています。ただし、効果的な汚染物質除去には、吸着面が露出していること、適度な室内気流が必要となります。

消臭剤

消臭剤はアンモニアや硫化水素などの臭気物質の除去を目的とする製品でしたが、近年ではホルムアルデヒドの除去を謳った製品も市販されています。**（写真1）**

家庭用空気清浄機

家庭用空気清浄機の市場は過去10年で急速に拡大し、同時に機器性能も大きく向上

写真1　数多く市販されている消臭剤

写真2　新商品が次々に販売される空気清浄機

していいます。近年ではシックハウス対策として期待できる製品もありますが、消費者が機器性能を正確に把握し、判断するのは困難です。（**写真2**）

● 空気汚染対策製品の実性能

消臭剤

筆者らが提案する試験評価法を用いて、消臭剤の化学物質除去性能を求めたところ、消臭剤使用前後の室内ホルムアルデヒド濃度に差はなく、ホルムアルデヒド除去効果はほとんど確認されませんでした（**図1**）。また、最新型の空気清浄機におけるホルムアルデヒド除去性能と比較すると、試験した消臭剤は約1／250の除去性能に過ぎないことが明らかになりました。また、揮発性有機化合物（VOC）除去性能についても、ホルムアルデヒドと同様に小さい値を示しました。また、製品使用に伴いエタノールなどのVOC成分が室内に放散し、むしろある種のVOC汚染を引き起こす製品もありました（**図2**）。

家庭用空気清浄機

筆者らは、家庭用空気清浄機のホルムアルデヒドおよびVOCの除去の初期性能を定量的に明らかにしていました。ただし、それらは機器の初期性能を求めたもので、機器の持続性能の実態は不明でした。そこで筆者らは、空気清浄機性能の持続性を検証するため、①室内環境を再現する試験法により初期性能と、②専

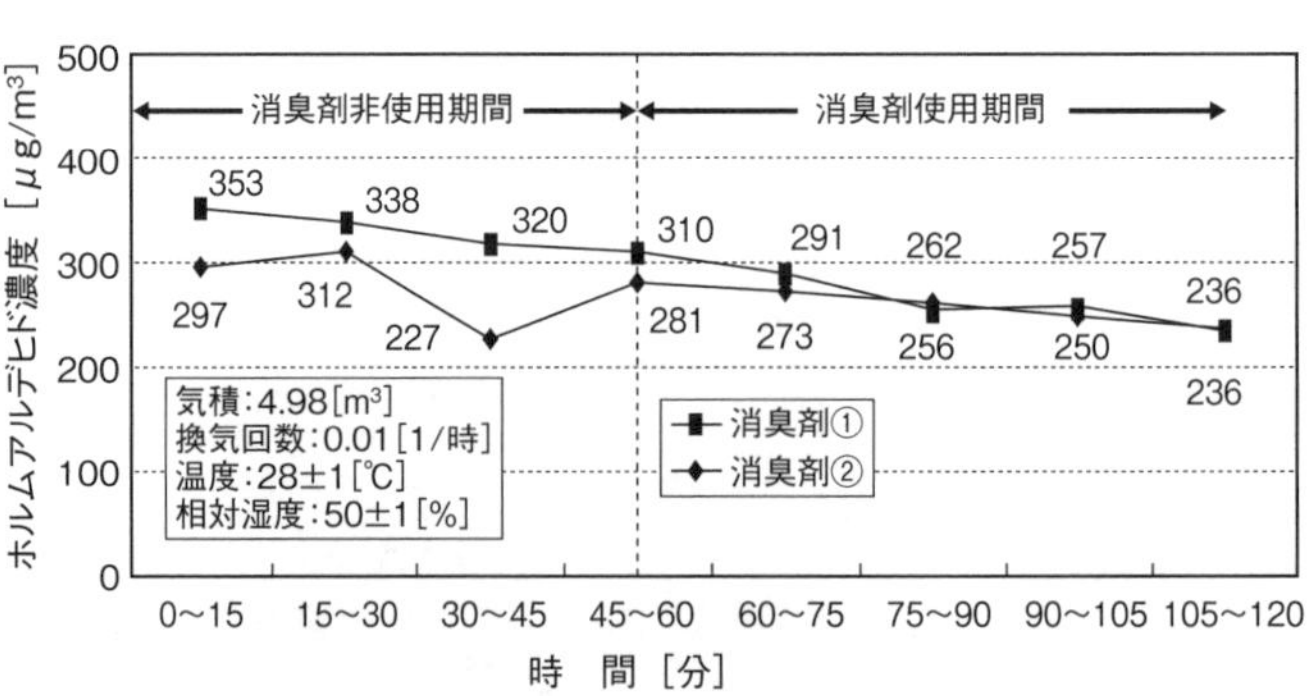

図1　消臭剤の使用に伴うチェンバー内のホルムアルデヒド濃度の変化

用の実験装置を用いて運転開始から1～2ヶ月後の機器性能を求めました。

新品の空気清浄機を試験室に設置し、定常法除去性能試験により試験室内のホルムアルデヒド濃度を測定したところ、機器のホルムアルデヒドの除去性能（相当換気量）は99・6立方メートル／時を示しました（**図3・5**）。

次に、筆者らが開発した専用の実験装置で1ヶ月間運転させた空気清浄機のホルムアルデヒド相当換気量を求めたところ、40・7立方メートル／時となりました（**図4・5**）。つまり、機器のホルムアルデヒド除去性能は、1ヶ月間の使用で99・6立方メートル／時から40・7立方メートル／時になり、約59％低下したことになります。同様に2ヶ月運転させた空気清浄機のホルムアルデヒド相当換気量は、29・1立方メートル／時となり、2ヶ月間の使用で約71％低下することが明らかになりました。（**図5**）

● まとめ

今回試験した消臭剤の室内空気中の化学物質の除去性能は小さく、過度な期待は持てません。

高性能の家庭用空気清浄機は汚染対策として有効ですが、室内空気浄化の基本は換気であり、空気清浄機は補助的に用いるのが望ましいと考えます。また、吸着方式の空気清浄機の除去性能は、使用に伴い低下するので、定期的なフィ

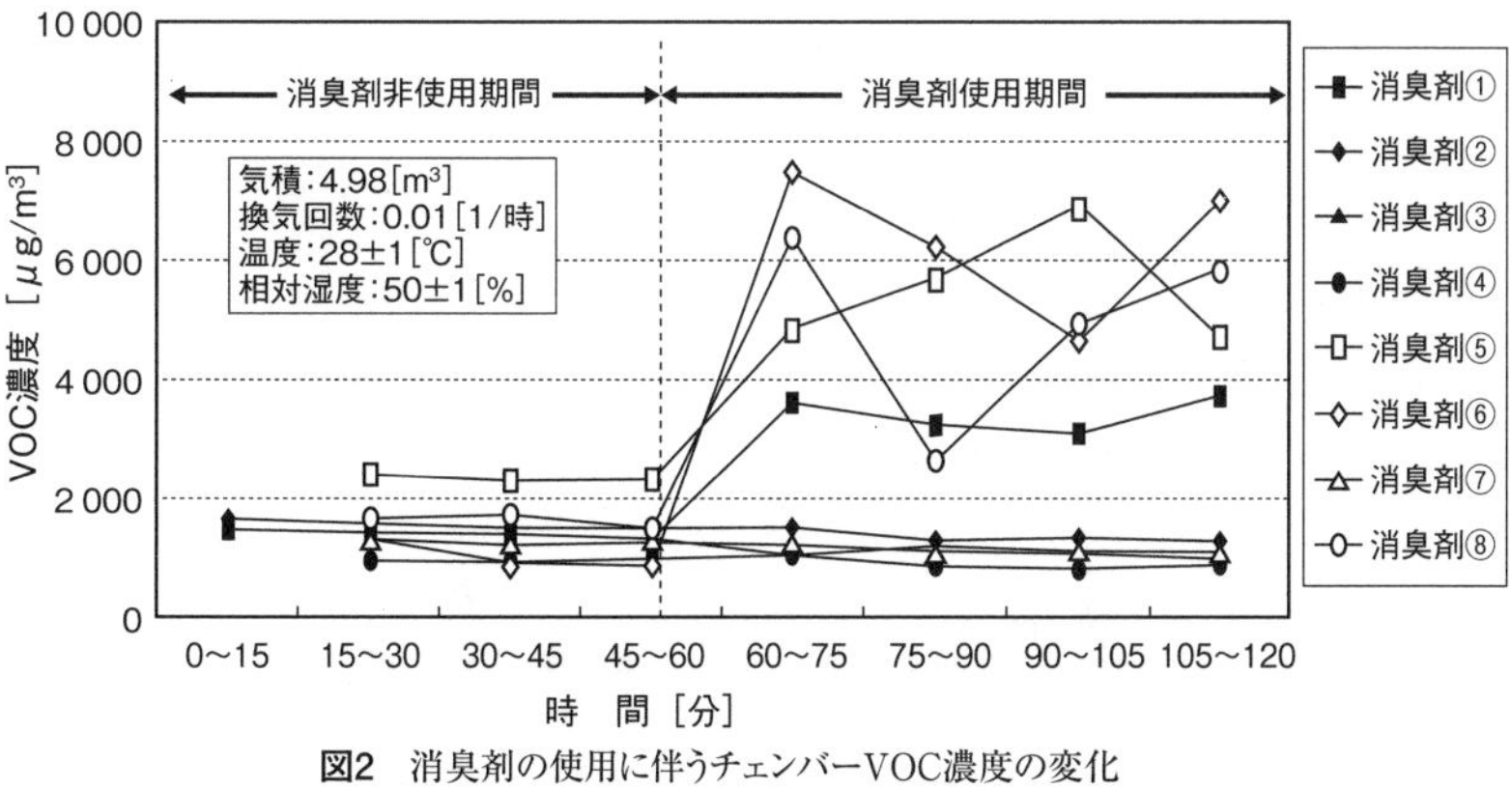

図2　消臭剤の使用に伴うチェンバーVOC濃度の変化

ルターのメンテナンスが必要となります。

（野崎淳夫）

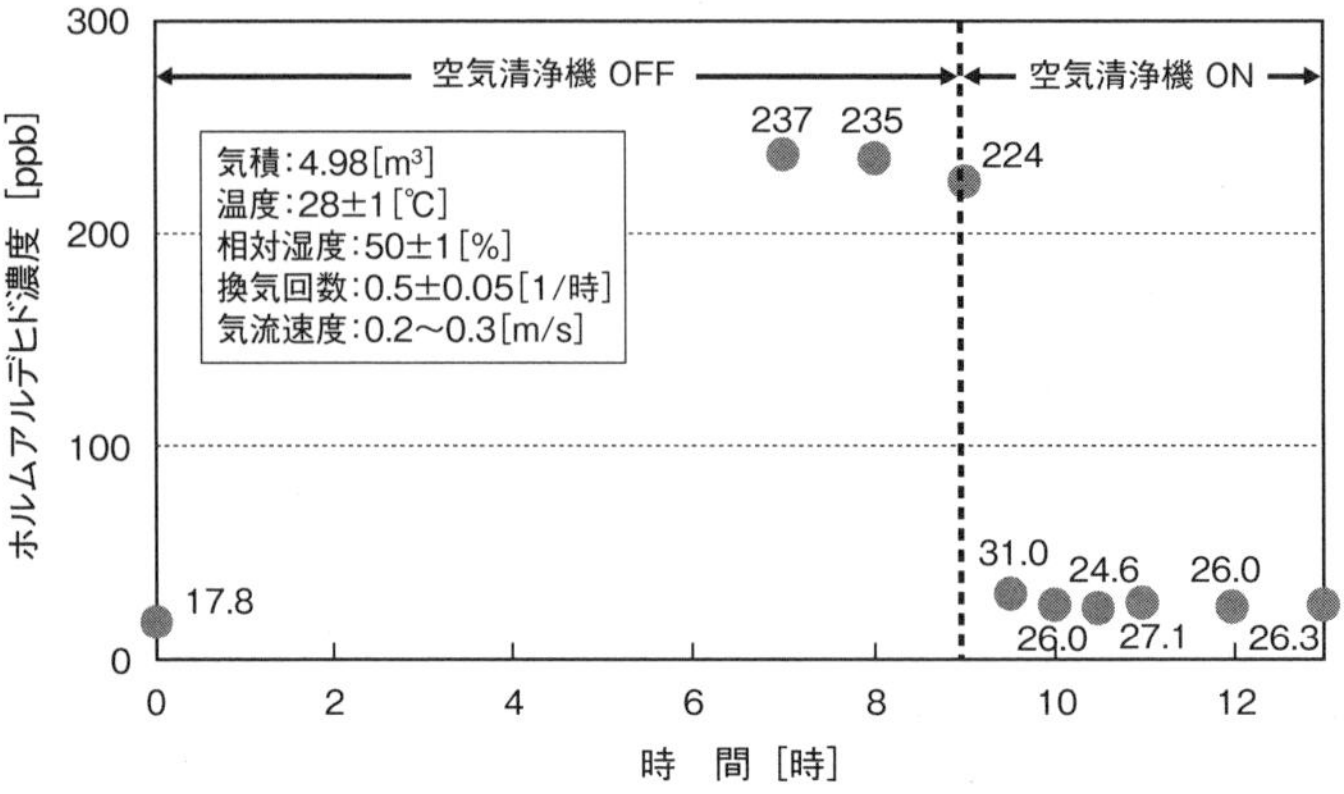

図3　家庭用空気清浄機使用チェンバー内のホルムアルデヒド濃度（使用開始時）

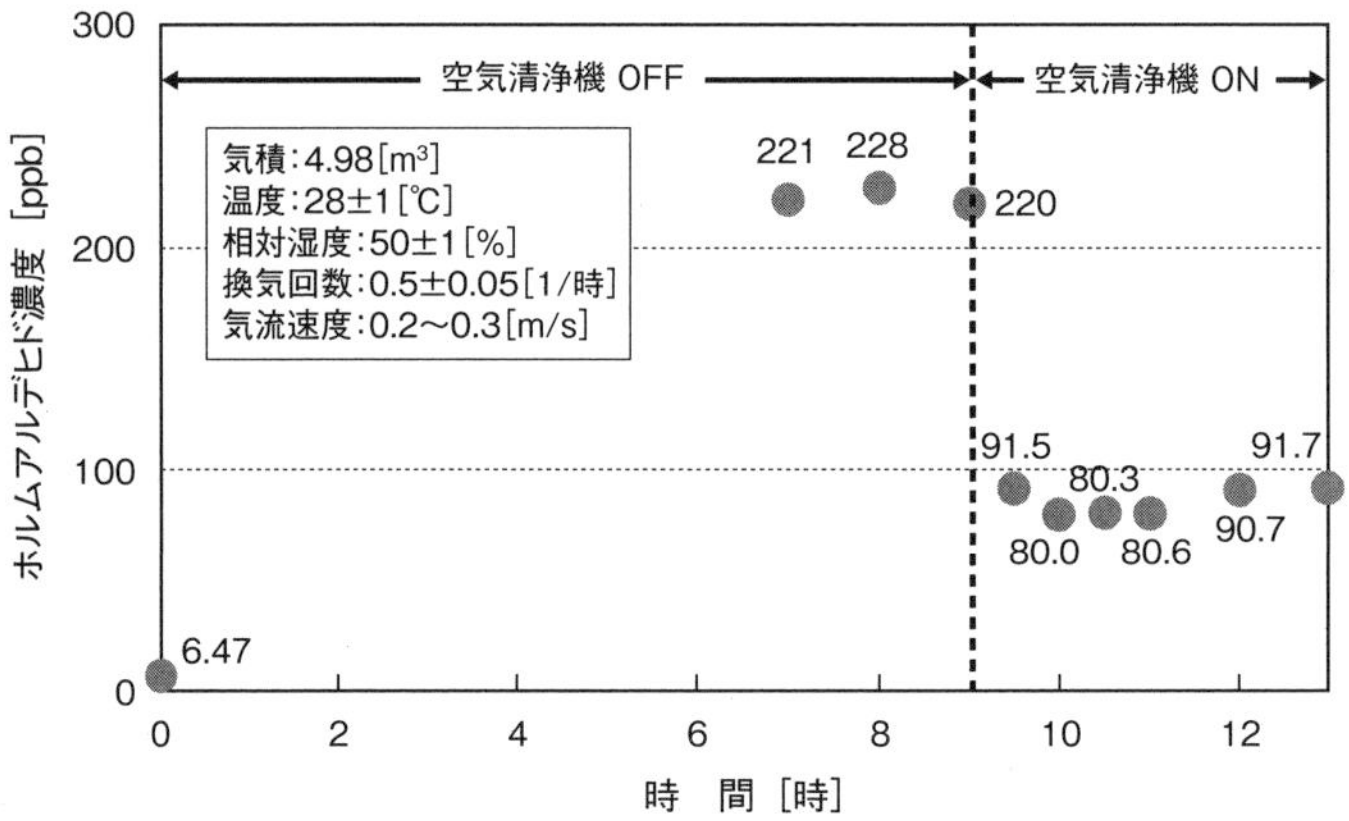

図4　家庭用空気清浄機使用チェンバー内のホルムアルデヒド濃度（2ヶ月間の使用）

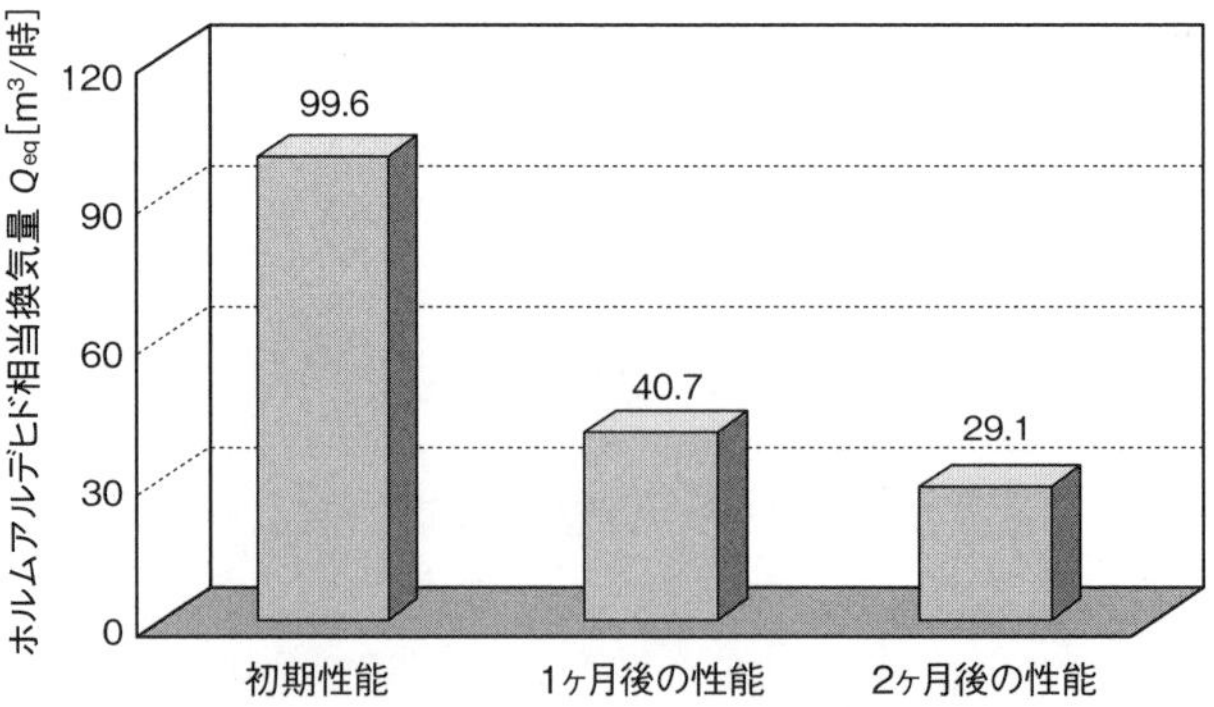

図5　機器の使用時間とホルムアルデヒド除去性能の関係

13 台所での調理で注意すべきこと

キーワード
調理・油煙・臭気拡散・油汚れ・換気

●はじめに

日常生活では、調理臭、生ゴミ臭、体臭、トイレ臭、ペット臭などさまざまな臭気が発生しています。これらの臭気は生活臭と呼ばれ、不快な臭いにはさまざまな対応がなされてきています。古くは、体臭に対するマスキング効果*を期待して衣類にお香を焚きしめたり、また、近年ではいろいろな消臭剤や芳香剤を使ったりと、無臭の環境、または良いにおいの環境が好まれています。

さて、調理臭については、食事を待っている間は食欲をそそられるという効果がありますので、一般家庭においてはこれまで大きな問題とはなってきませんでした。しかし、ＬＤＫの普及に伴い、オープンタイプのキッチンが増加してきており、調理に伴う残臭や調理時に発生する油煙の影響は、住空間の快適性および維持管理の面からも無視できないものとなってきています。そこで、実際に調理臭がＬＤＫ空間にどのように拡散していっているのか、また、油煙が室内汚れにどのように影響しているのかについて研究した結果を報告します。

*マスキング効果
ある感覚（聴覚、味覚・臭覚・視覚）をほかの感覚でかき消すこと。

●調理臭の拡散

油煙臭の成分

調理時に発生する臭気は、香辛料・調味料や食材そのものの臭気、香辛料・調味料・食材が加熱されることで生じる臭気や、炒める・揚げるなどの調理過程で生じる油煙臭などに分類されます。これらの臭気には食欲を亢進させる効果もありますが、室内に残留すると不快臭（オフフレーバー）となります。そこで、調理開始の低濃度から徐々に増加していく状況、そして調理終了後に徐々に低下していく状況を把握し、残留すると不快臭になりやすく、室内の汚染にもつながる油煙臭を対象とすることにしました。

揚げ物調理時に発生する油煙の臭気成分としては、油脂の酸化によって発生する飽和・不飽和アルデヒド、アルコール、ケトンと、加水分解や熱分解によって発生する飽和・不飽和脂肪酸が多く含まれることが知られていますが、調理品目や使用する油脂の種類によって異なってくると考えられます。そこで、調理内容を茹で物と揚げ物の同時調理を想定し、茹で物は湯沸しのみとし、揚げ物は菜種油でポテトフライを揚げるという調理実験を行いました。なお、実験は、大阪市内にある関西電力実験棟内のオープンタイプLDK内で、レンジ上部の換気扇からの排気風量を400立方メートル／時となるよう調整しました。調理開始から調理時間（17分30秒）を含む30分間、サンプラーで油煙を捕集しました。この方法を、パッシブサンプリングDNPH（Di

Nitro Phenyl Hydrazine）法といいます。捕集したサンプラーに含まれている油成分の種類と量を調べるのに、ガスクロマトグラフ分析法を用いました。その結果、本実験で捕集した油煙臭の主成分は2，4－デカジエナールという、人間にとって不快な油の酸敗臭の原因物質であることがわかりました。

ＬＤＫ内での油煙臭の拡散

オープンタイプのＬＤＫ実験室（８２５０×４５００ミリメートル）で茹で物（湯沸し）と揚げ物（上記のポテトフライ）の調理実験を行い、油煙臭の拡散を把握しました。なお、調理機器が違う場合には発生する気流性状が異なるという報告があることから、ガスレンジとＩＨクッキングヒーターを用いました。まず、レンジ周辺の臭気拡散を煙の可視化実験によって調理機器の特性を比較しました。**図１**に示したように、ＩＨ使用の場合は、煙の拡散はゆっくりとした動きで、換気扇に捕集されなかった煙は水平方向に拡散しながら徐々に上昇していく様子が見られました。一方、ガスレンジ使用の場合は、煙の拡散速度が速く、垂直にレンジフード内に向かって上昇していき、換気扇に補集されなかった煙は吊り戸棚の壁面を伝って上方向に拡散していきました。

調理実験による油煙臭の拡散状況を、調理時間17分30秒と調理終了後の時間を含めて30分間、ＬＤＫ内25点にサンプラーを設置しパッシブサンプリングを行い、ガスクロマトグラフ分析法により2，4－デカジエナール成分の定量を行いました。その結果、ＩＨのほうがキッチン空間での濃度がやや高く、ガスレンジはリビング空間の濃

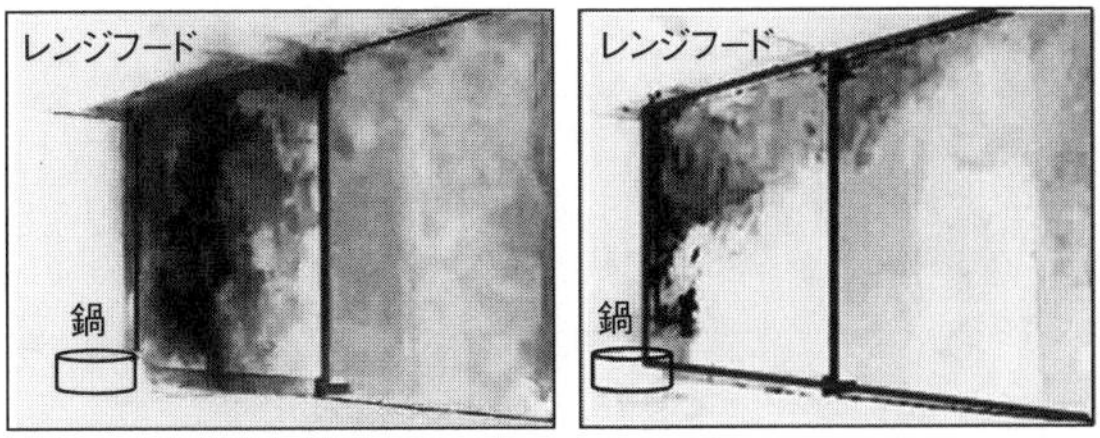

図１　煙可視化実験（左：IH、右：ガス）

度がやや高い傾向が見られたものの大きな違いは見られず、IH、ガスレンジとも室内全体に油煙臭が拡散しており、それぞれの平均値はほとんど同じでした。

● 油煙の拡散による油汚れ

レンジ周りの油汚れは目につきやすく頻繁に掃除しますが、室内に拡散した後に壁面上部や天井などに付着して発生した油汚れは、目につきにくく、時間の経過に伴い温湿度や光などの影響を受けて変質し、除去の困難な汚れとなります。この油汚れは色の変化を伴うことから、白色テフロン板の試料を、キッチンタイプと調理器具の異なる12の実住宅に設置し、色彩色差計を用いて経時的に明度・彩度・色相が元の色からどの程度変化したかを表す色差（ΔE＊ab）測定を行う方法で評価することとしました。**図2**は測定結果ですが、キッチンの下がり壁（B）のところが色差が最も大きな値となっていました（実測結果の最大値までを12段階で評価）。このことは、下がり壁が油煙のリビング空間への流れを遮断していたことを示す結果と捉えることができます。

油煙の拡散による汚れをキッチンのタイプ別に見ると、**図3**に示したようにセミオープンとオープンタイプでキッチン内よりダイニング・リビングの値が大きくなっていました。また、**図4**に示すようにIHの場合は上部より下部の壁面の値が高く、前述した煙の拡散の仕方との関連がうかがえました。

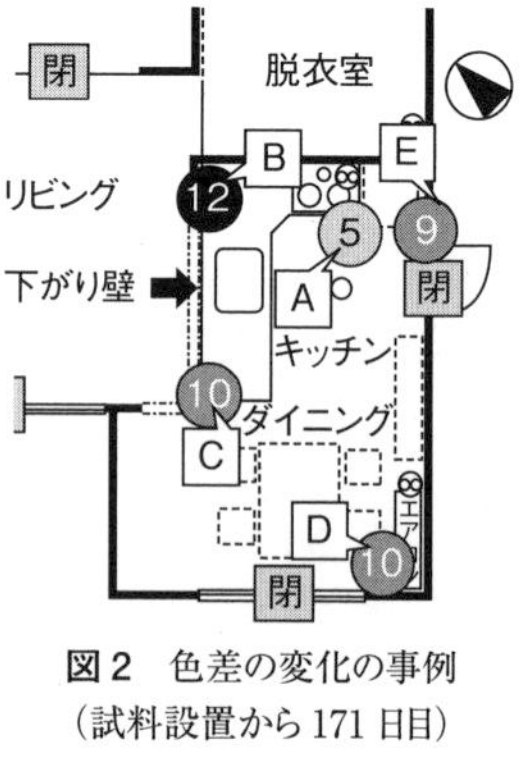

図2　色差の変化の事例
（試料設置から171日目）

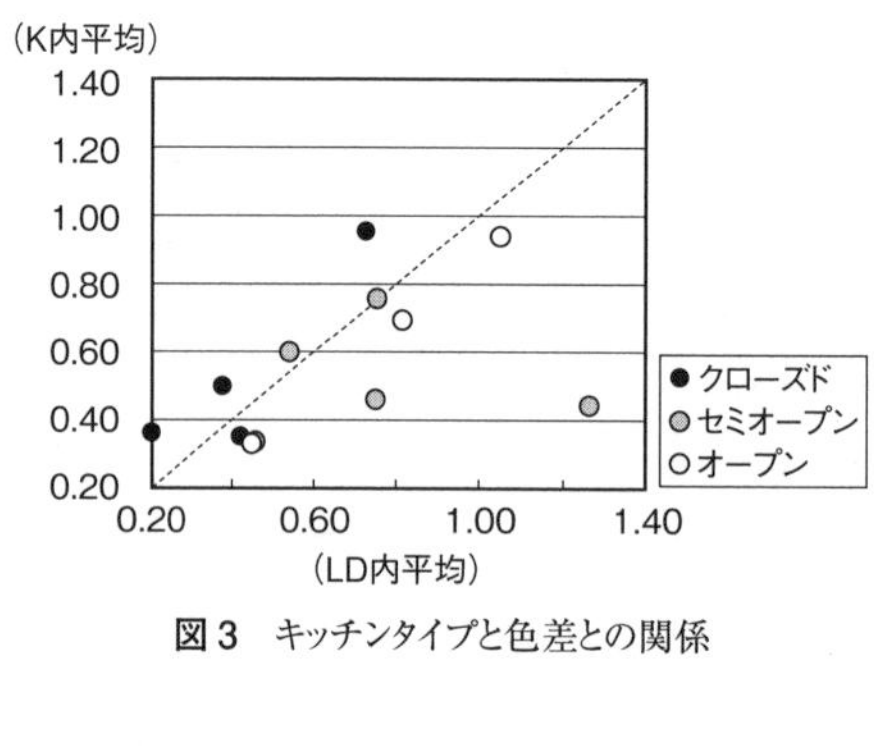

図3　キッチンタイプと色差との関係

なお、対象とした実際の住宅において日常の使用状態でのレンジフードファンの吸込み口風量を求めたところ、１５０立方メートル／時以下も多く、カタログ値の21～40％となっていました。また、居住者の生活行動から、レンジフードファンの維持管理不足や給気不足による排気量低下が考えられました。

●まとめ

オープンタイプのＬＤＫは開放感があり、家族のコミュニケーションもとりやすいなどの利点がある一方、調理残臭や油煙の拡散による汚れが問題となります。このような調理によって発生する油煙臭や油汚れなどが室内空気環境に与える影響を軽減するためには、まずは、カタログに書かれている排気風量を確認し、基準値のレンジフードファンの吸込み口風量を確保することが望まれます。

（五十嵐由利子）

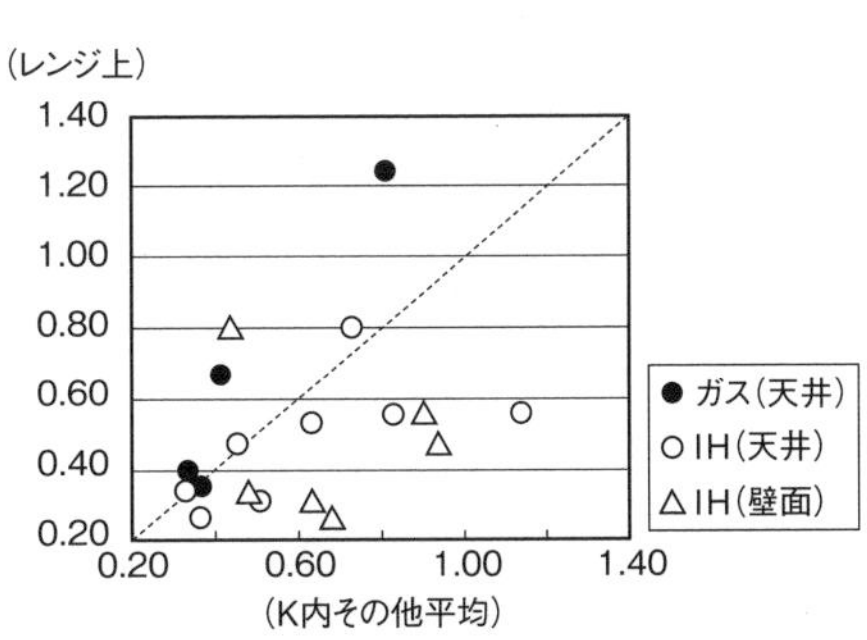

図４　調理器具と色差との関係

14 結露と湿害を防ぐ
—とくに小屋裏空間を対象として

キーワード
結露、湿害、リスクマネジメント

*表面結露
ガラス表面や壁表面など、目に見えるところで起きる結露。

*内部結露
壁内や床下などの目に見えないところで起きる結露。

● 湿害とは？

「湿害」とは、湿気に起因する「害」のことといいます。厳密には「結露に伴い生じる財産価値や意匠性の棄損」が定義です。従来の結露問題は、単純に断熱不足による表面結露*の解消を目指したものでしたが、１９９０年代以降、全国的に断熱化が進むにつれ、内部結露*防止（冬型内部結露や夏型内部結露の防止）へと対策の主眼がシフトしました。そして現在、経験的な対策・方法および簡易な計算に基づく壁体仕様の決定法などが省エネルギー基準・解説書などにまとめられています。ただ、これらの対策は安全側の判断であることが多く、場合によっては過剰設計になることがあります。そのため、厳密な防露シミュレーションを行い、ギリギリの設計をすることもあります。いずれにしても従来の考え方は、「湿害」を防止するための「結露」対策が基本であり、「結露」を容認しつつ「湿害」を防止するというものでなかったことは確かです（**図1**）。

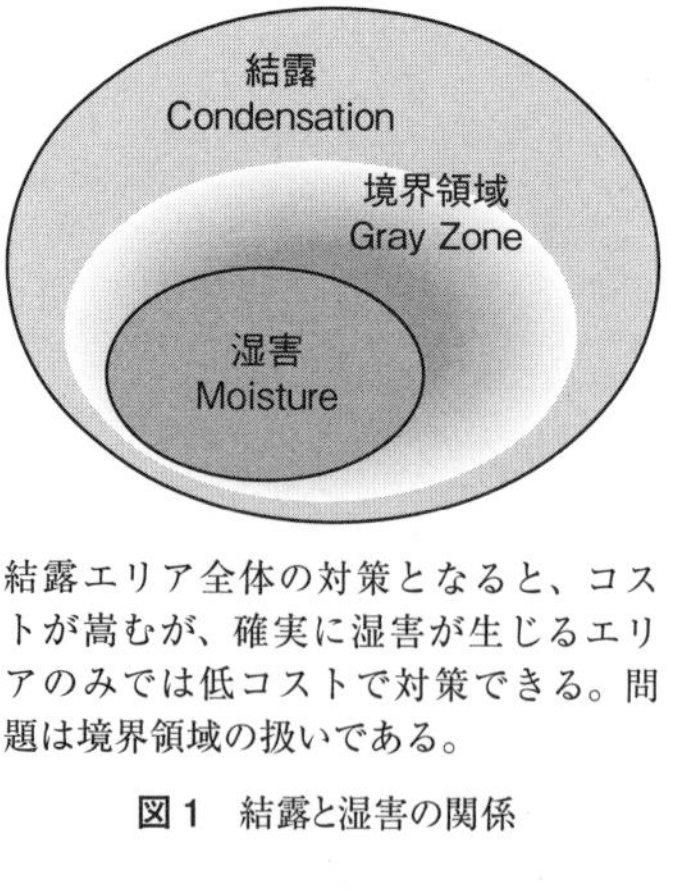

結露エリア全体の対策となると、コストが嵩むが、確実に湿害が生じるエリアのみでは低コストで対策できる。問題は境界領域の扱いである。

図１　結露と湿害の関係

●害になる「結露」・害にならない「結露」

害になる「結露」、害にならない「結露」という考え方があります。例えば、窓ガラス表面やサッシ枠の結露は、1日のサイクルの中で解消するのであれば、それは「害」とはいえません。逆に、結露が解消せずに常に湿った状態となり、結果としてカビ・ダニや汚損などが生じた場合は「害」となります。

また、例えば「玄関土間」は、もともと濡れた靴を容認する場所ですから、土間表面の濡れ自体は「害」とはいえません。しかし、常に結露してそこにカビが発生したり、居住者が滑って転び怪我をしたりするのであれば、それは「害」になります。湿害の判定に境界領域（グレーゾーン）が生じるのはなかなか悩ましい状況ですが、結露を完全に防止する割高な対策よりもトータルでメリットがあるならば、「湿害」を生じさせない範囲での限界設計*も一理あるでしょう。

●リスクの視点

このように、状況によって判断が分かれることは混乱の原因となりますが、「湿害」も一種のリスクと考えると整合させることができそうです。リスクを定量的に評価し、

*限界設計
限界状態設計法。その構造物に生じてはならない種々の限界状態を想定し、それぞれの状態に対する安全性を個々に照査する方法。

うまく折り合いをつけることをリスクマネジメントといいます。一般的なプロセスは、①リスクマネジメントの目標・方針の設定、②リスク特定、③リスク分析、④リスク評価、⑤リスク対応（保有／回避／低減／移転）を経て、リスクを監視することになります。これを「湿害」に当てはめて考えた場合、次のようになります。①結露防止か湿害防止かの選択、②結露・湿害の原因を特定すること、③シミュレーションなどを用いて建材の水分状態の予測や空間湿度形成のメカニズムを解明すること、④材料自体の劣化度合いの見積もりや、居住者に対する健康影響を評価すること、という流れになります。

日本建築学会・建物の「湿害」に関する学会規準小委員会では、「湿害」に関するリスク特定に対応するものとして、アカデミックスタンダード『建物における湿害の診断と対策に関する規準・同解説』を２０１３年1月に刊行しました（主査：高田暁・神戸大准教授）。このように「湿害」に関するリスクマネジメントのしくみづくりは進みつつあります。一方、③リスク分析に該当する躯体内の熱・空気・湿気移動などのメカニズムや、設計用材料物性値の整備等は、実務用にはまだ確立していませんし、④リスク評価にも多くの課題が残っています。

●小屋裏空間の湿害

小屋裏空間での湿害は、普段あまり目にすることのない空間であるため被害が顕在

写真１　天井断熱小屋裏北側の結露・カビ被害

化しにくく、また防水層である屋根面に接していることから、雨漏りと見間違うこともあります。なぜ小屋裏で結露するのか、そのメカニズムを理解していないため、対策を施しても問題が解消しないということもあります（リスクマネジメントとしては失敗です）。ここでは具体例として、小屋裏空間の湿害について説明したいと思います。

小屋裏空間の特徴

屋根周りは、日射受熱と夜間放射の影響を大きく受ける部位です。小屋梁を隠すための小屋裏空間は人の目が届かないため、熱湿気的にコントロールされない空間と化しています。また、例えば防湿層に不備がある天井断熱工法は、室内側からの水分供給とさらなる低温化を促進し、野地板*や断熱層の低温部などで湿害が発生するリスクも増大します（**写真1**）。

小屋裏空間を中心として、湿気の移動経路を図化すると**図2**のようになります。小屋裏空間に天井を介して居室内の水分が流入するほか、間仕切壁を経由して地盤水分（地盤防湿していない場合）が移動してくる場合があります。また、通気層からの空気流入が小屋裏熱湿気環境に大きく影響することもあります。こうした空気の移動経路は、工法やプランニングによって千差万別ですが、断熱方法や気密の考え方を明確にすることにより、およそ把握することができます。小屋裏空間の水分状態に影響する要因を把握するとともに、適切な開口設計を行うことが基本的な対策になります。

＊野地板
屋根の下地材。

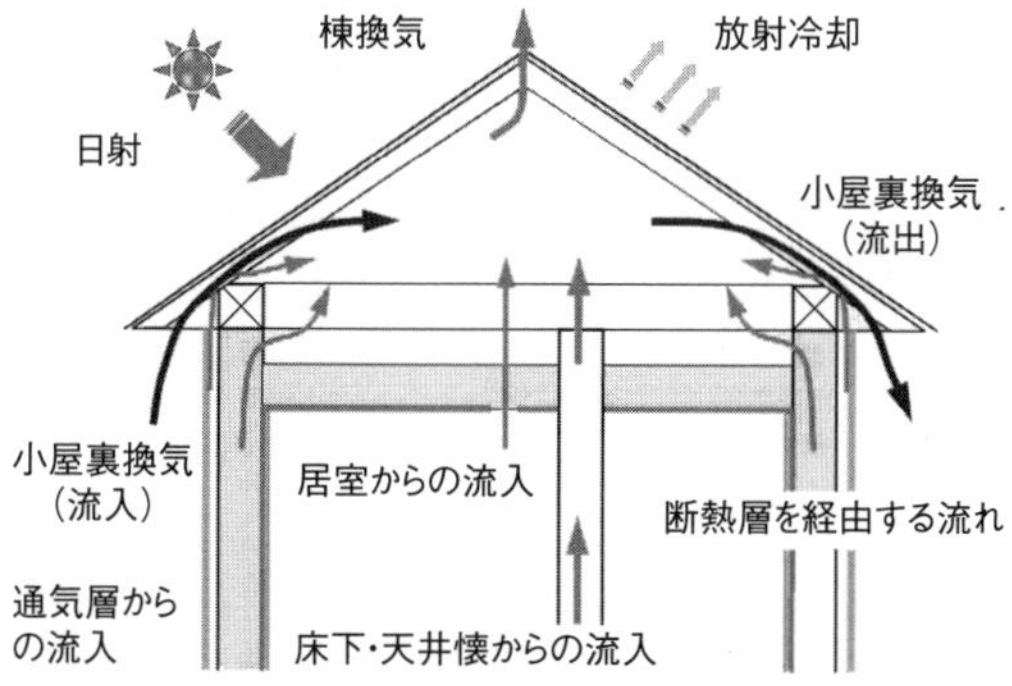

図2　小屋裏空間に対する熱・空気・湿気移動

野地板での結露

小屋裏空間の野地板面での結露は、いわゆる表面結露です。小屋裏空間での表面結露対策は、

① 小屋裏空間の相対湿度を低く保つこと

② 当該部位の断熱性能を高めること

が基本となります。①に関する対応は、小屋裏空間への流入供給を減らすとともに、流入した水分を適切に排出することが重要ですから、地盤防湿、間仕切壁や外壁などの通気止め、居室内の適切な換気、そして適正な小屋裏換気量の確保、などの対策を行うことになります。

②に関しては、野地板の通気層側表面に断熱施工するか、もしくは温度低下しないように低放射型透湿防水シートを通気層の室内側表面に施工する等の対応が考えられます（図３）。

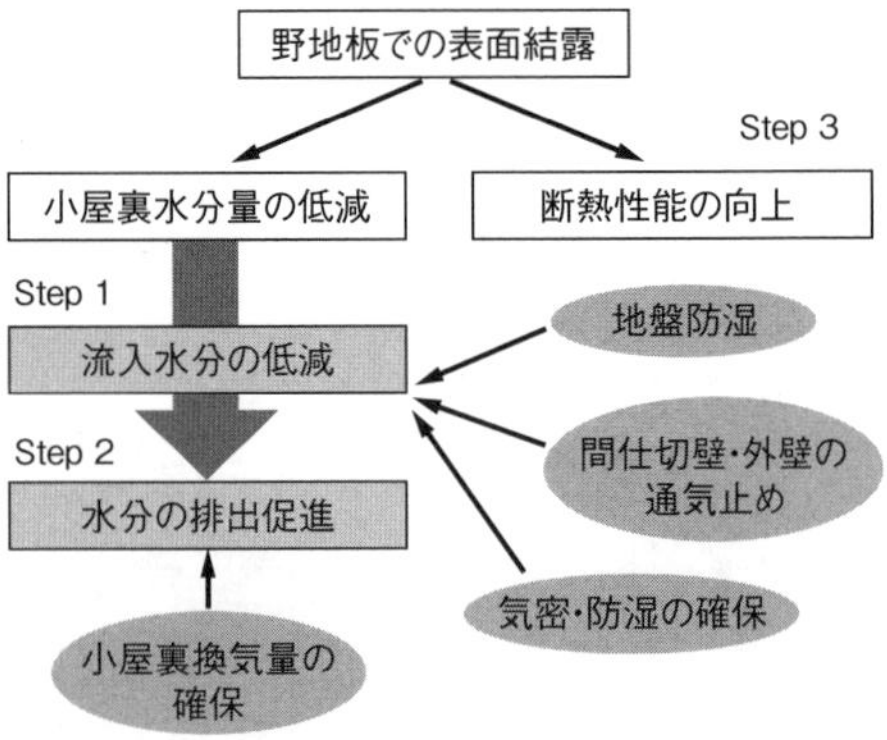

小屋裏・屋根面で発生する障害は、不十分な防湿層、層構成の不備が原因となるが、そのフェイルセーフの役割を果たすのが小屋裏換気・屋根通気である。

図３　野地板表面での結露の原因と対策

●非居住空間の防露設計のためのツールの整備

湿害防止設計のための検討には、当該空間への水分供給・排出を支配するさまざまなパラメータの影響度合いの把握が必須となります。小屋裏の例で考えると、主な水分供給は、居住空間のほかに、非居住空間である床下空間等からですので（図２）、

間仕切壁の通気止めもファクターとして考慮しなくてはなりません。つまり、小屋裏単体で検討するのではなく、工法の特徴を見据えた住宅全体での対策の視点から、部位の防露仕様を検討することが必要となります。こうした実務ニーズに向けた対応は今後の課題です。

（本間義規）

15 室内の乾燥と健康

キーワード
居住環境・乾燥・健康影響

住宅の低湿度環境は冬季に発生しやすく、肌、喉、目、粘膜の乾燥感と関連します。また、過度な乾燥状態がアトピー性皮膚炎の悪化の一因になるなど、居住者の健康に直接影響する場合や、インフルエンザウィルスの生存率増加のように二次的に影響する場合があります。

乾燥と健康との関連性に関して、筆者らは、東北地方の高断熱・高気密住宅を対象にアンケート調査や温湿度測定を行い、全体の67％の住宅が冬季に室内空気の乾燥を感じていることを報告しました。また、筆者らが実施した最近の北海道での調査では、全体の55％が乾燥感を申告し、その77％が乾燥を健康面で問題と捉えており、新しい住宅でより強く乾燥を感じていることが報告されています。

このように、低湿度環境が居住者の健康に影響を及ぼす可能性は以前から指摘されているものの、健康被害低減の観点からみた防除法の提示には至っていないのが現状です。そこで、住宅の低湿度環境に起因する健康影響と居住環境要因の関連性を把握することを目的として、インターネットを介した全国規模のアンケート調査を行いました。

●調査概要

調査は２０１１年1月20日～24日の5日間に実施しました。対象者をインターネット上で募り、自宅のパソコンから専用のＷＥＢサイトにアクセスし、画面に示される質問に回答してもらいました。アンケートへの協力を４６５７世帯に依頼し、有効回答数は３８７９件（回答率83・３％）でした。

質問内容は、乾燥に関する健康や建物の被害がどの程度潜在しているか、乾燥を感じるような住宅の特徴や年齢層、住まい方、低湿度状態の継続性、乾燥を感じる時間帯などです。

●乾燥感の知覚と健康影響

図１（次頁）に、各地域における乾燥感の集計結果を示します。乾燥感を50％以上が申告していますが、健康面で乾燥が問題と申告している割合は、北海道、南関東、四国で比較的高くなっています。

図２に乾燥感と健康影響の実態を示します。乾燥を問題と考えている割合は全体の37・１％、そのうち「健康に何らかの影響や被害を受けている」割合が全体の22・８％となります。健康影響には、「風邪を引きやすい（12・３％）」

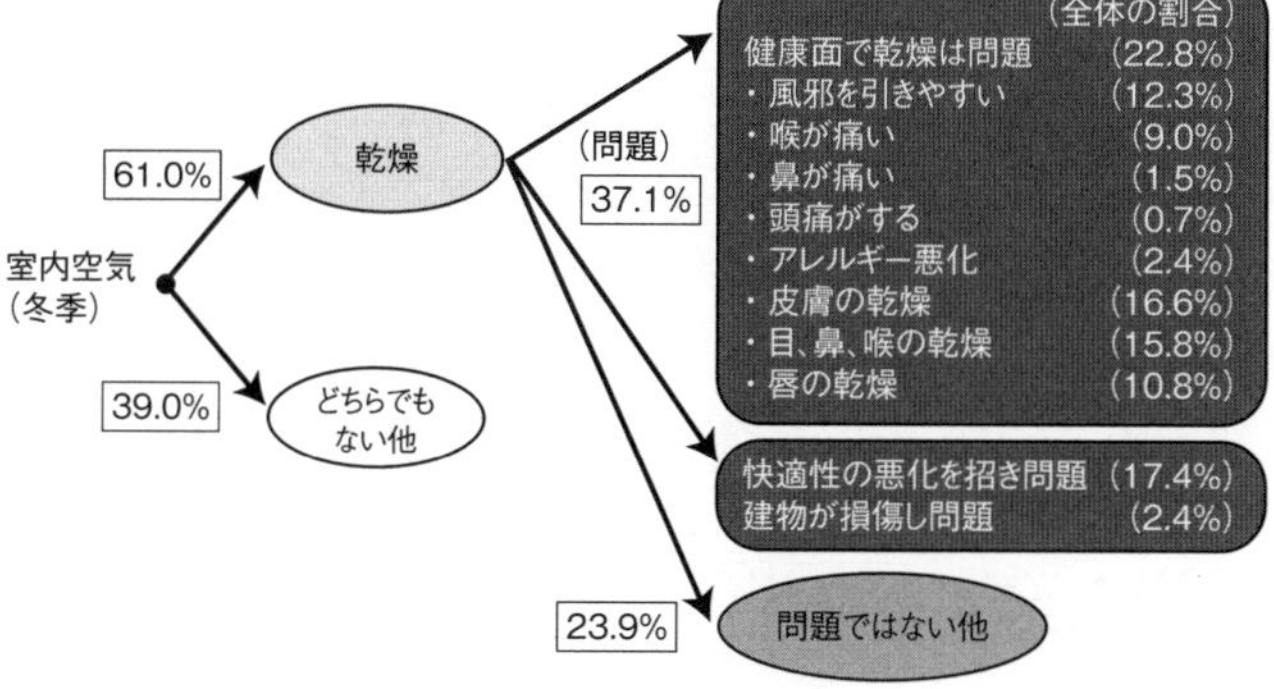

図２　乾燥感と健康影響の割合（数値は全体の割合）

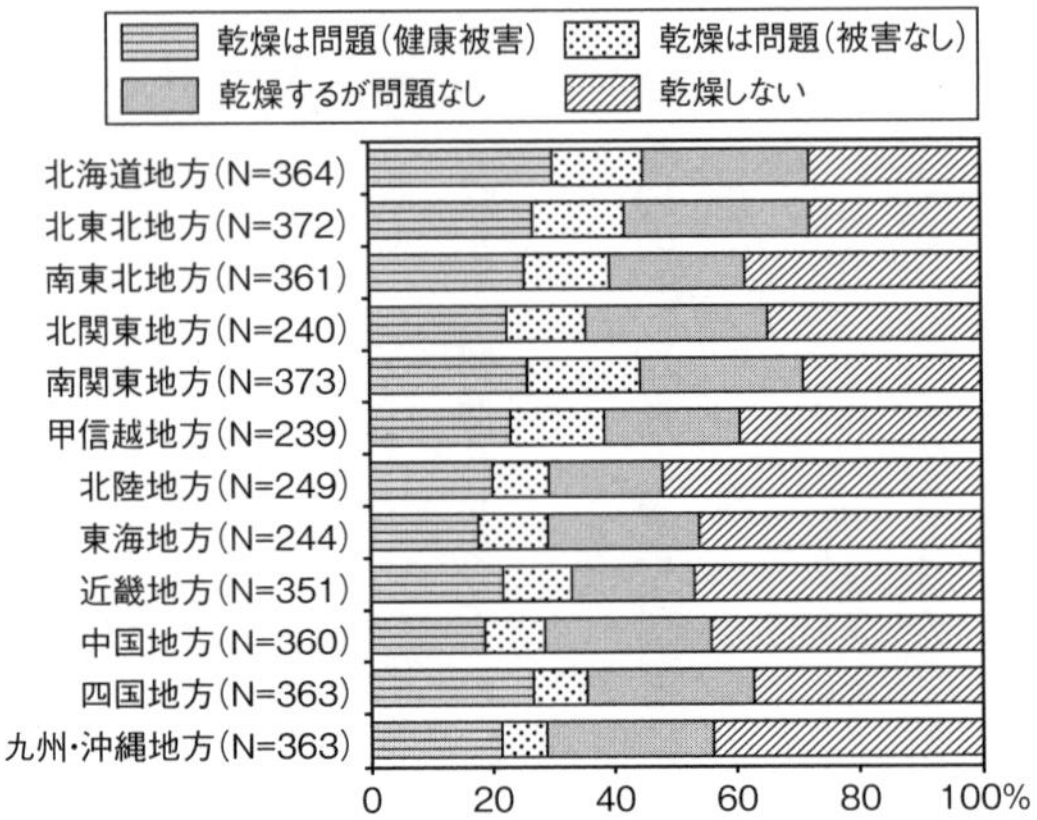

図 1　地域と乾燥感の関連

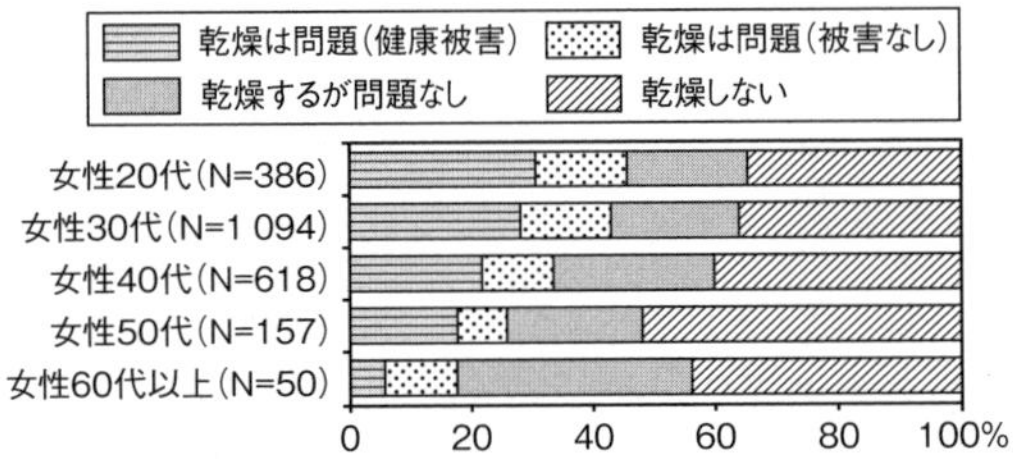

図 3　性別・年代と乾燥感の関連

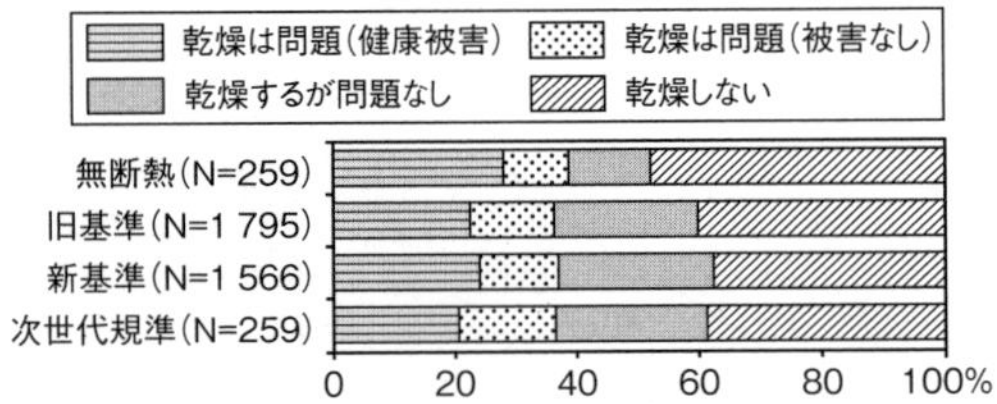

図 4　断熱水準と乾燥感の関連

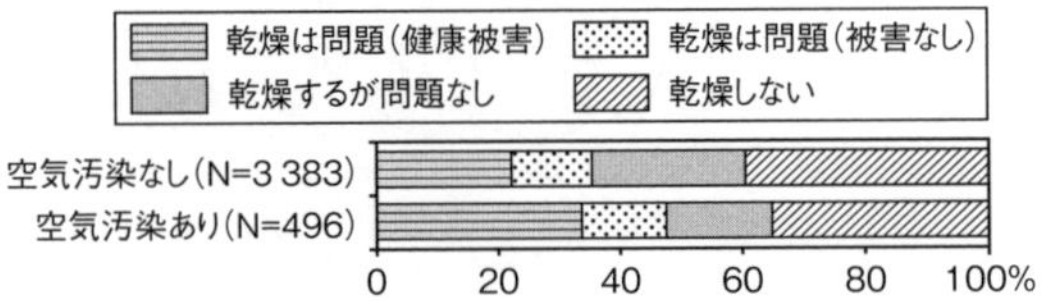

図 5　空気汚染の知覚と乾燥感の関連

「喉が痛い（9・0％）」「アレルギー悪化（2・4％）」などが挙げられています。

●乾燥感と居住環境要因との関連

年代と乾燥感（女性の場合）（図3）

若年層ほど「乾燥は問題（健康被害）」の割合が高く、女性の場合には明確な関連が見られます。

断熱水準と乾燥感（図4）

断熱水準が高いほど乾燥感を申告する割合は高いのですが、「乾燥は問題（健康被害）」の割合は断熱水準が低いほど高くなり、断熱水準が高いことは健康面での被害を回避できる可能性が示唆されています。

空気汚染と乾燥感（図5）

空気汚染を感じるほうが「乾燥は問題（健康被害）」の割合が高く、化学物質や浮遊粉塵などの低湿度以外の要素が居住者の乾燥感に影響している可能性も考えられます。

●乾燥感と居住環境要因との関連性に関する分析

乾燥感と居住環境要因との関連性を把握するために、アンケート結果を分析しました。「乾燥による健康被害あり」「健康被害なし」について、性別、年代の個人属性のほか、建物属性や住まい方、居住者が認識する室内環境上の問題点の有無で分析しました。**表1**に分析結果を示します。表中の調整オッズ比により、各項目の影響の強さを確認することができます。例えば、性別では「女性」のオッズ比が1・20となり、女性のほうが男性よりも1・2倍被害を訴える可能性があります。年代では、「30歳代」以降の年齢層のオッズ比が1以下となっていますので、若年層のほうが健康被害を訴える可能性が高いことがわかります。

断熱水準と乾燥による健康被害とには強い関連性は見られないものの、「次世代省エネ基準」のオッズ比は小さいので、「無断熱」よりも健康被害を訴える可能性は低いことになり、断熱水準の向上が健康への影響を低減させることが示唆されます。暖房・換気運転では、「終日運転」「常に運転」と比べて、運転時間が短いほうが健康被害なしと回答する傾向が見られ、安定した温度環境や乾燥した外気の導入による低湿度環境が乾燥傾向を促進していると考えられます。

一方で、空気汚染を「感じる」のオッズ比は1・71と高く、空気汚染を感じているほうが、乾燥による健康被害を1・7倍の高い割合で生じていることとなります。この

表 1　乾燥による健康影響とその関連要因に関するロジスティック回帰分析の結果

項目	健康被害なし 度数（%）	健康被害あり 度数（%）	調整オッズ比（95%信頼区間）
性別			
男性	1 253（79.6）	321（20.4）	1.00
女性	1 708（74.1）	597（25.9）	1.20（1.03-1.42）**
年代			
20 歳代	353（71.7）	139（28.3）	1.00
30 歳代	1 197（73.1）	440（26.9）	0.95（0.75-1.20）
40 歳代	961（79.4）	250（20.6）	0.68（0.53-0.87）*
50 歳代	310（81.8）	69（18.2）	0.60（0.43-0.84）*
60 歳代以上	140（87.5）	20（12.5）	0.39（0.23-0.66）*
断熱水準			
無断熱	186（71.8）	73（28.2）	1.00
旧省エネ基準	1 383（77.0）	412（23.0）	0.81（0.60-1.11）
新省エネ基準	1 187（75.8）	379（24.2）	0.83（0.61-1.12）
次世代省エネ基準	205（79.2）	54（20.8）	0.61（0.40-0.93）*
暖房運転			
終日暖房	533（70.0）	228（30.0）	1.00
在室時に暖房	1 934（78.6）	525（21.4）	0.68（0.57-0.83）**
就寝時に停止	430（73.1）	158（26.9）	0.89（0.69-1.13）
その他	64（90.1）	7（9.9）	0.28（0.13-0.63）*
換気運転			
常に運転	837（71.8）	329（28.2）	1.00
間欠運転	845（75.4）	275（24.6）	0.80（0.66-0.97）*
換気しない	1 279（80.3）	314（19.7）	0.60（0.50-0.73）**
空気汚染の知覚			
感じない	2 632（77.8）	751（22.2）	1.00
感じる	329（66.3）	167（33.7）	1.71（1.39-2.11）**

Hosmer と Lemeshow の検定　p=0.826、判別的中率　76.5%
有意確率：**p＜0.01、*p<0.05

結果は、低湿度環境が直接影響する場合のみとはいえないことを示唆しており、居住者が低湿度以外の空気質により乾燥すると知覚している可能性が指摘されます。

●まとめ

以上のように全国規模のアンケート調査から以下のことがわかりました。

①室内の乾燥を全体の61％が感じ、乾燥を原因とする健康被害を22・8％が申告している。

②断熱性能が高いほど乾燥感を申告する割合は高いが、健康被害の割合は低く、断熱水準の向上が健康への影響を低減させることが示唆される。

③乾燥を原因とする健康被害は、空気汚染の知覚と関連性が強く、低湿度環境以外の要因が影響する場合がある。

（長谷川兼一）

16 換気の量と質をどうとらえるか？

キーワード
換気量、換気の効率、空気齢

● 換気の量を考える

対象となる空間へどれだけの量の（新鮮）空気を送り込めばよいか、ということは、最も基本的な換気の概念につながるもので、通常は、これを「必要換気量」と呼びます。ただし、何のために換気を行うかで、その量は異なります。人間が呼吸するのに必要な酸素を確保するためなのか、あるいは、燃焼器具が不完全燃焼を起こさないようにするためなのかなどによりますが、一般的には、室内空気をある状態より汚さないために必要な換気量として、二酸化炭素を汚染質の指標とした量が考えられています。その二酸化炭素の濃度を許容値（恕限度＊）とも言います。ビル衛生管理法では二酸化炭素濃度を１０００ｐｐｍ以下にするための換気量ですが、これがよく使われるのは、この量であればほかのほとんどの必要換気量を満たしてしまうからとも言えます。

この換気量は測定によってチェックすることができます。機械換気の場合であれば、給気口や排気口の流量を風量計で計ります。排気のほうが、ダクト内が負圧になり隙

＊恕限度《じょげんど》
人の健康などに目立った被害や悪影響を及ぼさない上限の値、あるいはその度合い。

間部分から空気を拾うため、給気よりも量が多くなるのが普通です。風量計は高価なため導入が難しいときは、風速計を用いて給排気口の平均風速（メートル／秒）を測定し、それに給排気口の断面積（平方メートル）を掛けて換気量を求めます。

換気量Qを空間容積Vで割った値が換気回数nです。すなわち、次世代省エネルギー基準などでいう「換気回数0・5回」というのは、空間内の空気がすべて外の空気と入れ替わるのに2時間かかることを示しています。

機械換気だけでなく自然換気の分も合わせて知りたいという場合は、トレーサーガスと呼ばれるガス（二酸化炭素など）を室内にまき、その発生を止めてからのガス濃度の減衰の様子を測定することで正しい換気量を求めることができます。これを「減衰法」といいます。具体的には、濃度減衰は対数曲線になることが理論上わかっているので、**図1**のように、片対数グラフの縦軸に濃度比（室内外の濃度差を測定開始時の室内外濃度差で割った値）、横軸に時間（h）をとって測定結果をプロットします。

そうすると、プロット点は右下がりの直線上に分布し、この回帰直線の傾き（マイナスQ／2・303V）から換気回数が求まります。2・303という数字は、自然対数を常用対数に書き換えたときの係数です。図の例では、横軸1時間で縦軸0・1（常用対数をとるとマイナス1）まで減衰しているので勾配はマイナス1・0となり、換気回数は2・3回／時となります。

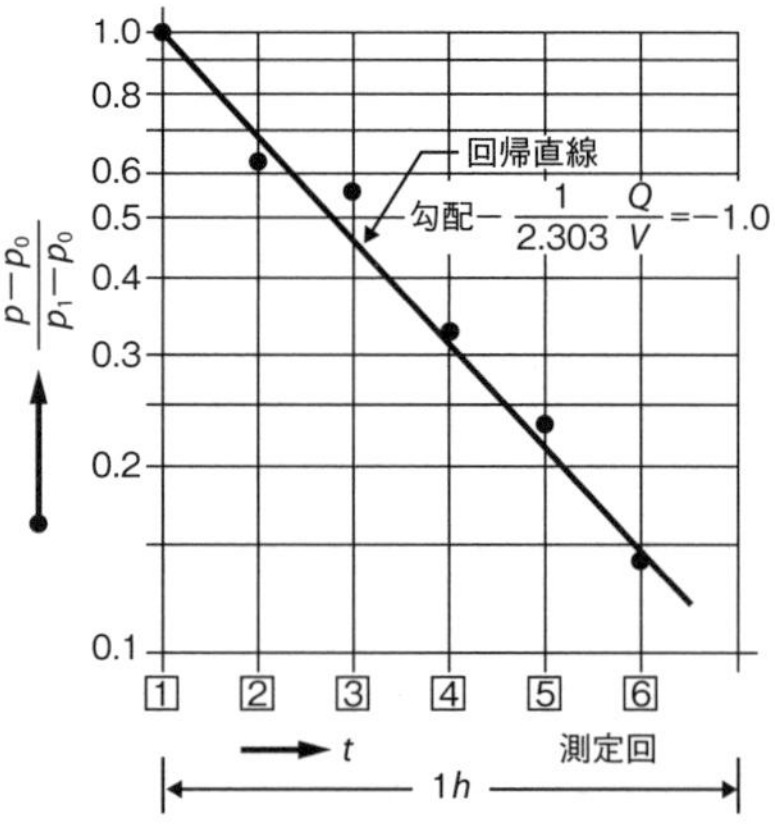

図1　減衰法による換気回数の算出

トレーサーガスを用いた別のやり方もあります。ガス濃度pが一定になるようにガスをkだけ供給するか、pが安定するまでガスを一定量kだけ供給し続けるかして、定常状態*を作り出し、次式から換気量Qを求めます。ただし、p0は外気のガス濃度です。

$$Q = k / (p - p0)$$

計算は簡単なのですが、濃度計のほかにガス供給量を正確に計る測定器が必要となり、測定するのが少し複雑になります。

●換気の質を考える

換気の量だけを考えれば換気計画は万全か、というと、そうではないところが換気の難しいところです。すなわち、換気が本当に人間にとって有効に働いているかどうか、その質を吟味することが大変重要です。

一般に、**図2**に示すように、給気口と排気口の距離（換気経路）が長いほど、換気は効率よく行われます。これは、給気口から入った空気が室内の汚染空気に触れる距離が長くなり、効率的に汚染物の捕集が行われるからです。反対に、給気口と排気口の距離が近い場合は、せっかく給気した新鮮空気*が室内に行き渡る前にすぐ排気されてしまい、室内の汚れた空気が排気されにくいのです。このような現象は「ショー

＊定常状態
時間的に一定して変わらない状態を意味し、自然科学の各分野で用いられる概念。

＊新鮮空気
室内の汚染空気を清浄にするため取り入れる新鮮で汚れのない空気。

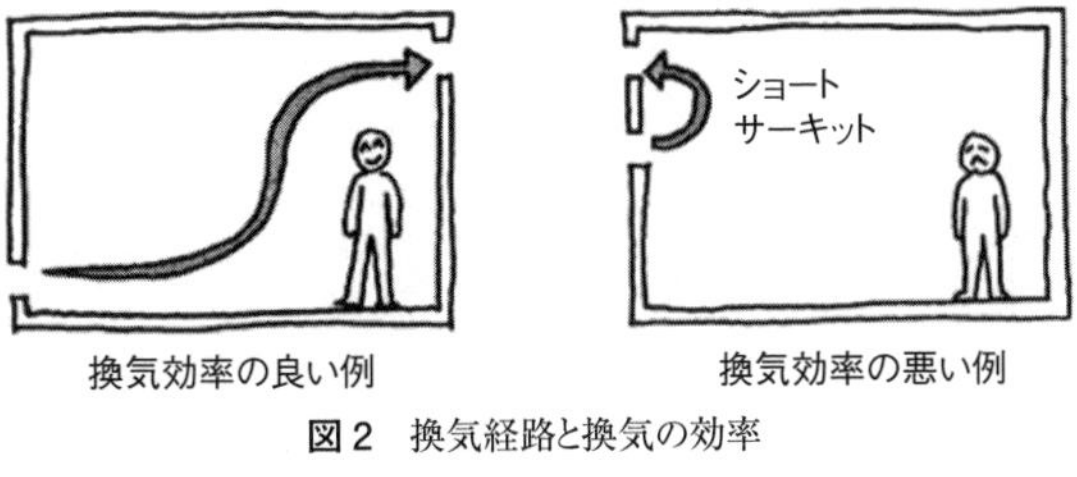

図2　換気経路と換気の効率

トサーキット」と呼ばれ、量だけを見ていたのでは全く不完全な換気となってしまうことの良い例です。また、換気経路を十分に取っていたとしても、経路上に喫煙者がいる場合など、すべての居住者に公平な換気が行われているとはとても言えない場合もあります。すなわち、換気の質を考えるというのは、空気の流れる距離や経路を検討することで、これが換気の良し悪しを決めます。

換気の効率を表す指標はいくつかあるのですが、ここでは、よく使われる空気齢《くうきれい》について説明しましょう。**図3**に空気齢の概念を示します。空気が給気口から室内のある点Pまでに来る時間を「空気齢」と呼ぶわけですが、点Pに人間がいた場合、この年齢の大小が新鮮空気を早く呼吸できるかどうかを決めることになります。また、点Pにあった空気が排気口に至るまでの時間を空気の「余命」と呼びます。Pが汚染質の発生源の場合、余命が長ければ汚染質はなかなか排出できないということになるわけです。それにしても、空気に寿命を与えて、若い空気、年とった空気とすることで空気の流れを読み取るようにするなんて、うまく考えたものですね。

空気齢の測定は、空気に混入したトレーサーガスの濃度変化に基づいて行われますが、一般的には、ステップアップ法（SU法）とステップダウン法（SD法）がよく用いられます。SU法では、ガスを一定量連続的に注入したときの空間内の濃度増加変化に基づいて空気齢を求めます（**図4**）。例えば、第一種換気設備を持つ住宅の場合、外部給気口からガスを連続的に入れてやると、室内各部にガスが流れて行き、ガス濃度を増加させながら最終的にはどの場所も換気量に応じてある濃度に収束します。濃

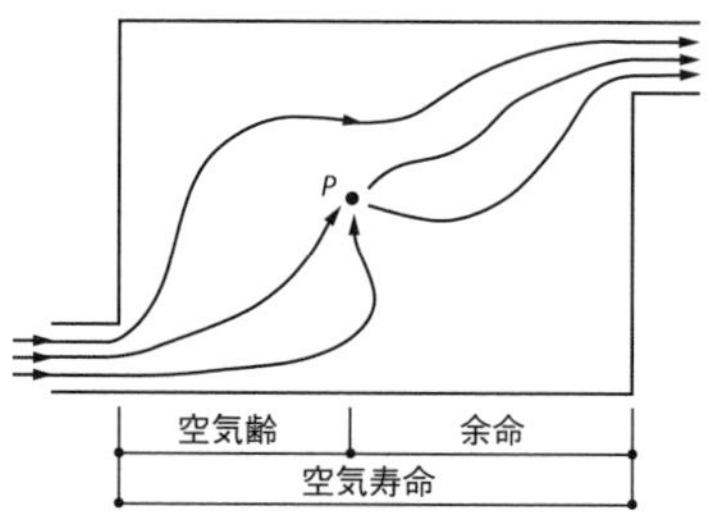

図3　空気齢の考え方

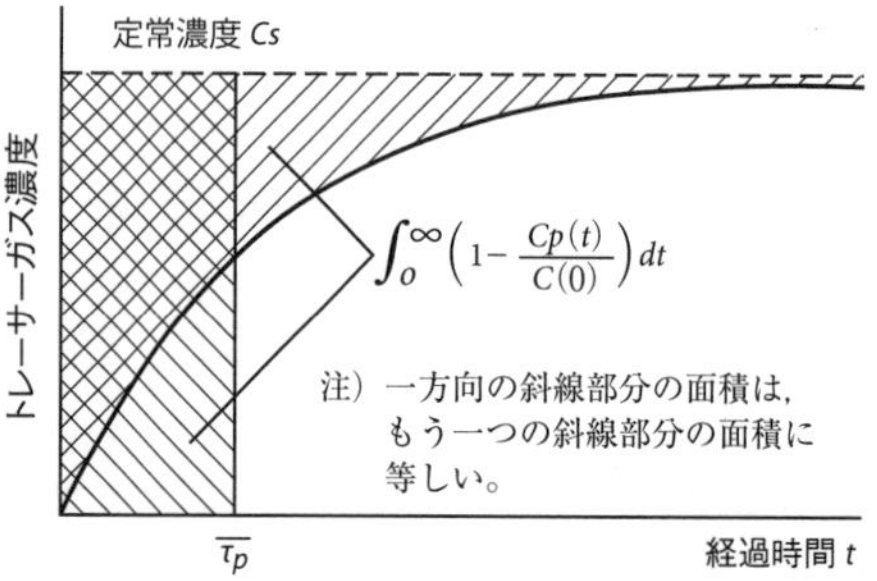

図4　ステップアップ法の濃度変化と空気齢の算出方法

度上昇の早い部屋もあれば遅い部屋もあり、これが空気齢に反映されるわけです。このトレーサーガスは、よく、色のついた空気に例えられますが、ＳＵ法から得られる空気齢は、給気口からだけの色づけされた新鮮空気の到達時間を示すということになります。一方、ＳＤ法では、空間内を均一な濃度にして、ガス発生を止めてからの濃度減衰に基づいて空気齢を求めます（**図５**）。この場合は、ある部屋に流れてくる新鮮空気は給気口からだけではなく隙間から流入してくる分も含まれるため、両者を含めた空気の到達時間を評価することになります。

以上の測定では、建物内各部のガス濃度を連続測定するために、通常、空気を吸入する細いチューブを各部に設置し、それを濃度計に接続して順番に測定する方法をとります。これは大変大掛かりな準備となり、居住状態での測定は困難、測定器も大変高価、ということから、今のところ、いつでもどこでも誰にでも測定できるというものではありません。簡易な測定方法の開発が待たれます。

（石川善美）

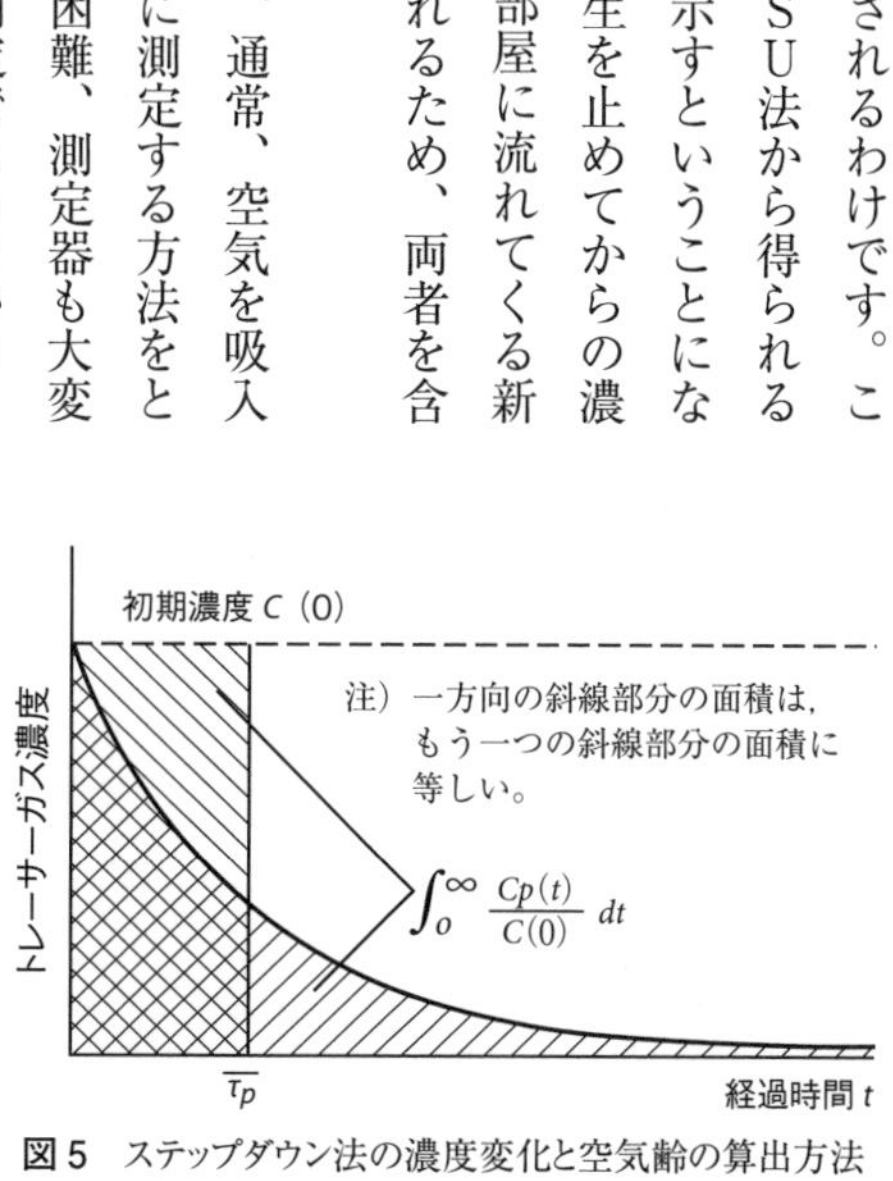

図５　ステップダウン法の濃度変化と空気齢の算出方法

17　窓開閉行為が意味するもの

キーワード
換気・通風、環境調整行動、住環境教育

●住宅構法の変遷と空調への依存

夏季に蒸し暑くなる我が国では、涼しく住まうための家づくりの基本は、日射遮蔽と通風確保であると言えます。かつて吉田兼好が「家の作りやうは夏をむねとすべし」（徒然草第55段）と述べたように、伝統的民家には深い軒や、開放的な間取りを構成する間仕切り、床下、小屋裏があり、空調機器を用いなくてもそれなりに涼しく住まうことができました。現代の住宅では「冬もむねとする」ことが求められますので、壁・床・屋根・開口部といった外皮全体の高断熱化と必要な換気を効率よく行うための高気密化が普及し、「家の作りやう」は伝統的構法から一変しました。

そのはじまりは、高度経済成長期の１９６０年代後半からのアルミサッシの普及で、住宅から隙間風がなくなっていきました。また、ほぼ同時に開放型暖房器*が普及すると結露被害が多発し、対策としてグラスウール*などの断熱材が全国的に使われるようになりました。１９７０年代、石油危機を迎えたことにより省エネ基準が定められ、住宅の断熱性への意識が高まりました。気密性が評価指標として整備されてきた

*開放型暖房器
燃焼ガスを熱とともに室内に放出する暖房器。石油ストーブ、ガスストーブ、石油ファンヒーターなど。

*グラスウール
短いガラス繊維でできた、綿状の素材。

のは1980年代に入ってからです。

ここまでの変遷は暖房エネルギー消費の削減のみを目指したものでしたが、1990年代末の次世代省エネ基準以降、冷房の負荷削減にも断熱気密化で対応しようという発想が一般に広まったように見受けられます。2002年度~2003年度にかけて全国数千世帯の住宅を対象に実施されたアンケート調査（文献1）では、戸建住宅の暖房期間が集合住宅よりも長く、冬が明けて暖房使用率が0%に達した途端に冷房使用がはじまる様子が、北海道と沖縄を除いたすべての地域について見られました。住宅の暖冷房に限らず食卓のメニューや衣服のファッションも当てはまりそうですが、中間季や季節感が現代人の生活スタイルからなくなりつつあると言えます。一定水準の快適性を保証し、冬季の血圧変動や夏季の熱中症など健康上の不安を回避するためには、現在はこのようにするしかないかも知れません。しかしこれからは、地球環境・エネルギー・人体生理などさまざまな観点から、屋外と全く無関係に室内の環境調整する考え方を見直し、建物外部空間の微気象*やその周辺の地域環境との連関を意識しながら住まうことを目指さなければなりません。その手段の一つとして、窓からの換気・通風は大きな役割を果たします。

● 窓開閉行為の影響要因

窓を開放するのは、室内の空気汚染物質や湿気・熱気の排除のほか、通風により涼

＊微気象
地形や植物、建物などの人工物といった地表面の条件によって、それらの周辺に生じる上空大気と異なった特有の気象。

感を得たり気分転換したりといったような直接的な動機がある場合と、生活習慣に連動して特定の時間帯や行為に伴う場合であることが知られています。これを全国の戸建住宅で調査し、具体的にどういった関係性があるのか確かめてみました。

図1は、室温と窓開放時間（窓を開放している時間の割合）の関係について検討した結果の一例です。全体的な傾向として、窓開放時間は室温の上昇とともに増加しますが、その度合いは特定の室温付近で大きくなり、その前後では小さくなっています。すなわち室温に対する窓開放時間は、室温が低いときに常に閉鎖（0分／時）、高いときに常に開放（60分／時）となるS字を描くように分布する関係にあると考えられます。そこでここでは正規分布*の累積分布曲線*を当てはめてみます。mは正規分布の平均（窓開放と閉鎖の時間割合が半々（30分／時）のときに対応する室温［℃］）、σは標準偏差（窓開放と閉鎖の時間割合が半々のときからプラマイ20分／時変化するまでの室温変化量［℃］）です。平均mは小さいほど、窓開放に積極的と言えます。標準偏差σは小さいほど、室温変化に対する窓開閉が敏感と言えます。

調査対象すべての平均mと標準偏差σの散布図を**図2**に示します。図の点線中はすべて居間ですが、1件だけ平均が31℃である以外は、平均が26～28℃、標準偏差が2・5～5・2℃といった狭い範囲に分布しています。つまり、居間のように居住者の滞在時間が長い室は、窓開閉行為の特性が似かよっており、地域や住宅、居住者の属性などの影響が現れにくいと考えられます。

一方、それ以外の室については、地域差が現れています。大まかに、北海道・東北・

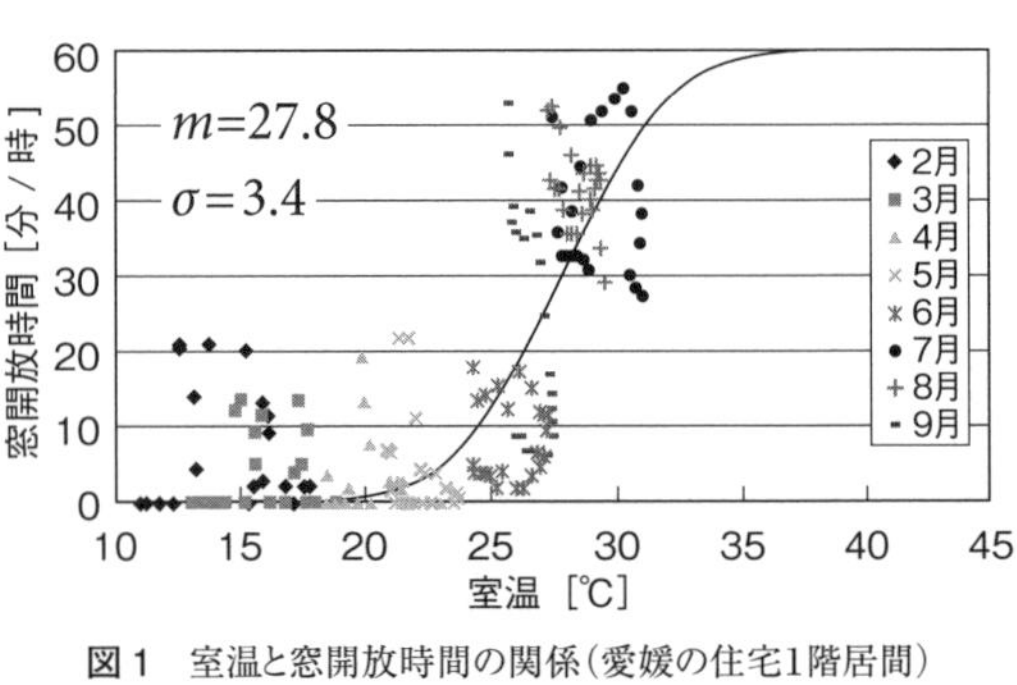

図1　室温と窓開放時間の関係（愛媛の住宅1階居間）

*正規分布
自然現象や社会現象に多く見られるばらつき。

*累積分布曲線
分布する数値の一方から順に足し合わせて（積分して）得られる分布を線グラフで表したもの。

関東では平均が小さく、関西・四国では平均、標準偏差ともに大きくなっています。このことから、関東よりも北の地域では、居間より室温が低めであっても窓開放がなされ、また室温変化に沿って窓開閉行為が行われたことがわかります。関西・四国では、室温が高めのとき冷房を使用するため窓開放から閉鎖に切り替えていると見られます。このほかにも窓を閉鎖する要因は、居住者の在宅時間や防犯・プライバシーに対する意識、掃除や調理と関係の深い窓開放習慣、屋外の空気・音環境や自然環境（虫や鳥の多さ）、降水量、窓のデザイン、間取りと枚挙にいとまがありませんが、今後、これらとの因果関係を明らかにし、積極的な窓開放を促す方法を提案していきたいと考えています。

●環境調整行動からみた住環境教育

窓の開閉をはじめ、ブラインドなどによる調光、暖冷房・換気設備の運転、電灯照明の操作、居住者自身の状態変化（滞在場所、姿勢、着衣量など）、そしてその他全般の居住者による自主的な室内環境調整操作を「環境調整行動」と呼びます。これまで、住居模型実験などを用いたワークショップ（作業を伴う体験学習）や、居住空間での環境モニタリングを導入したワークショップを実施（**写真1**）して、住環境への意識が高まった結果として環境調整行動が変化したことを確認しました。居住空間でのワークショップのように、日常的に習慣として続けられるような学習プログラムが

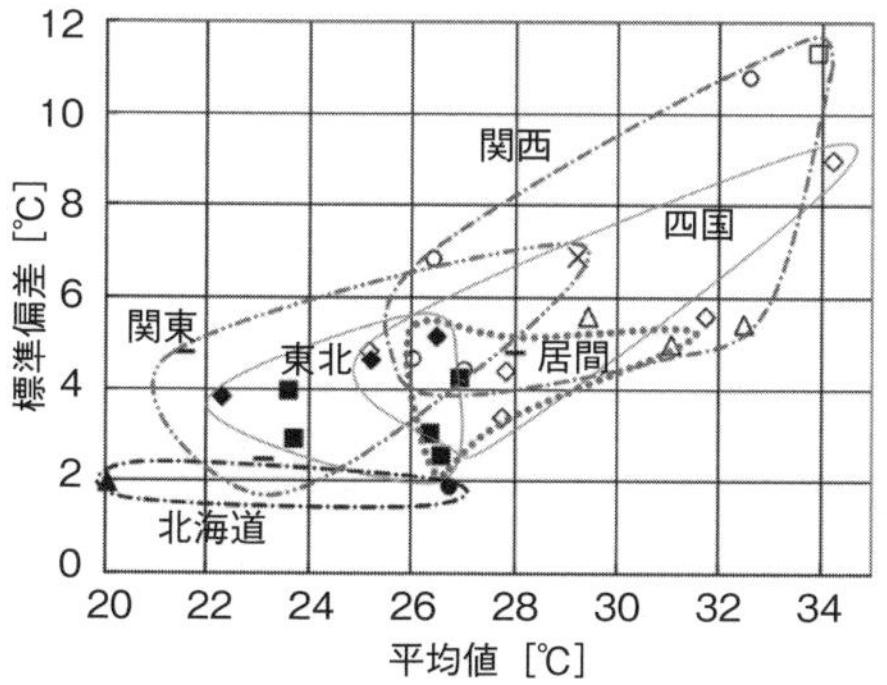

図2　平均と標準偏差の散布図

効果的と言えそうです。

住宅のエネルギー消費量は居住者の生活スタイルによる影響を受けますが、それは日々の環境調整行動を積み重ねた結果と言えます。我が国の省エネルギー・環境共生技術は世界に誇るべきレベルにあり、産業・運輸部門では成果を上げていますが、居住者（意志決定者）が多いため規制管理の難しい家庭・業務部門は、技術開発が進んでいるにも関わらずエネルギー消費が増加する傾向にあります。これを乗り越えるためには、環境に充分配慮した住宅・建物を増やしていく一方で、居住者ひとりひとりがその性能を理解し、適切な環境調整行動をとれる（住みこなせる）ように意識することが大切です。住環境に関する情報は一部の専門家だけではなく広く社会で共有されるべきであることは近年になって認識されるようになりました。

これを受けて日本建築学会では、住環境教育に関する情報収集を行い、実践事例や教材そして今後の可能性についてまとめた環境教育用教材『学校のなかの地球』（技報堂出版、２００７）を刊行しています。タイトルに「学校」とありますが、これは児童・生徒といった初学者を普及対象の基本と考え、教室や校舎・校庭を住環境教育の教材に見立てているからです。一般の社会人の方でも、この教材で体験学習してみると住環境の中に何か新しい発見ができるかも知れません。

外気の風に今一度思いを巡らし、窓を開けて迎え入れることができれば、自分にも自然にもやさしい暮らし方につながっていくのではないでしょうか。

（菅原正則）

写真１　空気の流れの観察

18 温度と湿度を測ってみよう

キーワード
温度、湿度、測定器

●はじめに

さまざまな建物のさまざまな環境測定項目をさまざまなメーカーの測定器で測定していく…。「この数字は本当に信用してよいのか?」「そもそも測定方法はこれでよいのだろうか?」不安に思うことでしょう。ここでは皆さんがよく使う温度・湿度の測定器の数値がどのようなレベルなのか、どのように使用すべきなのかを説明します。

●温度の測定について

一般の人々がよく知っている温度は天気予報の温度です。全国各地に設置してある測定点における気温ですが、この温度計の精度はプラマイ0・1℃でピカイチです。建築環境系でよく使われる温度計の精度はプラマイ0・5℃です。ちなみに昔から研究者で使われている熱電対*（T型）の精度はプラマイ0・3℃です。近ごろはホームセンターでも温度計は簡単に購入できます。1000円前後の商品でも精度プラマ

*熱電対
異種金属の2接点間の温度差によって熱起電力が生じる現象（ゼーベック効果）を利用した温度センサ。
T型とは、銅とコンスタンタンを用いたもの。

イ1・0℃のものがあります。平均的にはプラマイ1・5℃の精度のものが多いようです。(**写真1・2**)

さて、こういった温度計は使い方でいろいろなトラブルが発生します。ある戸建て住宅の話ですが、完成前に上下または室間温度差が2℃以内になりますと説明を受け、完成後居住者が調べた結果、温度差が2℃以上になることを確認、その後は散々もめたそうです。数字を示すことは説明をわかりやすくし非常に説得力があります。しかし、伝え方や使い方を間違えると数字を出しているために言い逃れすることができず大問題になってしまうのです。たかが温度されど温度とツクヅク考えさせられます。温度精度プラマイ0・5℃の温度計を2個ならべて比較した場合、両者で1・0℃の差があっても精度範囲内なので問題ないと言えてしまうのです。これがプラマイ1・5℃精度の一般的な温度計では3・0℃の差になります。このような温度計でなんでも測ってよいのでしょうか?　次に温度計の使い方について験説明します。

◎室内の温度差を調べたい（0〜40℃）

安価で一般的なタイプの温度計でも調査はできます。まずは温度計を2個ご用意ください。まずは同じ場所に並べて両者の差を調べます。後はそれぞれを調べたい場所に置くだけです。この方法で両者の差し引きすることで温度差の誤差はプラマイ0・2℃ぐらいになり比較で使えます。しかし、ダメな温度計は何をやってもダメです。あきらめて交換しましょう。

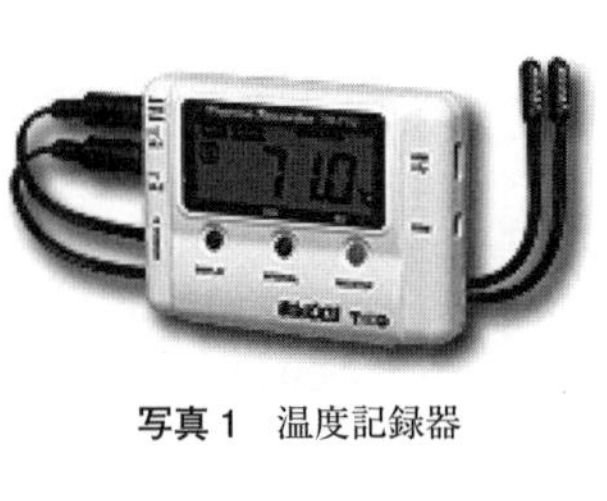

写真1　温度記録器

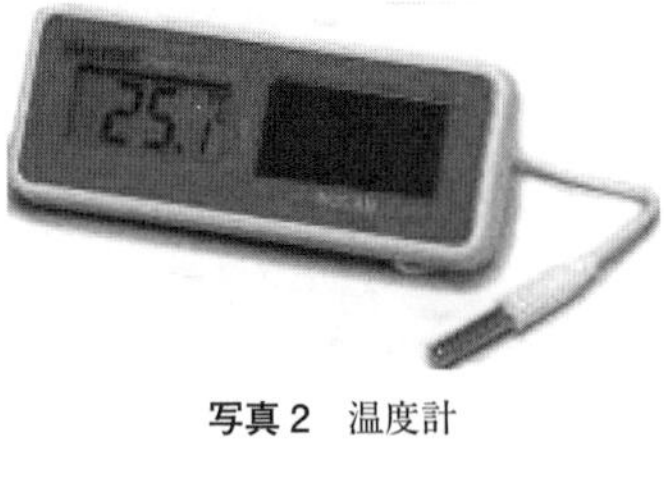

写真2　温度計

◎正確な温度を知るために

住宅建築環境の計測では温度精度プラマイ0・3℃以下としなければなりません。調査する際、基準となる温度計を1台用意します。

それには各温度計メーカーの試験成績書やトレーサビリティ*証明書付の商品をお勧めします。ただし試験成績書付温度計は保証期間が約1年間です。経費はかかりますが毎年温度計を校正点検する必要があります。または測定前に基準温度計を校正*・点検させる方法もあります。温度計は使用状況や計測時間の長さによって誤差が生じるためです。

◎デモ用・展示アピール用の温度計

このごろ計測器の展示場などでは、放射温度計やサーモカメラが多く使われています。非接触で数値や画像が出るこれらはアピール度が高くお客の興味を引きます。しかしこの非接触タイプのほとんどは温度精度プラマイ2・0℃です。この精度を知らない方が結構多いので十分ご注意ください。この温度計は温度差をみせるための製品です。（**写真3・4**）

◎温度計で省エネ指導

「前の住まいでは冬場の電気代は月3万円、せっかく新築で高断熱・高気密住宅にしたのに電気代が変わらないのはなぜ?」このような事例はよく聞きます。いろいろ調査すると前の住まい（60平方メートルの2ＬＤＫ）で居間約18℃、新築（１２０平方メートルの４ＬＤＫ）で居間約22℃だったそうです。これは居住者に対する説明不

***トレーサビリティ**
計測器の、標準器に対する精度を確認するためのしくみ。

***校正**
計測器を真の値に近づける作業。

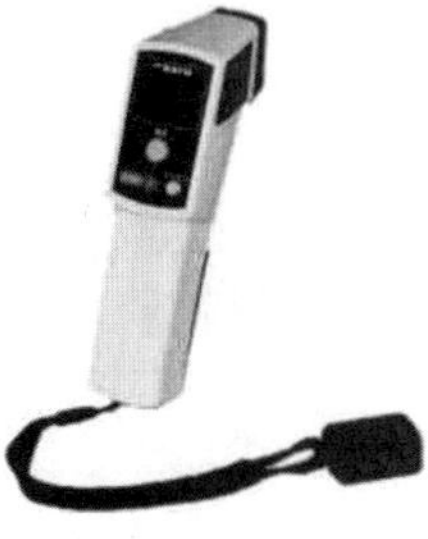

写真3　放射温度計

写真4　サーモカメラ

足ですね。
60平方メートルで3万円は5000円／平方メートル（1ヶ月）
120平方メートルで3万円は2500円／平方メートル（1ヶ月）
これを説明して「居間の暖房の温度を20℃に下げませんか」などとアドバイスしましょう。

●湿度の測定について

湿度についてまず言いたいことは「2年以上使用している湿度計の数字は信用しないほうがよい」ということです。

まず一般的な湿度計はほとんどが温湿度計ですが、温度の数値に問題なくても湿度の数値がおかしくなることが多いのです。

「雨の日でも湿度が25～40％しかない」とか、「冬場の乾燥期なのに湿度が65～80％もある」など。1000円前後の安価な商品では購入後2週間で湿度がおかしくなるものもあるそうです。

しかしながら、一番やっかいなのは微妙にずれている湿度数値です。そのときの状況から明らかにおかしい値なら気づくことができますが、7～10％程度ずれる湿度計は本当に困ります。最近はインフルエンザ対策などで室内環境の湿度は55％以上が良いなどの情報から、この微妙にずれた湿度計を見ながら加湿器を動かします。たとえ

写真5　温湿度記録器

写真6　温湿度計

窓が結露しようが55％以上になるまで加湿器を動かしつづける方は多いのです。

湿度のセンサは昔に比べ安価になりましたが、非常に狂いやすいものです。測定精度は安価な商品でプラマイ5～7％、通常研究で使用されるものでプラマイ3～5％、専門研究ではプラマイ3％以下の商品が使用されているようです。またセンサのほとんどは結露などで濡れるとすぐに故障してしまいます。湿度計は新品を使いましょう。新品であれば安価なものでも精度プラマイ2％の商品があります。（**写真5・6**）次に、湿度計および温湿度計の使い方を説明します。

◎露点温度の求め方

温湿度に関して多く質問される事項の一つは露点温度*です。最初のころは湿り空気線図で回答していましたが、今はインターネットで「露点温度計算」と検索しますと、温度、湿度を入力して計算できるページが出てきます。現在は卓上用の露点計も出てきました。（**写真7**）

◎氷点下での湿度について

北海道ではよくある質問です。「真冬に通常室内で使用している温湿度計で外の湿度を測定してよいか？」絶対に測定しないでください。

湿度精度のほとんどは0～50℃に対してプラマイ5％などと記入されています。氷点下では水分が凍るため精度保証ができないそうです。

◎湿り空気線図*について

「居間と寝室の温湿度差を説明して」同じ住宅内の同じ空気なのに湿度に差がある

***露点温度**
水蒸気を含む空気を冷却したとき、凝結が始まる温度。いわゆる結露する温度。

***湿り空気線図**
線図上に乾球・湿球温度・露点温度、絶対・相対温度、エンタルピーなどを記入し、その中から二つの値を求めることにより、湿り空気の状態がわかるようにした線図のこと。

写真7　卓上露点計

のを不思議に思われたそうです。湿り空気線図を用いて説明しましたが、一般のお客様には難しかったようです。

最後に温度計と湿度計は製造1年以内の新品を使用するのが確実です。

（菊地　洋）

19 家庭の省エネを考える

キーワード
住宅、省エネルギー、ライフスタイル

日本の温室効果ガスの排出量（２０１２年度）は13億４３００万トン（二酸化炭素換算）で、京都議定書の基準年（一部のガスを除いて１９９０年）を６・５％上回っています。なかでも、家庭部門は基準年に比べ30％以上増加しており、その削減が急務の課題となっています。ここでは家庭の省エネについて考えてみましょう。

● 家庭からの二酸化炭素排出量の実態

図１に示すとおり、世帯当たりの年間二酸化炭素総排出量（文献１）約５トンのうち、自動車からの排出量が23・４％、それ以外にゴミ、水道を除いた71・２％が住宅内のエネルギー消費を起源とする排出となっています。また、図１から、住宅内のエネルギー消費を起源とする排出量のうち用途別にみて最も大きな割合を占めているのは照明・家電製品などであり、次いで給湯や暖房であることがわかります。一方、冷房は総排出量に占める割合としては２・３％と非常に小さいことがわかります。

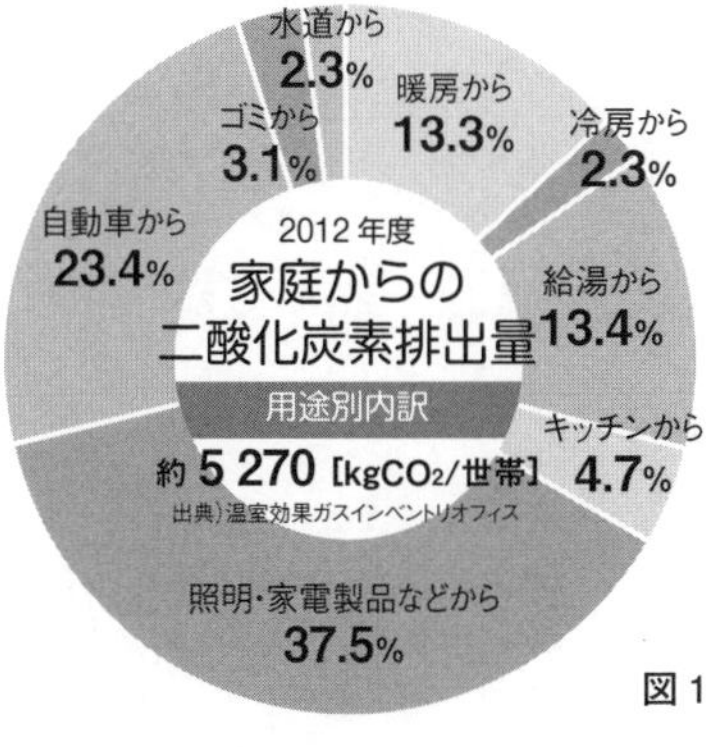

図１　家庭からの二酸化炭素排出量 1)

●東北地方における 住宅内エネルギー消費量の実態

２００７年における住宅の世帯当たりのエネルギー消費量が最も多いのは岩手県であり、次に北海道と青森県が同程度で続き、次いで山形県、新潟県、秋田県の順に多くなっています。（文献２）。県ごとに削減目標が設定されていますが、十分な対策効果が得られているとは言えません。特に東北地方では気候の厳しい北海道と同程度のエネルギーを消費していることからもわかるように、温室効果ガス排出量削減への取組みが大変遅れているようです。

図２は、日本建築学会学術委員会「住宅内のエネルギー消費に関する調査研究委員会」の活動の一環として、２００２年11月から２年半にわたり実測した東北地方（宮城、秋田、岩手、福島）に立地する住宅13軒の年積算エネルギー消費量（戸建01、09、集合04を除き、２００３年12月～２００４年11月のデータを使用）を用途別に示したものです。各熱源の消費量は、電力３・６メガジュール／キロワット時（２次換算）、灯油36・７メガジュール／リットル、都市ガス45・９メガジュール／立方メートルとしてエネルギー換算しています。対象住宅は、集合01を除いて次世代省エネルギー基準を満たしており、いずれも２～５人の家族世帯です。戸建01、02、09を除き、東北地方の一般住宅の値（文献３）と比べ同程度かそれ以下のエネルギー消費量となっています。13軒を平均した用途別消費割合は、空調38・３％、給湯36・６％、厨房５・２％、

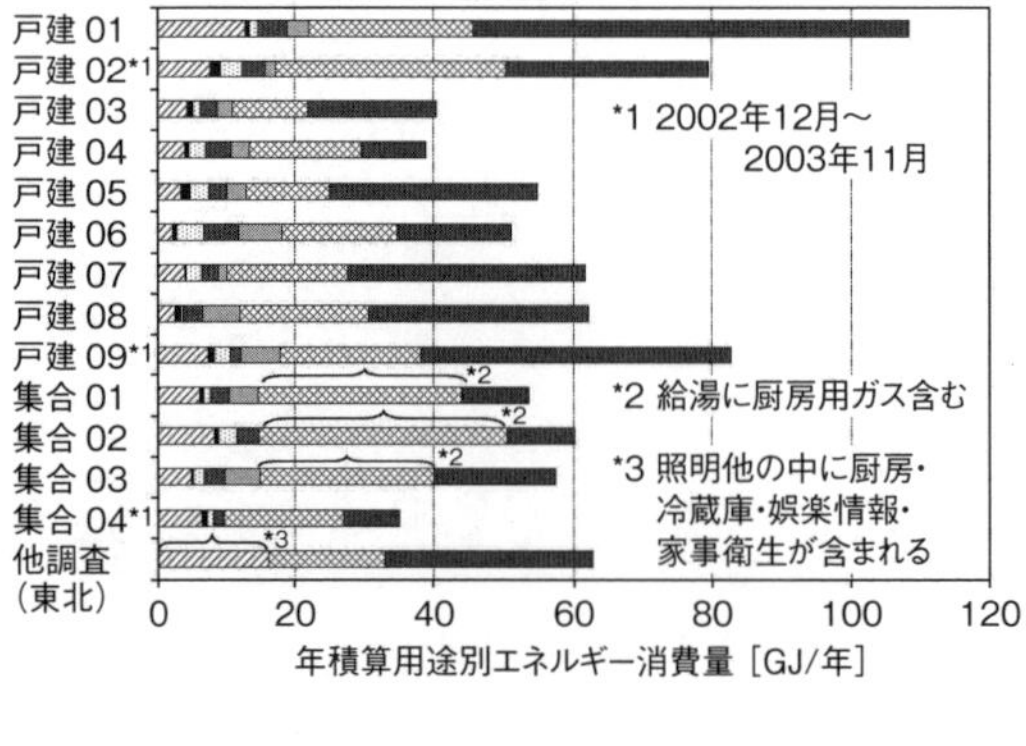

図２　東北地方の対象住宅13軒および他調査3)の年積算用途別エネルギー消費量

冷蔵庫5・3％、娯楽情報（テレビ、パソコンなど）3・5％、家事衛生（洗濯機、アイロン、温水便座など）1・4％、照明ほか9・7％です。この割合は暖房方式や設備の違いによって住宅ごとに幅があり、例えば全室を暖房している戸建01、02、05、06、07、08、09の7軒のうち、空調よりも給湯の占める割合の方が大きい戸建02、06を除く5軒では空調が年積算エネルギー消費量に占める割合が50％以上にもなります。東北地方の住宅では空調と給湯で年積算エネルギー消費量の64～83％と大きな割合を占めているのが特徴であり、こうした実態を踏まえた省エネルギー対策を講じていくことが重要です。

●家庭における省エネルギーライフスタイルとエネルギー消費量の関係

前述の13軒の住宅では、2004年の中間季、夏季、冬季のある一週間について、例えば「エアコンのフィルターをこまめに掃除する」「冷蔵庫の設定温度を季節によって調節する」「テレビの使用時間を短くする」といったさまざまな省エネルギーライフスタイルメニューを提示し、可能な範囲で取り組んでもらう実験を実施しました。その結果、省エネルギーライフスタイルの実践により、1日の二酸化炭素排出量が最大で中間季1・2キログラム／日、夏季2・2キログラム／日、冬季8・7キログラム／日削減に結びついている住宅が見られました。

図3は、2007年冬に実施した学生単独世帯を対象としたアンケート調査結果の一部で、機器別に示した約30の省エネルギー行動メニューに関して、現在どの程度実行しているかを「1：していない」「2：あまりしていない」「3：どちらとも言えない」「4：時々している」「5：している」の5段階で答えてもらい、全省エネルギー行動の実行度の平均と年積算エネルギー消費量との関係についてプロットしたものです。この図から、省エネルギー行動の実行度が上がると年積算エネルギー消費量が減少する傾向が見られるものの、省エネルギー行動の実行度が同じでも年積算エネルギー消費量が多い住宅もあれば、少ない住宅もあり、消費量にばらつきが大きいことがわかります。

それでは、年間を通じて省エネルギーライフスタイルを実践した場合、どれくらいの省エネルギー効果につながるのでしょうか。**図4**は、筆者らが行った社会人単独世帯3軒における実測結果で、（a）現状のままのライフスタイルの場合と（b）省エネルギーライフスタイルを実践した場合における年積算エネルギー消費量と二酸化炭素排出量を比較したものです。（b）は春季、夏季、秋季、冬季に実施した1週間の省エネルギーライフスタイル実験結果を基に、年間を通じて実践された場合を仮定して省エネルギー効果および省CO_2効果を試算した結果です。省エネルギーライフスタイルの実践によって、いずれの世帯においてもエネルギー消費量は削減されており、最も削減量の大きいA02では、二酸化炭素排出量は年間で0・4トンの削減につながっています。A02で具体的に実行されたメニューは、「電子レンジや炊飯器はスイッチ

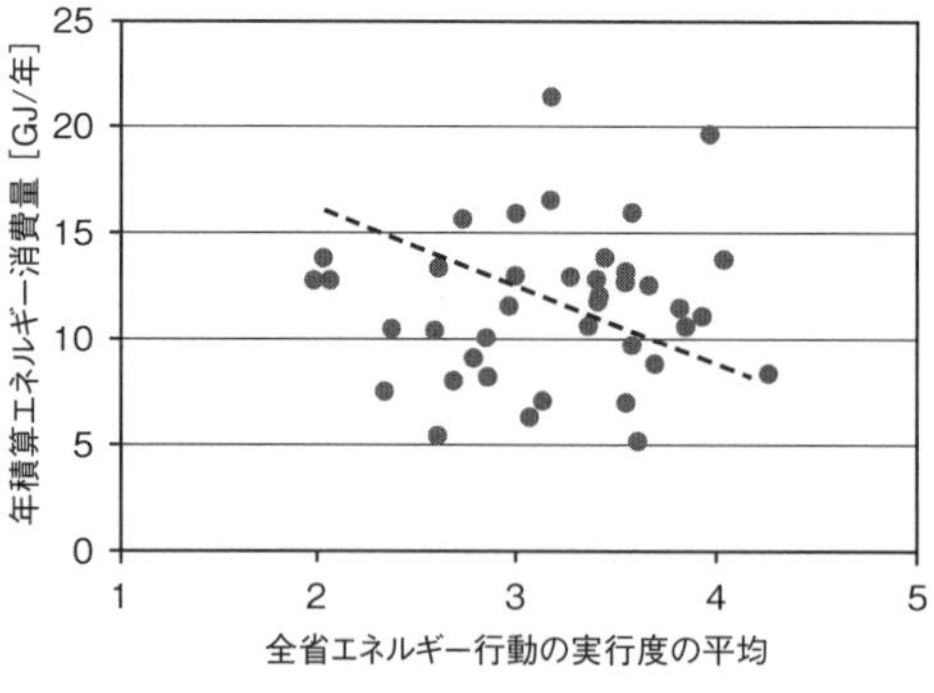

図3　省エネルギー行動の実行度と年積算エネルギー消費量との関係

付でオンオフが簡単にできる電源タップを取り付けてこまめに待機電力をカットする」「冷蔵庫の壁との間隔を5～10センチ開ける」「エアコンや冷蔵庫、湯の設定温度を控え目にする」「暖房便座の保温を夏季や中間季はオフにし、冬季には最も低い温度で使用する」などです。居住者からのヒアリングによると、ほとんどの省エネライフスタイルは習慣になると苦にならずに実践できるということでした。

家族世帯と単独世帯ではライフスタイルが大きく異なることは想像に難くないと思いますが、これまでの調査から省エネルギーライフスタイルへの取組み内容にも異なる傾向が見られることがわかっています。また、家族の協力が必要な家族世帯に比べると、単独世帯のほうが省エネルギーに配慮した住まい方への変更が容易であるようです。今後は、家族類型に応じた省エネルギー方策を提案していき、できるだけ多くの家庭で実践してもらうことが長期的な省エネルギーの実現に向けて必要ではないでしょうか。

（源城かほり）

《参考文献》
（1）全国地球温暖化防止活動推進センターＨＰ
（2）住環境計画研究所『家庭用エネルギー統計年報２００７年版』住環境計画研究所、２００９
（3）住環境計画研究所『１９９９家庭用エネルギーハンドブック』省エネルギーセンター、１９９９

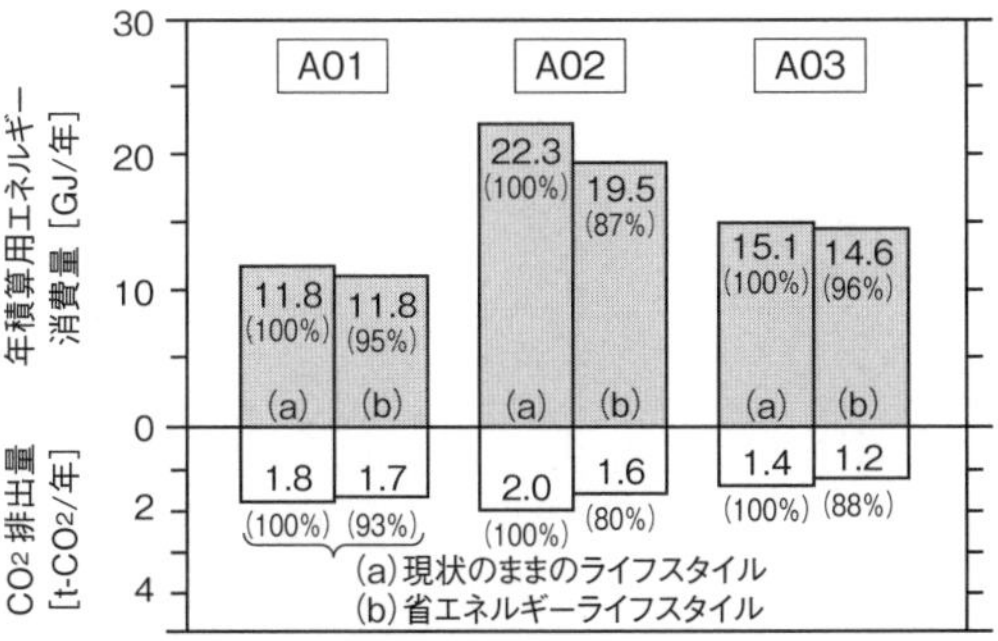

図 4　現状及び省エネルギーライフスタイルを実践した場合の年積算エネルギー消費量と二酸化炭素排出量

ⓔ

20 地球環境から見たライフスタイルのかたち

キーワード
地球環境、フォアキャスティング、バックキャスティング、ライフスタイル

●今何が問題なのか

地球環境問題が喫緊の課題であり、私たちの暮らしのあらゆるところでこの問題を考える必要のあることには、多くの方が賛同してくださるはずです。もちろん企業も努力していますし、世の中はエコ商品で溢れかえっています。あらゆるものがエコになり、エコ商品の中での淘汰さえはじまっています。エアコンはこの10年で40％以上、冷蔵庫にいたっては70％も省エネ化が進みました。車もハイブリッドカーをはじめとして軽自動車までエコを売りとしています。一方、生活者はどうでしょう。我々の調査でも約90％の人が環境に意識を持ち、そのうちの70％は何らかの行動を起さねばならないと感じています。あらゆるものがエコに、生活者の意識もエコに…では、環境の劣化は収まる方向に進んでいるのでしょうか？　残念ながら、家庭部門のエネルギー消費は１９９０年比１３０％、１９９７年の京都議定書が締結されて以降も消費の拡大は進んでいるのです。

あらゆるものがエコに、人の心もエコに、しかしながら環境劣化が進む・・・なぜなのか？

これこそが今問われているのです。この問いに答えられるテクノロジーやライフスタイルはどのような「かたち」をしているのか、今それに答えなければならないのです。

●地球環境問題とは何か

そもそも地球環境問題とは何でしょうか？　地球温暖化が環境問題なのでしょうか？　社会科学的な側面を除けば、今、我々は七つのリスクを背負っているといえます。それは、①エネルギーの枯渇、②資源の枯渇、③生物多様性の劣化、④水の分配、⑤食料の分配、⑥急速な人口の増加、⑦地球温暖化に代表される気候変動です。そして、何も対策を講じなければ、２０３０年ごろにこれらのリスクは限界を超え、文明崩壊の引き金を引きかねません。さらに知っておいていただきたいのは、この七つのうち、どのリスクも限界を超えかねないことです。では、これら七つが地球環境問題なのでしょうか？　確かにどれも重要な問題ですが、この七つをリスクにした原因は何でしょうか？　それこそが地球環境問題であり、それは、人間活動の肥大化にほかならないのです。より快適性、利便性を求めるライフスタイルとそれをあおるテクノロジーがこの問題を起こしたのです。ではこの問題への解は何でしょうか？　それは、我慢をすることなく、心豊かに生きるという暮らし方の本質を担保しながら、人間活動の肥大化を停止・縮小できるライフスタイルを創り出せるかどうかに掛かっているのです。

●ライフスタイルは変えられるか

では、我々は今のライフスタイルをどのように変えることができるのでしょうか？　そもそも現在のエコテクノロジーが、普及することでライフスタイルを変えることができるのでしょうか？　予備調査で生活に深くかかわっていると考えられる日用品など38品目を選び出し、捨てられない利便性に関する調査を行いました（**図1**）。縦軸は各々の商材が地球に与える環境負荷です。横軸が捨てられない利便性であり、右に行くほど毎日の生活の中で必需品であると感じているものとなります。どのような商材がどこに分布するかの説明はここでは省きますが、環境制約が厳しくなり、淘汰がはじまるとすれば、図の左上から右下にかけてその淘汰は進むことになります。

本題に戻りましょう。今後厳しくなる環境制約とは、すでに述べた七つのリスクに起因するエネルギーや資源価格の上昇や税金の問題などですが、少なくとも産業構造の変化に伴う賃金の低下も避けられない一つです。では、もし賃金が半減したら、ライフスタイルはどのように変わるのでしょうか？　**図2**を見てください。さすがに収入が半減すれば、各商材の利用頻度は低下するが、利便性が低いと考えら

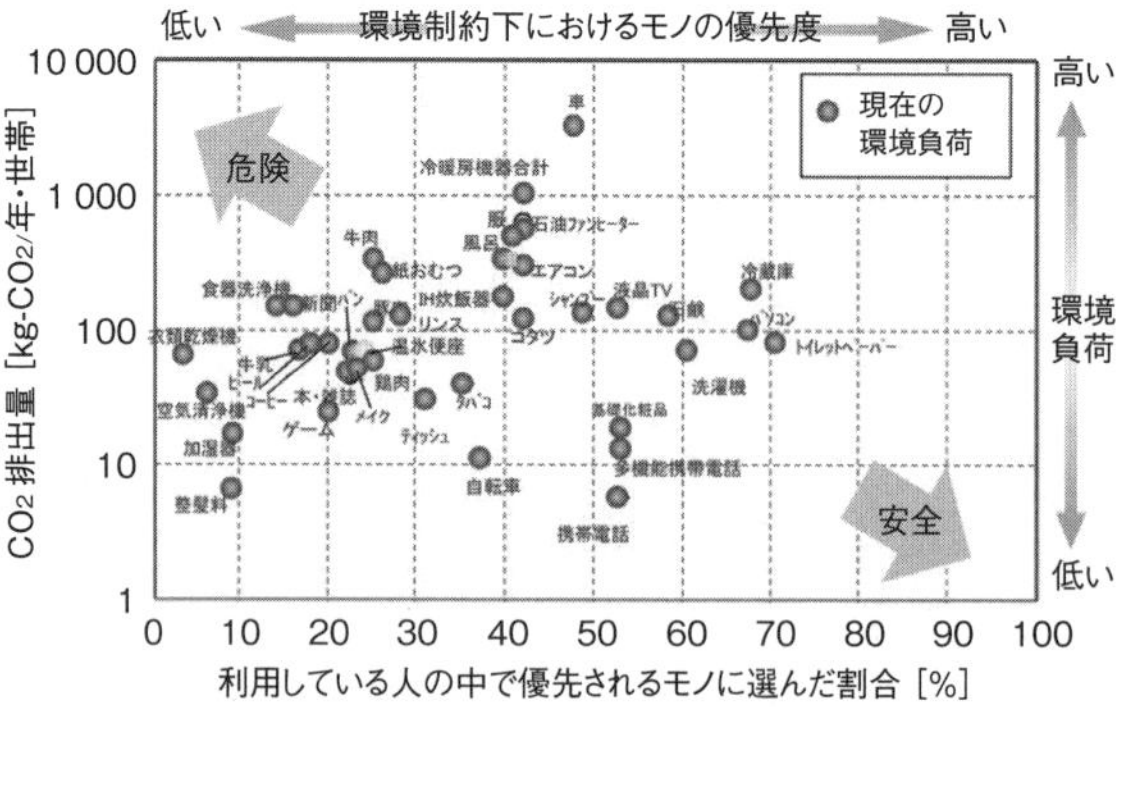

図1　ライフスタイルハザードマップ（800人のデータ）

れる商材であっても、極端な頻度の低下はないのです。これは、賃金が半減しても、ライフスタイルは基本的には変化しないことを示しています。人は現時点を基準にして将来を考える（フォアキャスティング）のでは、ライフスタイルの大きな変化は望めず、結果として環境負荷の劣化を止めることは極めて困難なのです。どうやらここに、あらゆる商材がエコ化しているにもかかわらず、環境劣化が進む原因がありそうなのです。そして、この視点で、環境劣化を停止するためには、我慢や忍耐が必要とされ、心豊かに…という概念からは、どんどん乖離してしまうのです。

●新しいライフスタイルをつくる

視点を変えてみましょう。人は生活価値の不可逆性という、一度得た快適性や利便性を放棄できない欲の構造を持ちます。放棄しようとすれば心が痛み、悲しくなるのです。10年前には携帯電話を持っていなかった、それなら、環境負荷の大きい電話を持つことは明日からやめにしよう…とはならないのです。この欲の構造を肯定したうえでライフスタイルを考えてみましょう。視点は、2030年から現在を見る、バックキャスティングです。エネルギー、資源、気候変動、生物多様性などの2030年の環境制約の中で、人の欲を肯定するとどんなライフスタイルが見えてくるのでしょうか？（**図3**）

「物」はなるべく持たないようになる…知識や教養が新しい価値をつくる…た

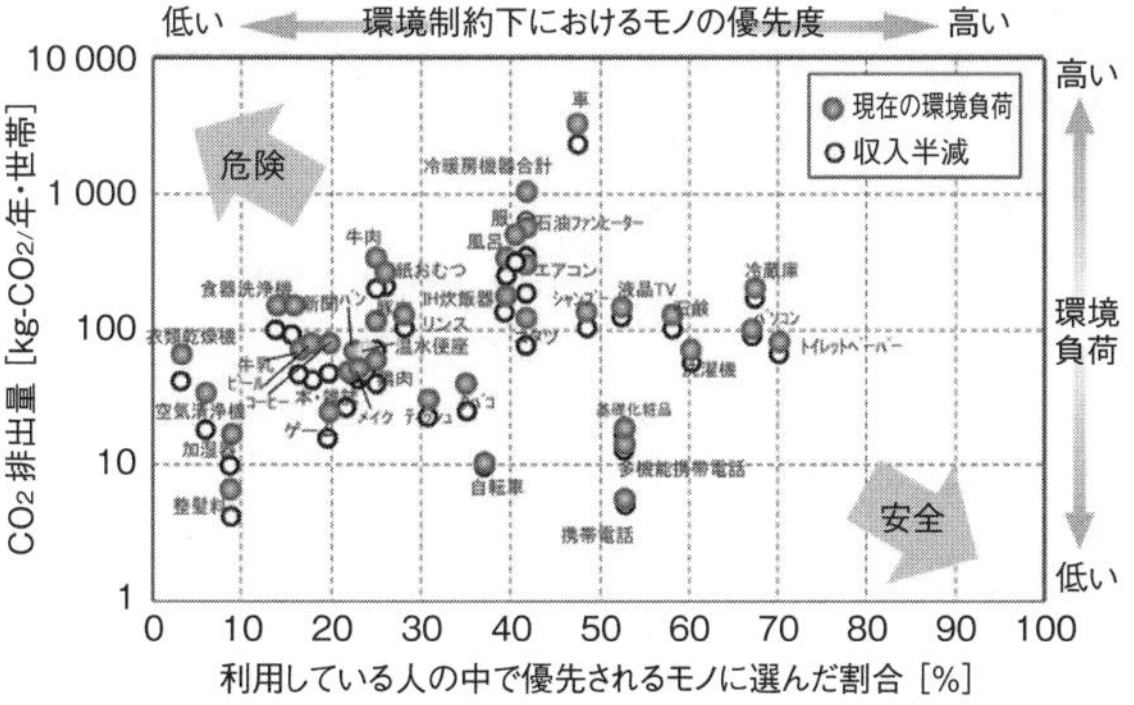

図2　収入が半減してもライフスタイルの構造は変わらない

まには思い切って贅沢をする…100に近いライフスタイルが見えはじめていますが、例えば、「地元での暮らしを大切にする」「家でつくれるものは家でつくるようになる」というライフスタイルからは「つくる家をつくる」というビジネスシステムが提案されています。家は劣化するものではなく、完成した家を自分の手で熟成させるという概念です。子供の成長に合わせて、自分の手で壁をつくり住まい方をつくっていく、無論、そんな技を教えるサービスも必要ですし、地域とのコミュニケーションの中で住まい方をつくってもよいでしょう。そんなアイデアが山のようにそこには散らばっているのです。そんなライフスタイルを構成するテクノロジーを改めてみてみると、そこには現在のテクノロジーの延長とは全く異なる姿がみえてきます。すでに、土を使った無電源エアコンやビルの外壁やキッチンシンクに使われるカタツムリの殻の構造を活用した汚れの付きにくい表面構造は市場に投入され、泡を使った水のいらないお風呂やトンボの羽の構造を取り入れた

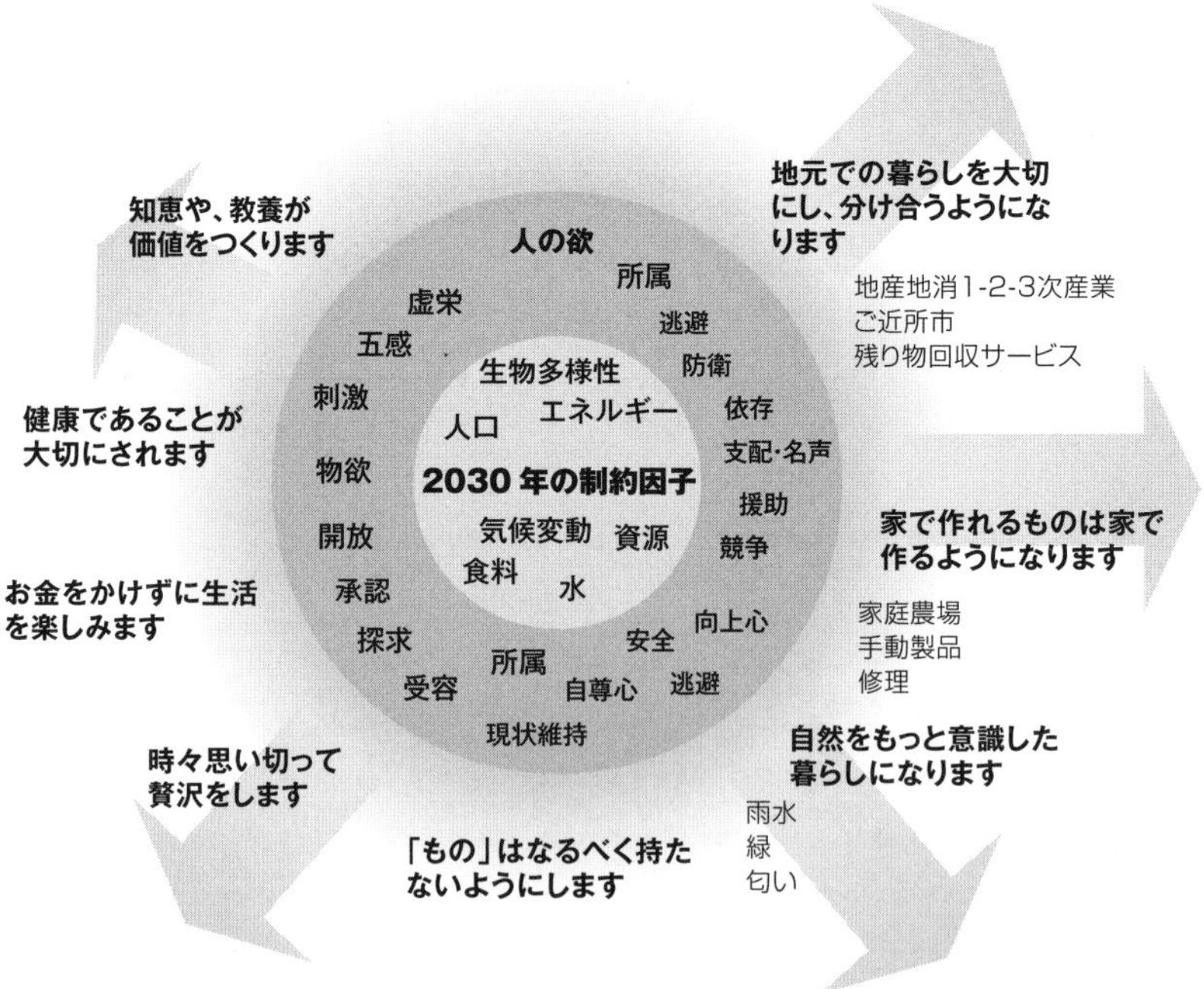

図3　バックキャスティングでライフスタイルを考える

そよ風でも回わる風力発電機なども具体的な形が見えはじめました。それは、心豊かな暮らしを考えることによって見つけ出された新しいテクノロジーのかたちなのです。

環境制約は避けられません。しかし、それに正対してみますと、実は私たちのすぐ横にフォアキャスティングの視点では見えなかった宝の山が眠っているのです。確かにそこにはちょっとした不便や手間があるかもしれません。でも、それこそが人にとって最も重要な達成感や充実感を感じることも忘れてはならないと思います。

（石田秀輝）

《参考文献》

（1）石田秀輝『自然に学ぶ粋なテクノロジー――なぜカタツムリの殻は汚れないのか』化学同人、2009

21 地域にふさわしい自然エネルギーの利用を考える
—パッシブ暖冷房デザインマップ

キーワード
環境設計、拡張アメダス気象データ、自然エネルギー利用、建築気候図、クラスター分析

● はじめに

最近、大学で使う建築環境工学の教科書に、建築気候区分の例として省エネ基準の地域区分図が掲載されることが多くなりました。省エネ基準の地域区分図は、全国842地点の15年分の時別気温を処理して、標準暖房日数を計算した結果に基づいて規定されたものです。これは、筆者も開発に参画した「拡張アメダス気象データ」が環境設計用の資料や指針の作成に活用された好例です。このデータを用いて、住宅におけるパッシブ暖冷房*デザインのための気候区分図を作成しました（文献1）ので紹介します。

*パッシブ暖冷房
自然エネルギーを利用した暖冷房。

●地域に応じた自然エネルギーの指標による把握

自然エネルギーポテンシャル指標

表1に示すとおり、暖房用に一つ（パッシブ暖房ポテンシャルPSP）、冷房（涼房）用に五つ（通風ポテンシャルVCP、夜間冷気ポテンシャルNCP、蒸発冷却ポテンシャルECP、放射冷却ポテンシャルRCP、地中冷熱ポテンシャルGCP）の指標を用いることにしました。分析の結果、暖房用については、日射熱取得しか有用性が評価できなかったのは残念ですが、ほかに地中温熱の利用なども考えられます。

六つの指標の値は、拡張アメダス気象データ842地点の時別値を過去20年分統計処理して得ました。計算方法の詳細については、文献1を参照してください。

自然エネルギー利用手法の必要度指標

その土地の気候特性からある種の自然エネルギーが使える可能性が高くても、使う必要度が低ければ、活用の意義が薄れます。そこで、土地々々の気温と湿度の時別値（過去20年分）を、**図1**に示すギヴォニ博士の提案による気候図にプロットし、図中の1～17の各ゾーンに収まる割合を計算することにより、表1に示すSRなどの必要度指標を842地点について求めました。図1に示したのは、秋田市の計算例です。

最終指標（パッシブデザイン指標）

（1）と（2）で示した指標を掛け合わせて求めました。例えば、日射熱取得パッシブデザイン指標SDIは、パッシブ暖房ポテンシャル指標PSPと暖房必要度指標

表1　自然エネルギー利用に関する各種指標の概要

適用手法	自然エネルギーのポテンシャル指標	利用手法の必要度指標（図1のゾーン）	パッシブデザイン指標
日射熱取得	PSP [Wh/m^2/K·d]	SR [－, %] (1-5)	SDI = Z(PSP·SR)
通風促進	VCP [K·h]	VR [－, %] (9-11)	VDI = Z(VCP·VR)
夜間冷気取得	NCP [K·h]	CR [－, %] (9-17)	NDI = Z(NCP·CR)
蒸発冷却促進	ECP [Wh/m^2]	ER [－, %] (11, 13, 14, 6B)	EDI = Z(ECP·ER)
放射冷却促進	RCP [Wh/m^2]	RR [－, %] (10-13)	RDI = Z(RCP·RR)
地中冷熱取得	GCP [K·d]	CR [－, %] (9-17)	GDI = Z(GCP·CR)

Z(x)：変数xのZ得点をとることを表す(正規化関数)

SRの積となります。このほかに五つのパッシブデザイン指標を同様に計算しました。これらの指標の単位はまちまちで、お互いに比べにくいので、Z値変換という統計手法で無次元化（正規化）*しました。

●地域に応じた自然エネルギーの地域区分と区分図（マップ）の提案

地域特性のグループ化

上述の手順を踏まえると1地点について、六つの指標値が得られます。このデータセットが全国842地点について計算済みですので、今度はこれを指標値の総合的な特性が似通ったグループに分類しました。ここでは、統計データの分類の目的でよく使われる、クラスター分析の手法を用いることにしました。

分類結果の解釈と図化表現

分析の結果、**図2**に示すとおり、A～Gの七つのグループに分類されました。分類の根拠を考察し、自然エネルギー手法を適用する際の留意点をグループごとにコメントしました。

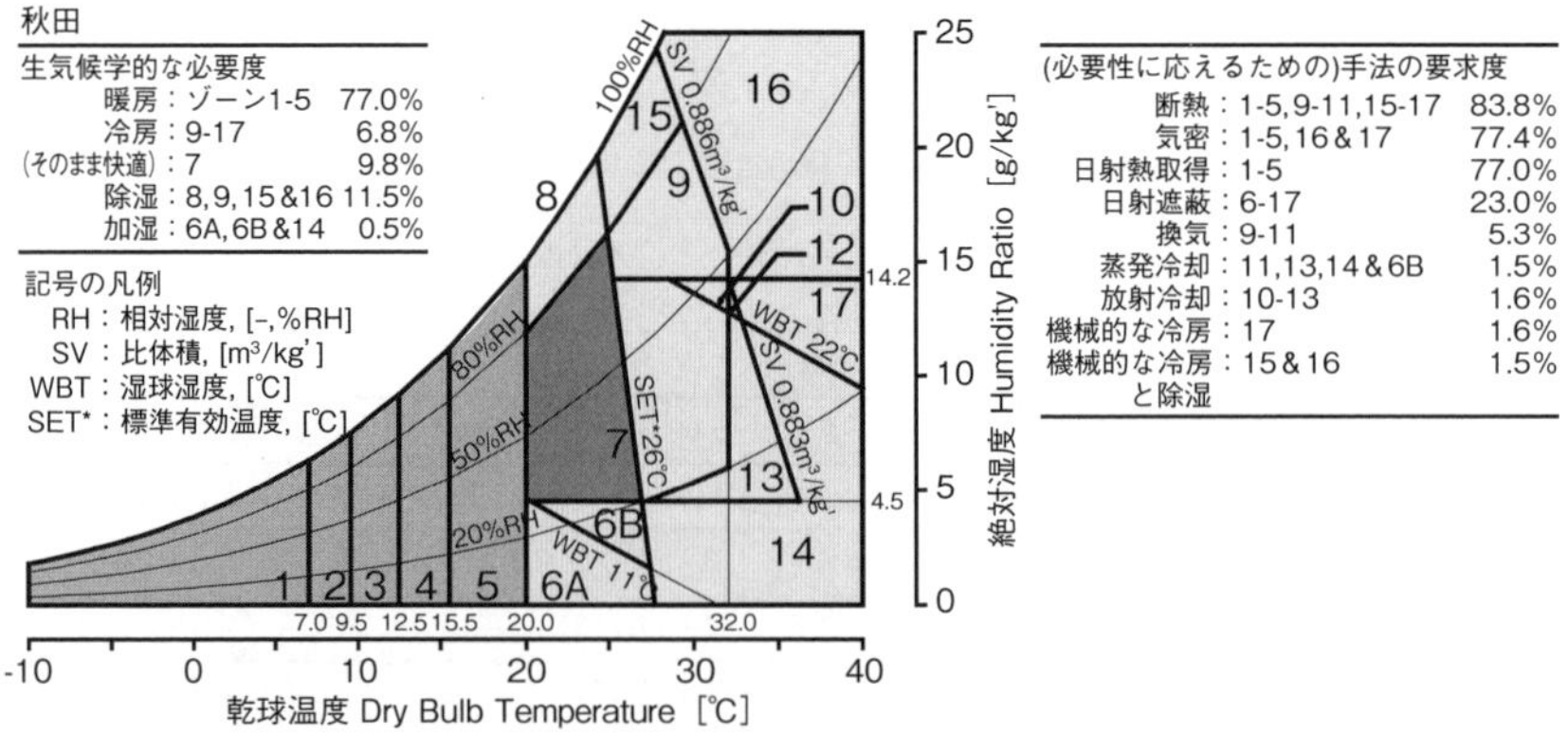

図1 ギヴォニの生気候図を利用した各種必要度指標に関する分析（秋田の例）

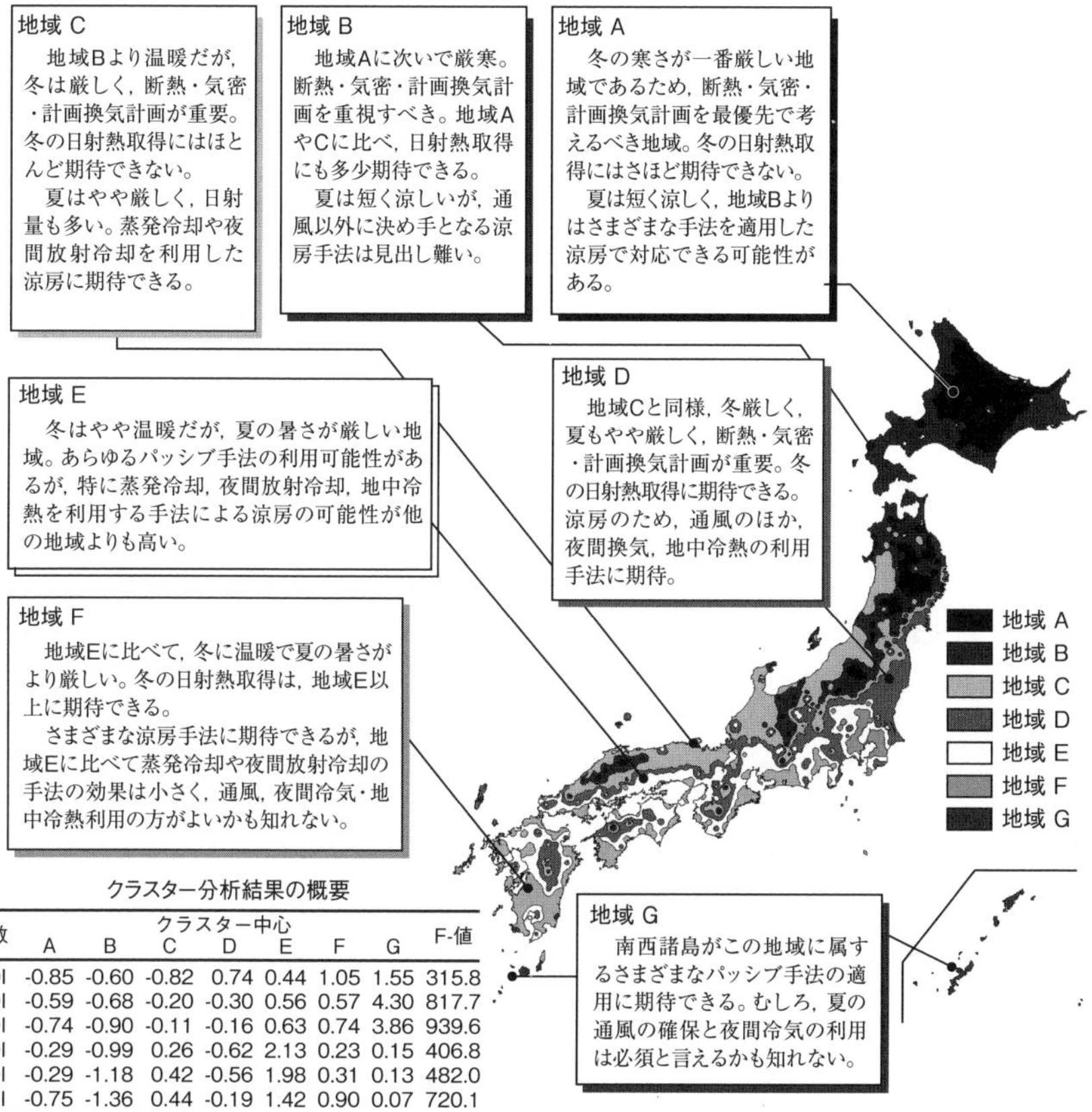

クラスター分析結果の概要

変数	A	B	C	D	E	F	G	F-値
	クラスター中心							
SDI	-0.85	-0.60	-0.82	0.74	0.44	1.05	1.55	315.8
VDI	-0.59	-0.68	-0.20	-0.30	0.56	0.57	4.30	817.7
NDI	-0.74	-0.90	-0.11	-0.16	0.63	0.74	3.86	939.6
EDI	-0.29	-0.99	0.26	-0.62	2.13	0.23	0.15	406.8
RDI	-0.29	-1.18	0.42	-0.56	1.98	0.31	0.13	482.0
GDI	-0.75	-1.36	0.44	-0.19	1.42	0.90	0.07	720.1
アメダス地点数	145	153	150	119	88	160	27	総計 842

図 2　パッシブ暖冷房デザインマップの提案（試作版）

＊無次元化（正規化）
さまざまな教科のテストの点数を偏差値で表すのと同等の方法。

●おわりに

土地々々の気候特性をデジタルに区分するというのは、そもそも連続的に変化することの多いものに境界線を入れることにほかなりません。このような区分が妥当かどうかについては必ず疑問があることでしょう。筆者の経験を踏まえると、特異点の処理に問題が残っているものの、図2はまずまずの結果と考えられますが、いかがでしょう。

（松本真一）

《参考文献》

（1）松本真一・佐渡谷有希・長谷川兼一・源城かほり「環境設計のための自然エネルギー利用マップの提案（その1）自然エネルギーポテンシャルと省エネルギー効果のマップ表示、（その2）自然エネルギーポテンシャルと冷暖房必要度の分析に基づく建築気候区分の試み」『日本建築学会東北支部研究報告集計画系』第71号、57〜66頁、２００８

22 冬対応と夏対応の両方を考えよう

キーワード

アトリエ、外張断熱、グリーンパーゴラ、透明床

冬寒く夏蒸し暑い日本のほとんどの地域では、冬対応と夏対応の両方が必要です。しかし冬は寒いが夏は比較的涼しい地域においては、断熱・気密化の必要性が広く認められつつある一方、夏対応は忘れがちとの指摘もあります。確かに脳血管疾患、心疾患、肺炎などの死亡率が冬に顕著に高くなるなど、冬の寒さが健康に及ぼす影響は、夏の暑さより重大であり、冬対応を第一に考えるのが基本です。しかし、年間を通じて豊かな住生活を実現するためには、夏対応にも目を向ける必要があります。

夏への対応では、暑さの侵入を防ぐことが重要となります。夏の暑さの第一の要因は、窓からの日射です。冷房時には、この暑さの侵入に対応するための冷房エネルギーが必要となります。暖房時の寒さの侵入防止と同じように暑さの侵入を抑えること、すなわち日射遮蔽が安定した冷房環境をつくる基本条件となります。冷房しない場合にも、日射遮蔽は重要です。窓を開けて風を室内に通す場合には、日射を室内に入れないだけではなく、窓前はもちろん庭全体にわたって、植栽や池などによってより快適な外気をつくることが望まれます。京都などにみられる町屋では、冷えた地面で作られ樹木の十分な日よけに守られた冷気が中庭に発生し、風の揺らぎに伴って、室内

に流れ込んで、静かな涼しさをもたらしています。この静かな涼しさは、中庭への打ち水により促進されます。

暑さの侵入防止には、屋根の断熱が重要です。茅葺の民家が涼しい理由の一つは、この屋根の断熱性の高さにあります。屋根の断熱は、冬にも夏にも効果的です。そして、室内で発生する暑さを抜くための上方開放も効果的です。

夏と冬への対応の手法を**表1**にまとめ、それぞれ**図1**、**図2**に図示しました。現代の住宅では、地盤面からの湿気を防止するための床下の防湿フィルムが開発され、壁や屋根の断熱防湿技術や材料の改善などにより、夏の湿気対策のために気密化や断熱化を断念する必要はなくなりました。さらに、太陽光発電をはじめとするさまざまな新しい技術の導入も可能です。

仙台市郊外の住宅に付設したアトリエの事例では、冬対応と夏対応の手法が多く取り入れられています。冬対応の基本として断熱気密性能を十分に高めています。軸組構法の躯体に構造用合板*を全面張りし、各種の気密材を用い、発煙試験で完全な気密化を図っています。構造用合板の外気側に断熱材を施した外張断熱です。北側には熱気排出窓、南側には大きな集熱ガラス面があります。室内は、外張断熱にすることで得られた柱間を収納に利用しています。南側にはグリーンパーゴラ*を設け、室内は緑の光が広がっています。（**写真1～4**）

冬季を中心に、煙突によるパッシブ換気が行われています（**図3**）。暖房は、低温水の窓下パネルラジエターが床下の高さに設置されています。大きなガラス面は三重

***構造用合板**
合板のうち、構造耐力上主要な部分に用いる目的で作られたもの。

***パーゴラ**
住宅の軒先や庭に設ける、つる性の植物を絡ませる木材などで組んだ棚。

表1　夏と冬への対応の基本的手法

建物外皮	高断熱・高気密
給　湯	太陽熱集パネルと貯湯タンク
電　力	太陽光発電

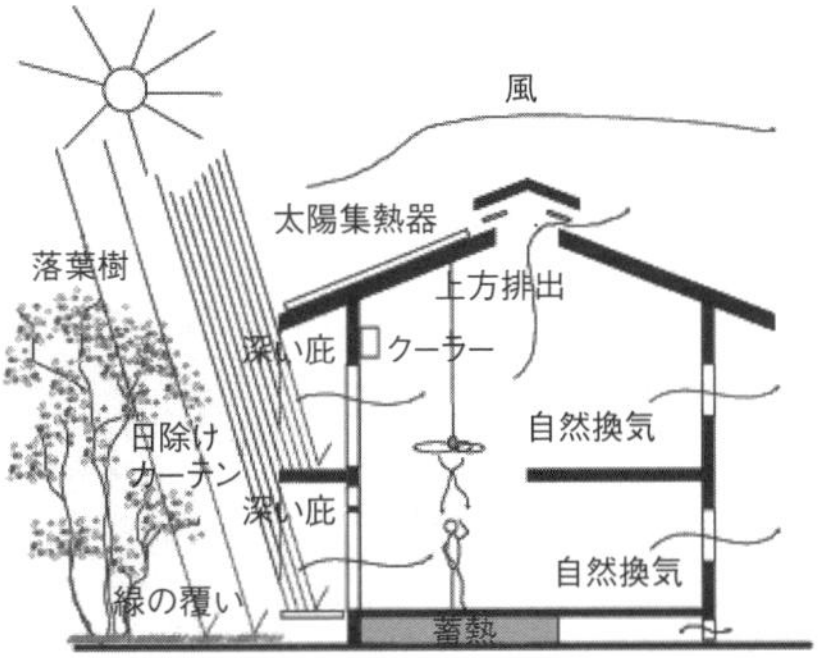

屋　根：高断熱、高反射率表面・緑化、小屋裏換気・通気
外　壁：高断熱、高反射率表面・緑化、通気層
床　　：基礎断熱と土間床（蓄冷）
開　口：日除け（庇、植栽、簾等）、通風経路、上方排出
冷房機：高効率機器
周　囲：植栽、水面、透水性タイル等

図1　夏への対応の典型的手法

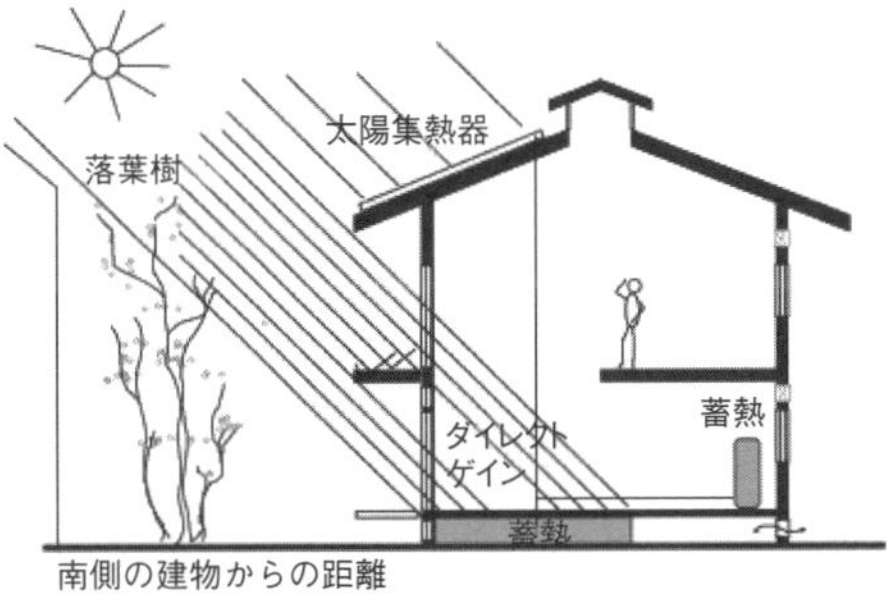

床　　：基礎断熱と土間床（蓄熱）
開　口：高断熱（多層ガラス等）、ダイレクトゲイン（南面開口）
換　気：熱回収、ハイブリット換気等
排　水：排水熱回収、暖房機：高効率機器
その他：ライトシェルフ等昼光照明利用

図2　冬への対応の典型的手法

写真1　北側外観概要

写真2　南面開口部

写真3　透明床と室内空間

写真4　グリーンパーゴラ

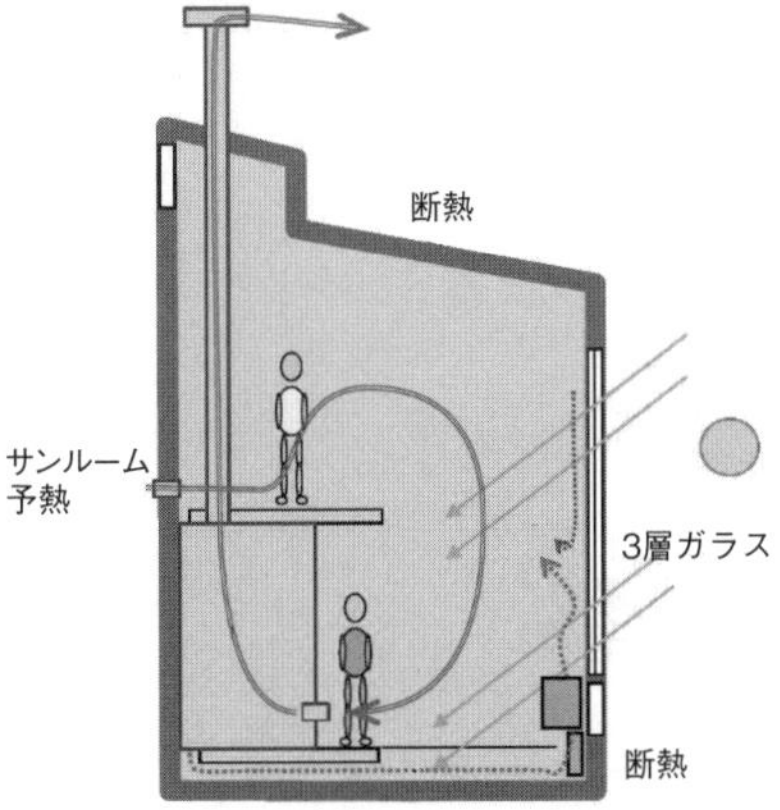

図3　アトリエの冬対応

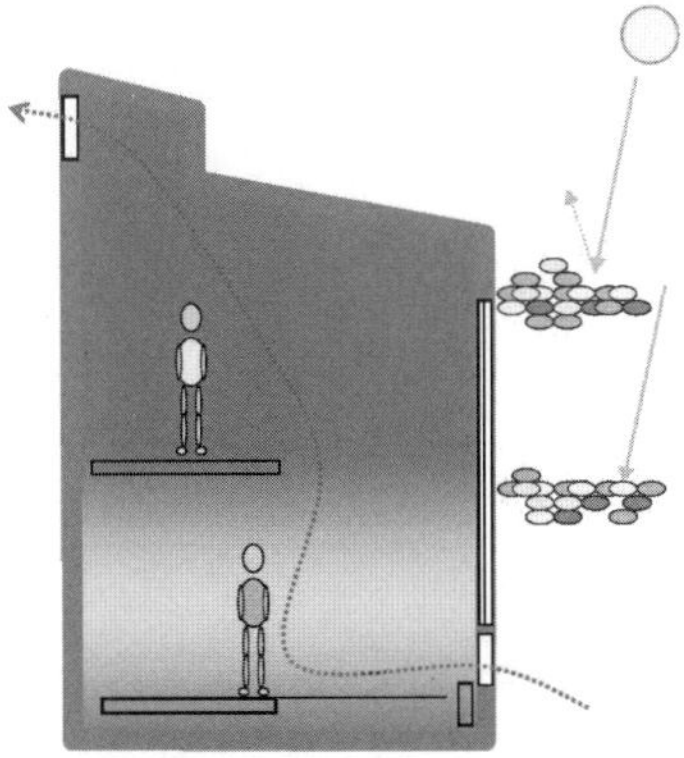

図4　アトリエの夏対応

で、外側に断熱戸が設置されて、自動開閉されています。日中には、大きな太陽熱が窓から得られますが、日中のオーバーヒートを防ぎながら太陽エネルギーを利用するために、床をガラスにして土間コンクリートに蓄熱させています。

夏対応の基本として、屋根をはじめとした外皮の断熱、完全な日除け、排熱の工夫が行われています。**図4**に示すように、南面のガラスには、バラとキュウイの日射遮蔽を設け、庭全体を中高木の日陰が覆っています。それに加えて水面を設けるなどしてできた冷気を、南側下部の開口から室内に取り入れています。そして、北向きの上方開口から排気しています。酷暑の時期には、外気温度が低下する夕方から夜間に、庭の空気がよく入ります。そして、この時間、1階部分を快適にしてくれます。2階は1階よりは暑くなりますが、床下の冷気をダクトとファンで2階に送ることで、仙台の気象条件において冷房機を設置しないで過ごすことができています。

このアトリエが付設された母屋も、同様の手法を用いた改修が行われています。築25年となった木造住宅でしたが、外壁、屋根の断熱強化、基礎断熱化、開口部（プラスチックサッシ3層Ｌｏ-Ｅガラス）、上方排熱開口の設置などを行っています。南側の日射遮蔽や緑の庭は、アトリエと同じ状況です。将来、排水や排気からの熱回収を加えると、最終的には、熱損失係数（Q値）が1・0未満となり、暖房エネルギー消費が非常に小さくなると考えられます。冬の寒さ、夏の暑さへの不安や経済的負担を小さくしておくことは、豊かな生活を持続させる大きな安心につながっています。

建物の断熱性能の向上は、東日本大震災においても大きな効果を示しました。地震後の停電時には、暖房機の運転ができなくなりました。多くの住宅では外気温度の低下とともに、室内の寒さが被災生活をより厳しくしました。一方、断熱化住宅においては、室温がある程度維持されていました。この住宅でも、暖房器の運転ができなかった4日間、一時は外気がマイナス5℃になりましたが、室内空間は12℃以上を推移しました。

室内にあるレベルの室温が維持されていることは、人間の生活の基本的条件で、ほかの先進国では、冬に室内に寒さがあること自体が想定外です。筆者が日本の住宅の室内温度を国際エネルギー機構の会議で紹介したところ、ヨーロッパの研究者から、「寝室が12℃以下なので住めないだろう」とコメントされました。冬対応を常識とし、夏対応を建築的な工夫によって魅力的に実現することが、これからの課題ではないでしょうか。

（林　基哉）

23 遮熱と断熱はどこが違う？

キーワード
暖房、伝統構法、自然エネルギー、放射

●遮熱技術の進展

ここ10年ほど、遮熱建材や遮熱塗料、また遮熱工法が相次いで開発され、市場に投入されています。これらは夏場の日射対策、すなわち冷房負荷の低減を目的としているものが多く、もともと断熱にあまり関心がない、蒸し暑い地域向けに開発されたもの、というイメージがありました。日本建築学会大会データベースを利用して「遮熱」というキーワードで検索してみると、２０００年以降で２５４件ほどの大会論文がヒットしました（２０１４年調査）。内訳は、外壁の遮熱を扱ったものが25件、屋根・天井のみを扱ったものが46件、窓などの開口部を扱ったものが76件、遮熱塗料などの材料特性を扱ったものが49件です。また冷房負荷削減などの全体としての効果を扱ったものが58件ありました。このうち、九州地域の研究者・技術者による研究報告は１０３件（全体の約41％）を占めますが、特に２００５年以降は、九州地域以外の論文が増え、必ずしも蒸し暑い地域のみのホットな話題ではないことがわかります。**図１**は遮熱に関する研究報告件数を年別に示したものです。１９５９年ルーバーによる遮熱の研究からスタートして、２０００年までに45件の論文が発表されていますが、それほど多くはありません。２０００年以降をみると、２００５年に急増し、その後コンスタントに毎年10～20件程度が報告されている状況です。東京都が行っている建築物環境計画制度にヒートアイランド対策が盛り込まれたのが２００５年、日本ヒートアイランド学会が設立されたのも２００５年です。遮熱対策はある意味、大都市のヒートアイランド対策と連動して一気に進んだともいえます。また、建物の冷房負荷を対象にした研究が同じ時期に増えたのは、地球温暖化対策としての省エネ技術を模索する中で、特に遮熱塗料等の効果を確認したいという意図が影響したものと考えられます。

●伝熱の三形態

「遮熱」という言葉は、「熱を遮る」という意味ですから、断熱の一方法ではありますが、必ずしも遮熱＝断熱ではありません。これを理解するには伝熱の三形態を知る必要があります。

　伝熱現象には「伝導」、「対流」、「放射」の三つの形態があります。「伝導」は固体実質部を通じて熱が伝わる状態をいい、物体内の温度差＝温度勾配に比例して移動します（熱伝導に関するフーリエの法則）。「対流」は固体と流体との間で生じる熱移動のことをいい、ニュートンの冷却則で説明されます。「放射」は、可視

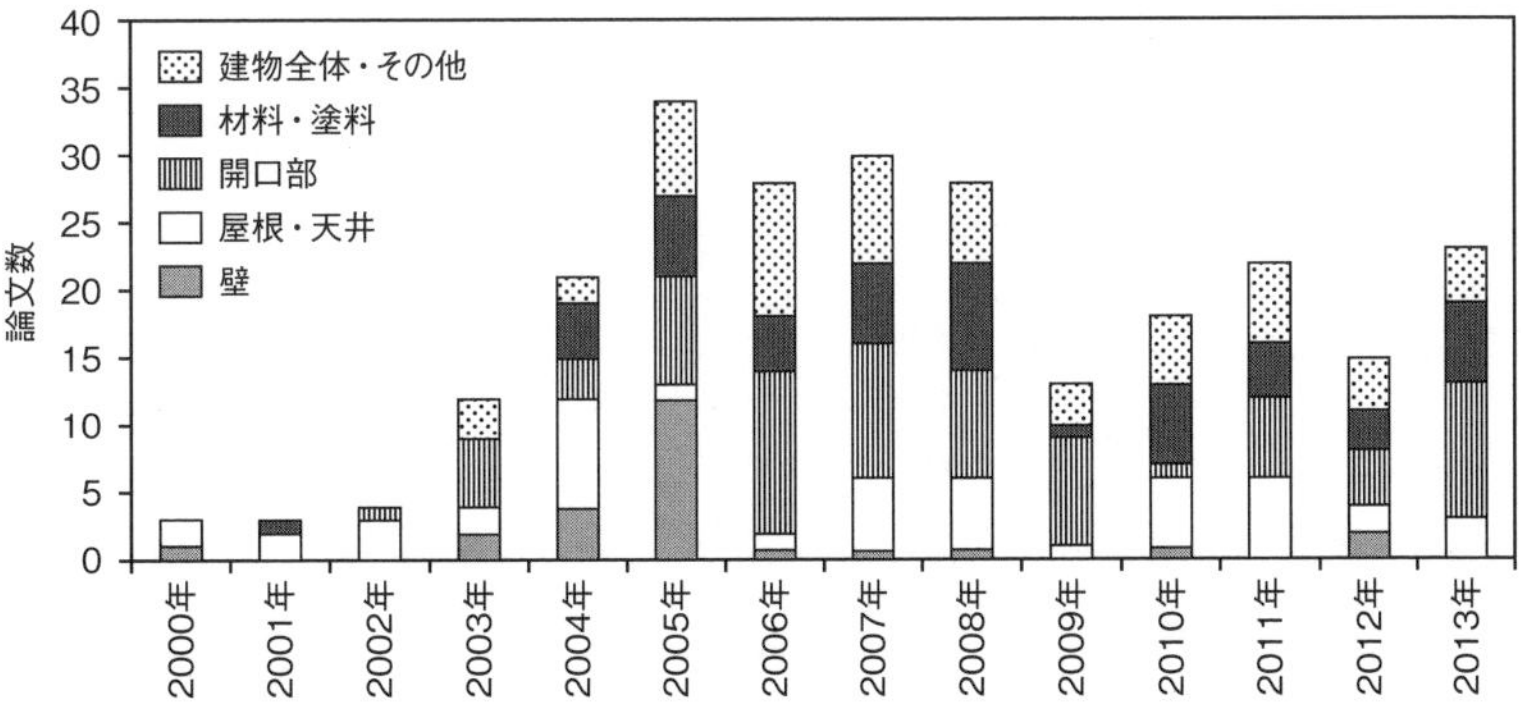

図１　日本建築学会大会における遮熱関連論文数の推移

光や赤外線など、温度に応じた波長をもつ電磁波によって熱エネルギーが移動する状態をいい、ステファン・ボルツマンの法則で説明されます。空隙を多く含む繊維系断熱材（グラスウール、ロックウール、セルローズファイバーなど）やプラスチック系断熱材（押出法ポリスチレンフォームや硬質ウレタンフォームなど）の伝熱現象は、これら三形態すべてが関与するのに対し、遮熱建材が関与できる伝熱現象は「放射」のみです。

●多層断熱技術と真空断熱技術

大気で覆われている地球上と異なり、宇宙空間では、直射日光の当たる部分は１５０℃を超え、影になる部分はマイナス１００℃にもなるといわれています。空気のない宇宙空間は真空ですから、対流による伝熱は生じず、伝導と放射が、熱移動の形態です。伝導は例えば宇宙船とか人工衛星などの固体部では生じますが、宇宙空間内の熱移動は実質、放射のやり取りといえます。そのため人工衛星などの熱変化に弱い機器には、多層断熱技術が用いられています。空気がなければ放射による熱授受だけ考えればよく、断熱対応は簡単になります。この考え方を応用したものに、魔法瓶や真空ガラスがあります。魔法瓶について簡単に解説します。魔法瓶は、液化したガスを保存する技術としてドイツで１８８１年に開発されました。その後、１８９１年にはイギリスのデュワーがマイナス１９６℃の液体窒素保存用に、内側に銀メッキを施した二重壁ガラス瓶を製作しています。これが後の魔法瓶の原型になりました。1994年に商品化された真空ガラスは、3ミリの板ガラス2枚と0・2ミリの真空層という構成で、最も断熱性に優れた複層ガラスとなっています。宇宙空間と極低温の世界、どちらも極端な温度環境ですが、「多層膜による放射成分のカット」と「真空であること」が断熱の主役です。遮熱塗料や通気層技術は前者、真空断熱材は後者に該当します。

●建築の断熱外皮としての懸念

放射の効果のみを見込んだ（施工者自身はそれだけで断熱効果があると思い込んでいる）施工事例を見ると、いくつか不安な点に気付きます。一つは、遮熱材料のみですべての断熱性能をカバーできると考えている点、もう一つは内部結露が生じる危険性です。遮熱材の広告をみると、熱抵抗で○○平方メートルケルビル／ワット相当という表現が書かれていることがあります。前述したように遮熱材料は断熱材とイコールではありませんから、熱抵抗表現は大きな誤解を招くおそれがあります。躯体の断熱性能が低くて（これは実は大事です）日射が直接当たる部位でなければ、放射のみをターゲットにした遮熱には、断熱効果は期待できません。その意味で、遮熱材料を建物の全ての部位に一律に施工するのではなく、日射の当たる部位に施工するという適材適所の利用が求められます。また、外気に近い通気層内でのアルミ膜設置は、適切な透湿の工夫をしていないと内部結露を生じさせる原因になります。躯体の外気側に設置せずに外装材側に設置すること、もし躯体側に設置する場合は、壁の中の水蒸気が抜ける工夫を施すことが不可欠です。

（本間義規）

《参考文献》

（1）日本機械学会『伝熱工学』丸善、２００５

（2）福迫尚一郎・稲葉英男『低温環境下の伝熱現象とその応用』養賢堂、１９９６

24 「土壁」ルネサンス
―ライフサイクル評価の試み

キーワード
バウビオロギー、自然素材、土壁、ライフサイクル、エコ収支

●はじめに

3年の翻訳作業を経て『健康な住まいへの道―バウビオロギーとバウエコロジー』（建築資料研究社）を出版したのは2000年のことでした（文献1）。以来、日本におけるバウビオロギー*の研究・普及に力を尽くしてきました。著者ホルガー・ケーニッヒとは講演の通訳をする機会も多く、今日に至るまで交流が続いています。彼が当時から自問していたのは、何を以って「エコ」と呼ぶのか、という命題でした。そこから「揺りかごから墓場まで」と表記される建材の収支が課題になってきます。「ライフサイクル」という概念は、収支の本質的なエレメント「時間概念」を示唆するものです。慣習的であった建材の運用期間だけが考察され、評価されるのではなく、それに先行する、材料を運搬し形成する段階、そして材料が解体・撤去され、処理され、あるいは転用利用される各段階をも見通すことです。この三段階、「材料形成―材料使用―材料解体」がそれぞれの収支の本質的な構成要素になります。

*バウビオロギー
建築生物学・生態学。建築（バウ）・生命（ビオ）・学問（ロゴス）。

●いかにして「土壁」は復権可能か？

資源の乱伐を回避することは、エコロジカルな行動の最高の目標であり、地球の資源に責任を持って関わることです。原料を取得し、素材を変質させて、完成品にまで導くために必要なエネルギー、加工技術、補助材の導入、すべてを把握してリスト化することになります。すでにこの作業で明らかなのは、土や木材や皮や毛などは、数千年の歴史を見ても問題なく使われ続け、優先されてきた建築材料であったということです。それらは最小のエネルギー支出で住まいづくりに役立ってきました。

このほど「土壁」を用いた住宅の促進のために、実験棟を建ててその性能を検証する機会を得ました。対象となる二つの実験棟は、長野県上田市に建設されています（**写真1**）。東西対称に一つの屋根で連結された形状をなし、間口一間半、奥行二間の6畳サイズの居室を半間の外部通路で分けることで居室を4面の壁で構成しました。コンクリート基礎から木造軸組、充填断熱、アルミサッシなどは、実際の戸建住宅と同様の仕様として、内部の壁仕上げだけを一般的に普及している内装（ボードにビニル壁紙）と、後述しますが厚さ30ミリの土壁片面塗りに設え、比較できるようにしています。なお土壁は中塗りまでとし、しっくいの上塗りは施していません。

土壁は日本文化の一つですが、今は見た目が安価な施工の容易なビニル壁紙が内装材の主流となり、それに伴い土そのものを取り扱う業者も減ってしまいました。土壁専用の鏝をもう持っていないと語る左官屋さんには驚きますが、これが現実なので

写真1　左：実験棟外観 中：土壁棟内観 右：ビニル壁紙棟内観

しょう。土壁のライフサイクル分析を通して、わかってきたことを報告したいと思います。

●データ入手とシステム領域

第一の問題は、食品の安全と同様に、成分内容が完全に公開されるのか、どの程度の情報内容の深みに達するかです。建材を生産するための材料採取から解体・リサイクルまでのプロセス全体での環境負荷（二酸化炭素排出量とエネルギー消費量）を定量的に把握するために、算出には主に産業環境管理協会の公開しているライフサイクルアセスメント実施のためのソフトウェア「ＭｉＬＣＡ（みるか）」を使用し、積上げ方式にて算出しました。入手困難なプロセスのデータにおいては可能な限りメーカーへのヒアリングなどより収集を試みていますが、それでも得られなかった場合には近似的なデータを用いました。算出に際して以下のシステム領域を設定します（**図1**）。

●各領域の概要

個々のデータは既報告（文献2）を参考にしていただくとして、以下にその概要をまとめたいと思います（**表1**）。

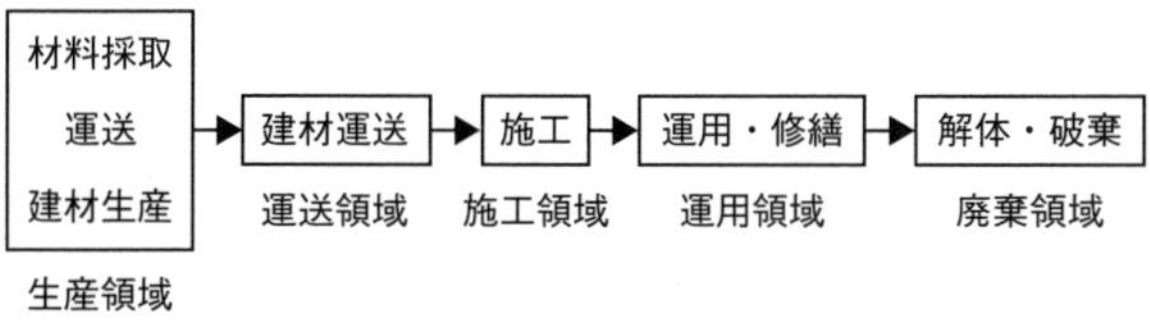

図1　システム領域

表 1　各領域における環境負荷の比較

生産（材料形成その 1）

単位 kg-CO_2e	ビニル壁紙	土壁	単位 kWh	ビニル壁紙	土壁
共通建材における CO_2 排出量	5 409	5 409	共通建材における エネルギー消費量	19 797	19 797
棟別の CO_2 排出量	725	33	棟別のエネルギー消費量	4 063	161

運送（材料形成その 2）

単位 kg-CO_2e	ビニル壁紙	土壁	単位 kWh	ビニル壁紙	土壁
共通建材における CO_2 排出量	1 183	1 183	共通建材における エネルギー消費量	4 348	4 348
棟別の CO_2 排出量	141	76	棟別のエネルギー消費量	549	290

施工（材料形成その 3）

単位 kg-CO_2e	ビニル壁紙	土壁	単位 kWh	ビニル壁紙	土壁
共通建材における CO_2 排出量	292	292	共通建材における エネルギー消費量	1 095	1 095
棟別の CO_2 排出量	25	115	棟別のエネルギー消費量	90	412

＊材料使用（運用）領域は未考察

廃棄（材料解体）

単位 kg-CO_2e	ビニル壁紙	土壁	単位 kWh	ビニル壁紙	土壁
共通建材における CO_2 排出量	1 262	1 262	共通建材における エネルギー消費量	2 413	2 413
解体分野	2	4	解体分野	5	10
運送分野	83	2	運送分野	302	7
処理分野	254	12	処理分野	27	0.1

上記 4 領域の合計

単位 kg-CO_2e	ビニル壁紙	土壁	単位 kWh	ビニル壁紙	土壁
4 領域の共通部分	8 146	8 146	4 領域の共通部分	27 652	27 652
生産領域	725	33	生産領域	4 063	161
運送領域	141	76	運送領域	549	290
施工領域	25	115	施工領域	90	412
廃棄領域（3 分野の合計）	339	18	廃棄領域（3 分野の合計）	334	17
4 領域合計の CO_2 排出量	1 230	242	4 領域合計の CO_2 排出量	5 036	880

＊**木小舞**《きごまい》　壁の下地として、縦横に組んだ竹や細木。

生産領域（材料形成その1）

生産領域の算出範囲は建材を生産するための素材の採取から工場への運送、製造までとします。

各棟の環境負荷を比較すると、ビニル壁紙棟の二酸化炭素排出量は土壁棟に比べ約22倍、エネルギー使用量に至っては約25倍とその差が顕著に表れました。この理由は土壁棟にのみ用いられる藁を混ぜた粘土質の土やスギの木小舞*は自前（長野市内）の加工場での手作業が主であるのに対し、ビニル壁紙棟に用いられるビニル壁紙の製造過程において合成物質を多量に使用し、その物質の生成過程でも多くのエネルギーを消費するためであると考えられます。また下地材は天然鉱物に由来する物質を用いて生産されているため、生産領域における環境負荷はビニル壁紙と比べるとさほど大きくはないようです。

運送領域（材料形成その2）

運送領域の算出範囲は建材の生産・加工を終えた拠点（サッシメーカーや建材メーカーの提携先工場など）から建設現場までとします。すべての運送状況を把握することは困難です。そのため復路は積載率0と仮定し、それに伴う輸送車両の燃費の違いのみ算出に考慮しました。土壁棟には長野県長野市から約45キロ離れた上田市へ運送した0・75立方メートルの藁入り粘土分の環境負荷が、ビニル壁紙棟においてはボード下地とビニル壁紙の運送による環境負荷がそれぞれ加算されます。

環境負荷を比較すると、土壁棟の二酸化炭素排出量、エネルギー使用量はビニル壁紙棟に比べ約53％に抑えられています。ただし運送距離が長いほど環境負荷が大きくなることは言うまでもありません。土壁用の土はある程度の粘性が必要で、建設残土が使えるとは限らず、そのような土を安定的に供給できる土場が整っていないのが実情であり、今後の普及のための大きな課題でしょう。

施工領域（材料形成その3）

施工領域の算出範囲は仮設工事、地業、基礎、主体工事、仕上げ、副産物処理までとします。環境負荷の算出には作業員の移動やレンタル重機の移動、重機使用に伴う燃料消費量を算出し、運送領域と同じ燃費法を用います。さらに人工《にんく》当たりの電力消費量原単位を用いてヒアリングにより得た各工事における工期、人工数、出面のデータより、作業に由来する環境負荷を算出します。

施工領域における各棟の環境負荷の違いは作業性の違いによる人工の違いです。ビニル壁紙棟に用いられたボード下地はビス止めで簡単に施工でき、また壁紙貼りも同様です。それゆえ現場の人工は1日分（2人工）で抑えられていました。結果としてビニル壁紙棟の二酸化炭素排出量、エネルギー使用量は土壁棟に比べ約22％に抑えられています。

運用領域

運用領域の算出範囲は、何年間、どのように使うかによって変わるので、一番未知的な部分でもあります。ここではしかしビニル壁紙の耐用年数の理論値が15年であることから（文献3）、15年ごとに、下地材を生かしつつ壁紙を撤去し、また新たに壁紙を製造し、運送し、施工する工程がその都度加算されると考えています。一方土壁仕様では20年に一度、表面のみ補修するにとどまっています。つまり、運用年数を長く設定すればするほど、両者の差は開くことになります。例えば40年設定の場合、環境負荷を比較すると、土壁棟の二酸化炭素排出量、エネルギー使用量はビニル壁紙棟に比べ約４％に抑えられています。逆にいえば、毎年こまめに土壁を補修すれば25年でビニル壁紙の環境負荷値に達するともいえますし、ビニル壁紙の一部分のみの張り替えの場合、数値も低減するなど、不確定要素が大きい領域です。

廃棄領域（材料解体）

廃棄領域は現場での「解体」分野、現場からの「運送」分野、焼却や埋立てによる「処理」分野に細分されます。

解体分野で両者を比較すると、土壁棟の二酸化炭素排出量、エネルギー使用量はビニル壁紙棟に比べ約２００％でした。それは作業性の違いです。これは解体時のみならず、塵芥処理や廃棄物の分別など、後処理に手間がかかるために、必然的に多くの労働力を土壁棟解体に割くことになると考えられるからです。

運送分野で両者を比較すると、土壁棟の環境負荷はビニル壁紙棟に比べ約２％に抑えられ、その差が顕著に表れました。施工時に土に石灰などの合成物質を一切添加しないため、廃棄物処理の必要性がないことが理由です。この土を「循環する資材」としてこの土地でまた新たに建材としてリユースできれば、土壁施工の大きな問題であった土場から現場への運送由来の環境負荷を削減できるでしょう。一方、石膏ボードやビニル壁紙といった廃棄物はほかの部位の木くずと混載して中間処理施設などに向けて搬出することが禁じられていますから、結果として廃棄物一種類当たりの環境負荷が大きくなります。

処理分野で両者を比較すると、土壁棟の優位が歴然です。二酸化炭素排出量の差は、最終処分場での単純燃焼に顕著に見られます。これはビニル壁紙の再資源化率の低さから、中間処理施設を通しても最終処分される割合が大きく、単純燃焼による二酸化炭素排出量原単位がほかの処理と比較して非常に大きいためです。一方で埋立て処理の環境負荷はほかのプロセスに比して小さくなります。これは一度に大量の廃棄物を積載率一杯に積載した大型貨物車を利用し、燃焼を伴わない処理による二酸化炭素排出量の低減が原因です。

●まとめ

以上、多くの分析領域で、土壁の優位性が見てとれました。施工領域や解体分野（廃棄領域）でビニル壁紙仕様に軍配が上がっているのは、「自然素材は手間がかかる」という通説を裏づけるものでしょう。その通念を打破したいものです。なお本研究における土壁は、室内面だけを塗上げ、外部側工事（断熱工事、外装工事）を同時に進めることを可能にしています。これにより今まで伝統的であった両面塗りよりも人工と乾燥期間を単純に半分に抑えることができました。片面塗りによっても調湿や蓄熱効果がそれなりに見込めるのであれば、この方向性を推し進めることは有効でしょう。

（石川恒夫）

《参考文献》

（1）ホルガー・ケーニッヒ著、石川恒夫訳、高橋元監修『健康な住まいへの道―バウビオロギーとバウエコロジー』建築資料研究社、2000

（2）竹中 徹、石川恒夫ほか「内装材としての土壁のライフサイクル評価 現代版『土壁の家』づくりのための基礎的研究」『日本建築学会関東支部研究報告集』2014／竹中、渡辺、石川ほか「内装材の違いによる廃棄物処理にかかる環境負荷評価（その1、2） 現代版『土壁の家』づくりのための基礎的研究（その2、3）」『日本建築学会大会梗概』2014

（3）ロングライフビル推進協会編『建物の耐用年数ハンドブック』中央経済社、2012

25 欧州で進む木のエネルギー利用

キーワード
バイオマス、ペレット、薪

●住宅のカーボン・ニュートラル化

２００９年のサミットで、地球温暖化を防止するため、先進国は２０５０年までに温室効果ガスを80％削減することに合意しました。２０５０年は決して先の話ではなく、今建てる住宅はそのころの中心になるものです。住宅もこれからは二酸化炭素を出せなくなってきます。ヨーロッパでもアメリカでも、最近は住宅からの二酸化炭素の排出をゼロにするゼロカーボン住宅や二酸化炭素を増やさないカーボン・ニュートラル住宅をつくることが大きな目標になっています。自然の豊富なところは、地域の自然エネルギーを積極的に利用していくことがこれから重要になってくるでしょう。最近、薪ストーブやペレット*ストーブを使う人も増えてきましたが、こうした燃料は燃焼により排出される二酸化炭素はもともと木が吸収した二酸化炭素なので、二酸化炭素を増やさないカーボン・ニュートラルな燃料と評価されています。（図１）

ところが木をエネルギーとして使うことは過去のこととお考えの方が多いのではないでしょうか。バイオマスという耳慣れないカタカナになって語られはじめた木のエ

*ペレット
おが粉やかんな屑など製材副産物を圧縮成型した小粒の固形燃料のこと。

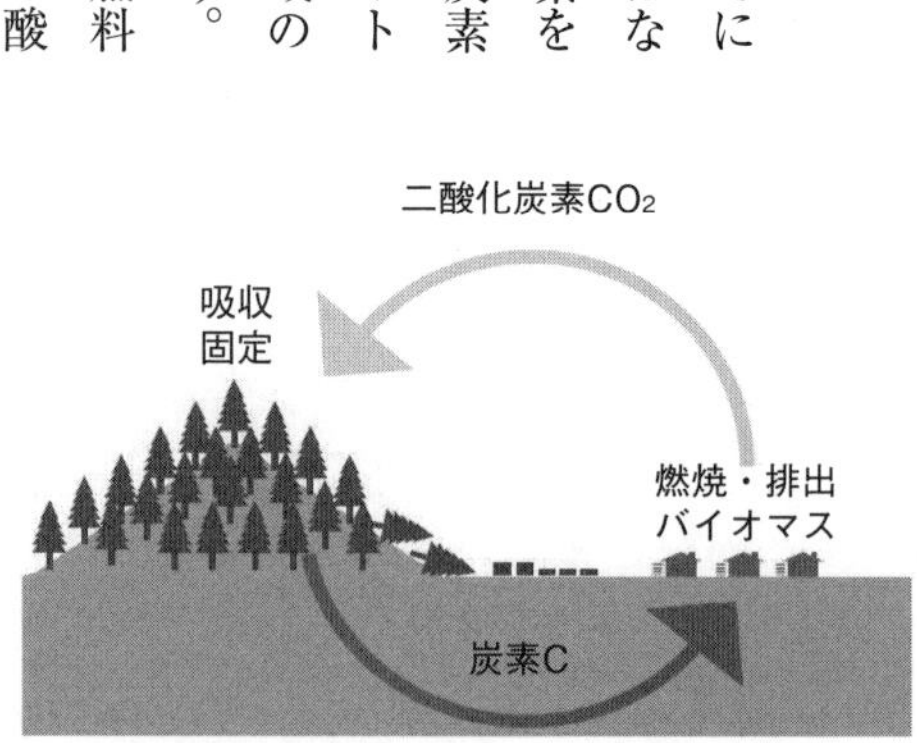

図１　森林と木質エネルギーの炭素循環

ネルギー源は、つい数十年前まで私たちが当たり前に使っていた身近な里山の薪や炭です。実は、日本ほど森林を有しながら、薪を利用しなくなった国はありません。人口当たりの木質燃料生産量をみると、北欧諸国が目立ちます。特に多いフィンランドは日本の約１７００倍、アメリカは２００倍、韓国でも80倍の生産量があります。（**図２**）

ただ、薪というと、貧しく、不便な生活しか頭には思い浮かばない人が多いことでしょう。欧米諸国では生活水準の向上に合わせて固形木質エネルギーを長年に進化させ、最も現実的な再生可能エネルギーとしてバイオマスを地域や生活に溶け込ませています。その固形燃料による木質エネルギーは暖房などの熱利用が中心です。薪を利用するという生活スタイルが現代までそう廃れることなく維持され、そのうえで木をチップ化することで自動供給可能な燃料にし、よりエネルギー密度を高めた安定度の高いペレットが登場しました。そしてまた、そうした熱利用をベースに置きながら発電が導入され、さらには液体燃料の開発を進めています。

● 日本と欧州の森林資源

森林のエネルギー利用ではスウェーデンがよく紹介されます。スウェーデンは全エネルギー需要の30％をバイオマスで賄い、２０１０年には石油を上回るまでになっています。しかし、そうしたことが紹介されると、日本と違い緩やかな地形を持つ森林

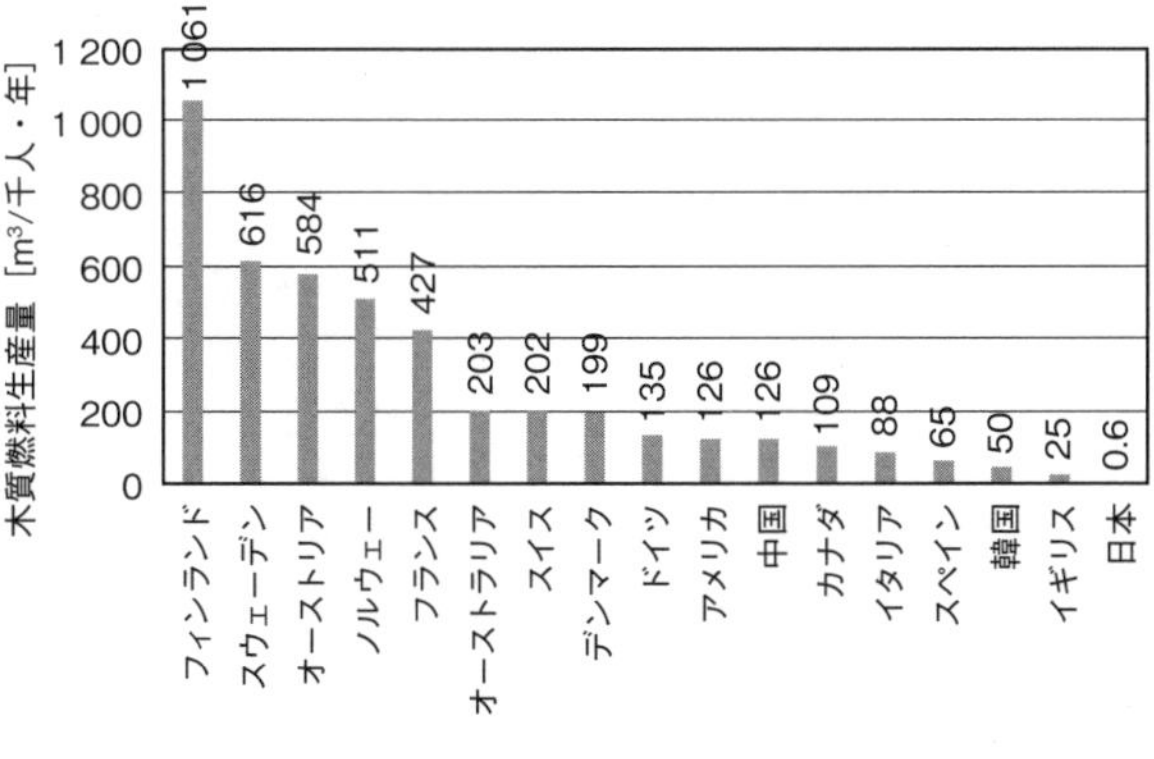

図２ 先進国の薪生産量
（資料 FAO）

であること、人口当たりの森林面積が日本の10倍以上もあること、そして日本では地域熱供給が普及しておらず暖房需要がそれほどないことなどから、日本の参考にならないとよく言われます。**（表1）**

では、日本は欧州の固形燃料による木質エネルギー利用から学ぶことは少ないのでしょうか。オーストリアは日本と比較的近い条件を持つ国です。オーストリアは国土の46%が森林に覆われ、アルプスで知られる森林は急峻です。気候が比較的近い日本の東北地方と比べると、オーストリアのほうが森林面積や人口はやや少ないですが、人口当たりの森林面積はほぼ同規模です。こうした条件をみると、オーストリアで可能なことは日本全体でとはいかなくとも、北日本のような寒冷地でなら可能なのではないかと考えられます。ここでは、そうした固形燃料による木質エネルギーを進化させてきた国の例として、オーストリアを紹介してみましょう。

●オーストリアのバイオマス利用

現在、オーストリアの一次エネルギー*に占めるバイオマスの割合はおよそ10%です。オーストリアのエネルギー用木材の需要をみると、薪が年間約800万立方メートルです。ちなみに日本の薪用材の消費量は年間4万立方メートル足らずですから、約200倍以上です。かつて、日本も戦前までは年間3000万立方メートル程度を薪炭材として利用していました。オーストリアでは薪、チップ、ペレット、発電など

表1　ヨーロッパと日本の森林資源

	人口（人）	面積（km²）	森林面積（km²）	森林面積率（%）	1人当たり森林面積（m²/人）	人口密度（人/km²）
日本	126 919 288	376 520	250 263	66	1 972	337
東北地方	9 704 204	66 889	46 554	70	4 797	145
オーストリア	8 100 000	83 870	38 400	46	4 741	97
スウェーデン	8 590 000	411 620	271 340	66	31 588	21
ドイツ	82 424 609	349 270	107 400	31	1 303	236

が段階的に導入され、適材適所で使われています。そして、その利用規模も戸建て住宅や集合住宅のボイラーから、集落や都市の地域熱供給と、バラエティに富んでいます。

＊一次エネルギー
石油・石炭・天然ガスなどの化石燃料、原子力の燃料であるウラン、水力・太陽・地熱などの自然エネルギーなど自然から直接得られるエネルギーのこと。

●薪ボイラー

オーストリアの農村部を訪れると、薪棚があちこちに見られます。ブナやトウヒが割って積み並べてある風景そのものは、日本の薪棚と何も変わりません。こうした薪は伝統的にペチカストーブや薪オーブンで使われてきたものですが、今でもこうした薪としてのエネルギー利用は非常に大きなウエイトを占めており、6世帯中1世帯は薪を使っています。日本で薪やペレットというと、ストーブで使うものというイメージが強いかもしれませんが、オーストリアではボイラーが中心です。薪ボイラーはセントラルヒーティングの熱源となっており、家庭だけでなく、小さめのホテルでも使用されています。もちろん、薪を自動供給するわけではありませんが、一日に一度薪を投入することで、その日の暖房から給湯までを賄います。薪はもちろん自分たちの山から伐って、自分たちで割りますが、薪割り機がよく使われます。少し時間のある人にとっては一番安い燃料なのです。

●ペレット

欧州ではペレット燃料の需要が急増していますが、ペレットは巨大な製材所の副産物として製造されています。丸太の消費年間１００万立方メートルクラスの製材所が年間10万トンクラスの生産能力を持っています。こうした製材所は樹皮などを使って発電も行い、廃熱は木材やペレットの乾燥に使用され、さらに余剰熱は周辺施設にも供給されるのです。薪やペレットのボイラーの燃焼効率は年々向上し、いずれも90％を超え、汚染物質の排出量も少なく、自動制御のボイラーは見た目もとてもスマートです（**写真１**）。ペレットは灰分量*の少ないものが使われ、燃焼効率も高いため、灰はほとんど出ません。

ペレットボイラーは主として住宅の暖房・給湯用熱源として使われます。一年分の燃料を年に1回バキューム車で地下室のサイロに補給するだけで、あとは自動運転に任せるだけです。ペレットは燃料もボイラーもコンパクトで、都市部のあまり大きくない普通の戸建て住宅でも使える都会的なイメージのバイオマス機器だといえます。もちろん集合住宅の集中暖房としても使われます。

●サスティナブルな東北と森林

ところで、日本では少なくなった太陽熱温水器も実は世界では急増中で、オースト

＊灰分量《かいぶんりょう》
ものを燃やしたときに、後に残るものの量のこと。

写真１　住宅設備展示場のバイオマスボイラー

リアでは新築の半分以上がバイオマスと太陽熱を取り入れています。欧州ではバイオマスと太陽熱の統合システムが最近人気になっていますが、太陽のあるときは太陽の熱を、太陽のないときは太陽エネルギーをため込んだ木を熱源とするという、自然の理にかなったエネルギーシステムなのです。日本では蓄熱電気暖房が増えていますが、欧州諸国の多くは二酸化炭素の排出が多いこうした電気暖房を禁止しています（ヒートポンプは可）。

日本の戸建て住宅は木造がほとんどです。しかし、その木材は外材も多く、森は間伐もままならない状況で荒れはじめています。住まいの中で木をどう使っていくかは大きな問題となっていますが、エネルギーとしての木材もサスティナブルな地域づくりのために欠かせないテーマです。

（三浦秀一）

《参考文献》

（1）竹内昌義・馬場正尊・三浦秀一・山畑信博・渡部　桂『未来の住宅―カーボンニュートラルハウスの教科書』バジリコ、2009
（2）三浦秀一ほか『コミュニティ・エネルギー　シリーズ地域の再生』農文協、2013
（3）熊崎　実・沢辺　攻編著『木質資源とことん活用読本　薪、チップ、ペレットで燃料、冷暖房、発電』農文協、2013

26

「あたたかさ」を見直してみよう

キーワード
暖房、伝統構法、自然エネルギー、放射

●伝統的な暖房設備が見直される背景

古来使用され続けてきた囲炉裏やコタツ、暖炉などといった伝統的な暖房設備は、現代の我が国における一般家庭では、ファンヒーター、エアコンなどの機械的な設備に取って代わられています。その理由には、発熱量や取扱いの簡便さ、経済性などが挙げられるでしょう。伝統的な暖房設備が主に燃料とする木や炭は、点火・消火に時間がかかり、適度に燃焼させ続けるにはコツが要ります。燃料の保管に大きな倉が必要ですし、軒先に積み上げれば壁一面を埋め尽くします（**写真1**）。使用中は煙が出ますし、使用後は灰が出て建物を汚します。そのため、灰の処理や定期的な大掃除が欠かせません。地域によってはいつでも燃料を入手できるとは限らず、店頭で購入すれば思いのほか高くつきます。住宅密集地なら、そもそも煙突を立てることさえ難しいでしょう。

一方、現代の機械的な暖房設備ならば、スイッチ一つで稼働し、自動的に温度を調節してくれます。持ち運びしやすいものも多く、燃料の灯油は長持ちします（ガスや

写真1　軒先に積まれた薪
（2004.3 肥後民家村の宿泊棟）

電気に至っては残量を気にすることもない）ので、好きなときに好きな場所で好きなだけ使用できます。そして何といっても安全性が高いのです。

しかし昨今、化石燃料である灯油・ガスを使用することによる地球温暖化や、ウランやプルトニウムなどの放射性物質を利用した原子力への不安が、社会問題として扱われるようになりました。しかも、どちらも採掘資源ですから、限りあることは自明です。採掘コストにもよりますが、可採年数はせいぜい数十年～百数十年前後と見込まれます。それまでに私たちは、自然エネルギー利用を進めなければならないのです。自然エネルギー源には、太陽光のほか、水力、風力、波力、バイオマスなどがありますが、これらはすべて元をたどれば太陽エネルギーであることがわかります。太陽は五十億年の余命があるといわれ、地球が受け取る太陽エネルギーは人類の使用する全エネルギー量の一万倍に相当することもわかっています。使用に伴う環境負荷も小さいので、何とかして自然エネルギーの利用効率を高めることが今後望まれます。

このような背景において、新たな暖房用エネルギーとして期待されているのが、間伐材や建設廃材など不要木材を利用する木質バイオマスです。その代表格である木質ペレットは専用のストーブの登場によって取扱いやすさが格段に向上しましたが、従来の木や炭を燃料とした伝統的な暖房設備もまた、機械的な設備とは異なる本物の火が醸し出す暖かさや味わいが再評価されつつあります。東日本大震災直後の3月から4月、避難所となった体育館や弓道場では、寒さをしのぐために、燃料供給の問題もさることながら、よく暖まるという理由で、薪ストーブが活躍したと聞いています。

その感覚的な「あたたかさ」の理由を明らかにするために、伝統的な暖房設備の放熱特性について分析しました。

●伝統的な暖房設備の放熱特性と「あたたかさ」

高宮氏（文献1）がユーラシア大陸のヴァナキュラー建築*における暖房設備について、「火の囲い方」「放熱の位置」「煙道の形態」「建物との関係」といった形態的特徴により分類した①～⑫の類型に基づき、「暖のとり方」「主な暖房設備」を加えて放熱における特徴を整理したものを**表1**に示します。囲炉裏のように、火の囲いがオープンで周辺に直に放熱し、煙突がない①型を原型とし、これが可動式になったものが②型（火鉢など）であり、①型を木組で囲んだものが③型（コタツなど）です。①型をフードで半分囲い煙突から排煙するようにしたものが④型（暖炉など）であり、これをタイルやレンガで囲うと⑤型（固定式ストーブなど）や⑥型（建物と一体化したストーブなど）となります。また、⑥型に対して隣室の煙突から排煙するようになったものが⑦型となります。⑥型が煙道でも放熱すると⑧型（ペチカなど）となり、同室で火と放熱を分離すると⑨型（ドマーンなど）となります。⑩型と⑪型（オンドル、カン、オーフェンなど）は煙突が屋外か屋内かの違いだけであり、いずれも壁を挟んで火と放熱を分離して隣室で放熱するものです。この⑪型（カン）と⑧型（ペチカ）を複合

*ヴァナキュラー建築
風土建築

表1　暖房設備の類型とその特徴

	分類	火の囲い方	放熱の位置	煙道の形態	建物との関係	暖のとり方	主な暖房設備
①型		オープン			一体	放射	囲炉裏
②型				煙突なし	可動	放射	火鉢
③型		クローズ				伝導	コタツ
④型		半オープン	熱源から周辺に直に放熱		一体	放射	暖炉
⑤型				屋内煙突	固定	放射・対流	ストーブ
⑥型						放・対・伝	ストーブ
⑦型				隣室煙突		伝導	
⑧型		クローズ	煙道で放熱	屋内煙突		放射・対流	ペチカ
⑨型			火放熱分離		一体	伝導	ドマーン
⑩型				屋外煙突		放・対・伝	オンドル
⑪型			火放熱を分離し隣室で放熱	屋内煙突		伝導	カン
⑫型						放・対・伝	カン

したものが⑫型の暖房設備となります。

類　型ごとの暖房性能に関して、まず②型と③型は建物との関係が「可動」で寒さに応じて設置・撤去が可能なため、発熱量はあまり多くないと考えられます。一方、建物との関係が「一体」であるものについては①型から④型→⑥型→……→⑫型となるに従って、「火の囲い方」がクローズになり、「放熱の位置」が熱源と分離することから、暖房設備の規模が大きく効率よく暖がとれるものと見受けられます。このことに対し、全類型で共通するのは、「煙道の形態」のほとんどが煙突なし、または屋内煙突となっていて、排煙の熱を有効活用する工夫が見られること、そして、「暖のとり方」では放射が主流（③、⑦、⑨、⑪型以外で該当する）ということです。

　現代の機械的な設備は、小型で高出力を目指すために、温風吹出しにより主に室内空気を暖めます。しかし、伝統的な設備は送風ファンを持たないので、寒冷地にある高出力のものは大型であり、さらに建物と一体化することによって室内空気のみならず壁面や床面を含む空間全体を暖めるのです。筆者らはこれまでに、サーモグラフィと写真測量ソフトを用いた熱放射強度測定法を提案し、伝統的な暖房設備の一例として大型薪ストーブの熱放射特性の計測を試みています（**写真2**）。その結果（**図1**）によれば、熱放射強度は47～121ワット／ステラジアンであり、指向性の高い電気暖房器（ハロゲンヒーター、480ワット）でも最大値が20ワット／ステラジアンで

日時：2011年1月26日 10:30 ～ 12:00
天気：晴れ
場所：仙台市太白区の戸建住宅内
　27.5畳（2層吹抜け）+付室（10畳×2室）
温湿度：室内22.4℃／43%、外気6.2℃／42%
暖房設備：鋳物ストーブ（モルソー 3610CB）
　・薪専用、輻射熱式
　・高さ797mm×幅742mm×奥行607mm
　・最大出力14.0kW（カタログ値）

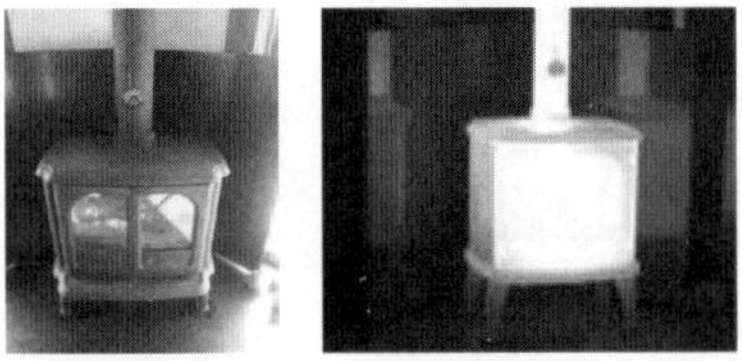

【写真】　【熱画像】

写真2　測定の概要

あったことと比べても、非常に大きいことがわかります。伊澤氏ら（文献2）のエクセルギー*概念によれば、冬季の暖房において「あたたかさの質」との関連が予想されるものとして人体エクセルギー消費があり、それを必要最小限に抑え快適性を実現するのには、放射による温エクセルギーの利用が対流による温エクセルギーの利用よりも有効であるといいます。このように暖房器の本体から、放射によって広く室内を包み込むように送られる暖かさ・温もりが、伝統的な暖房設備特有の「あたたかさ」なのではないかと考えています。

（菅原正則）

《参考文献》

（1）高宮　浩・高階広憲・月舘敏栄「ヴァナキュラー建築における暖房設備の特徴と地域性に関する研究―ユーラシア大陸を中心として」『日本建築学会東北支部研究報告集計画系』第67号、239～242頁、2004

（2）伊澤康一・小溝隆裕・宿谷昌則「室内空気温・周壁平均温の組み合わせと人体エクセルギー消費の関係」『日本建築学会環境系論文集』第570号、29～35頁、2003

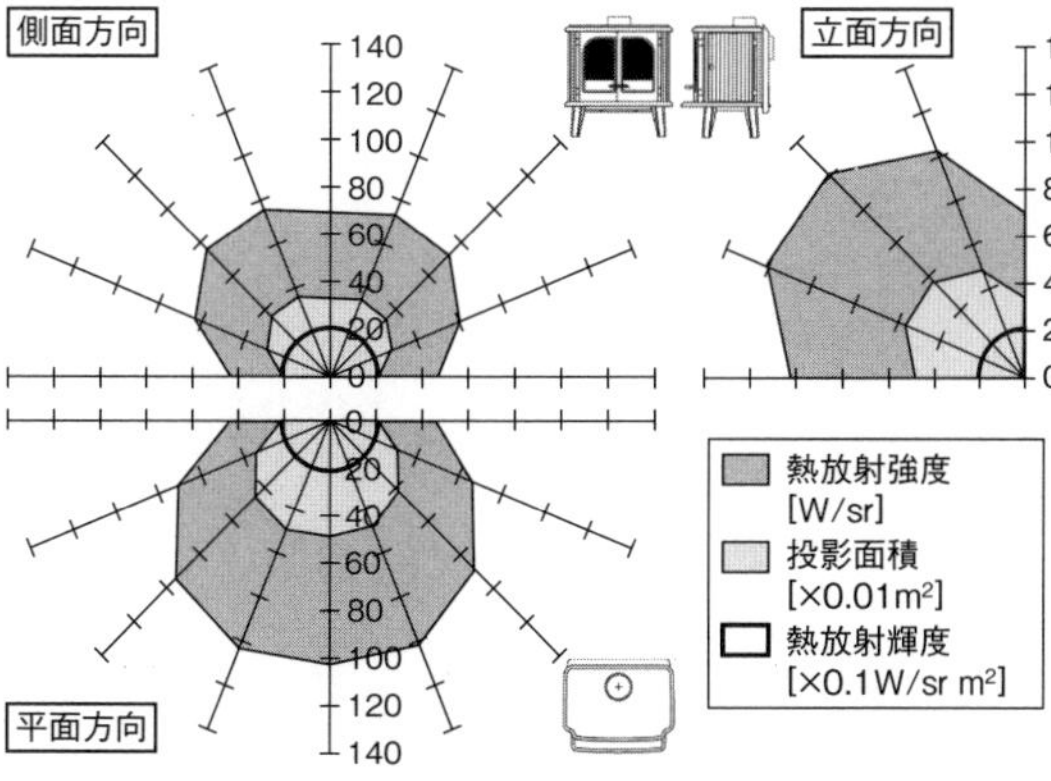

図1　大型薪ストーブの熱放射特性

*エクセルギー
主に熱エネルギーをその有用さで表した数量。

27 大災害時文化財建築の救助

キーワード
文化財、津波、原風景としての環境

●プロローグ

筆者は主に古民家に高断熱・高気密や耐震補強を施して修復したり、建築後50年以上を経た建造物を国の登録文化財にしたりすることを、業務として、あるいはボランティアとして行ってきました。２万人近くの命が失われた東日本大震災直後は何ゆえ「文化財か」との意見もありましたが、筆者はそれぞれ得意分野で行動を起こすことは当然と考えました。消防士や医者が人命救助を第一とするように、筆者は文化財を救助しようとしました。そうでなくとも震災直後から問い合わせや依頼があり、現地に赴く機会を多く与えられました。

しかし調査は地震の被害状況が先で、津波の被害状況を確認できたのは3週間後の4月3日のことでした。生家が津波に襲われたことで被災者の仲間入りをしたと実感しました。十分に理解していたつもりでしたが、現地を確認して深い悲しみとあきらめ、悔しさが込み上げました。職業柄何枚か写真を撮影しましたが、状況を見るになかなかシャッターを切ることができませんでした。１ヶ所は、設計監理をした佐藤邸

写真１　石巻市長浜町通称船溜り付近。桟橋が壊れ水没。木造家屋は流されたものが多い

の無残な姿、もう1ヶ所は変わり果てた故郷の街並や埠頭です。海水浴をした、ハマグリを採った、父に自転車の荷台に乗せられて散歩した、漁場に向かうサンマ船を見送った場所がみんな瓦礫の中、あるいは海中に没していました。

この付近は、再び訪れたときもまだ水道は復旧しておらず、供給すべき家もありませんでした。かつて道路であったところは**写真1**のように海になっていました。大潮の満潮時には**写真2**の通りが冠水するようになりました。私の生家も住むことができなくなりました。

● 佐藤邸の津波被害

佐藤邸は石巻市湊町三丁目にあります。津波がさかのぼった北上川の東約350メートル、太平洋から1・2キロの位置にあります。建物は大正、昭和30年代、昭和50年代と三期にわたり増築を重ねましたが、**写真3**に示すように折れ曲がりました。住人は無事で、「地震では大丈夫だったが津波でやられた」とのことでした。高断熱・高気密・耐震修復後わずか1年半後のことでした。大正期に建築した部分はアンカーボルトを使用していないので津波で浮き上がったと思われます。伝統的建造物の場合、アンカーボルトで基礎と緊結していないので、地震エネルギーを吸収し被害は少なくなりました。しかし、津波には不利であることは明らかです。昭和30年代の部分は基礎ごと流されました。昭和50年代に増築した部分はアンカーボルトが切断し、基礎か

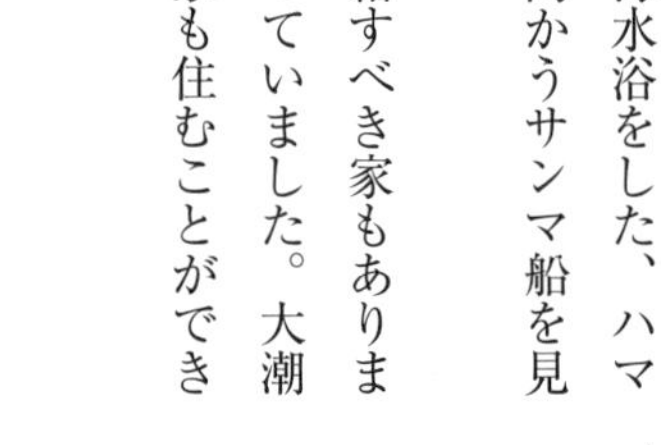

写真2　筆者の生家から前面の街並を見る。津波の高さは2.5 m。石巻市幸町付近

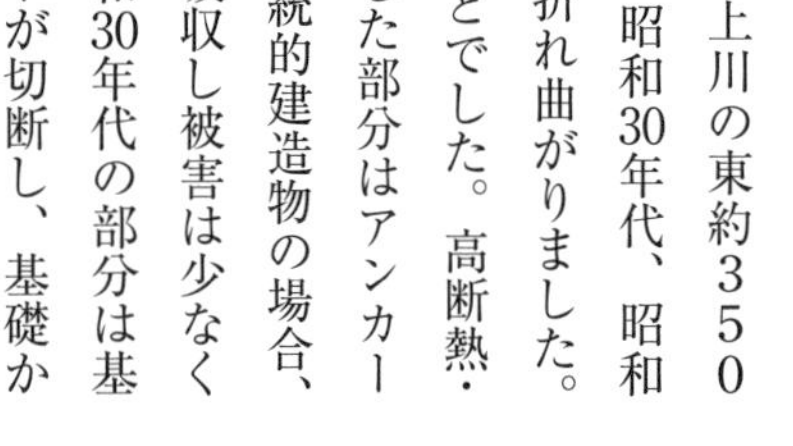

写真3　佐藤邸空撮。左側の空地は隣家の流失跡。画面左は北上川側、下は太平洋側

らはずれていました。隣地の戦前に建築したと思われる住宅は流され基礎も確認できませんでした。（**写真3〜5**）

●国登録文化財上野家住宅　主屋および付属建物の被害

上野家は1997年に高断熱・高気密・耐震修復した江戸末期の古民家です。宮城県遠田郡美里町（旧南郷町）にあり、2003年の宮城県北部連続地震では震源地に近く被災しました。南郷町は全壊家屋140棟、半壊489棟と宮城県内で最も被害の多い地域でした【注】。その際には座敷部縁側のサッシの多くが外れて破損し、造り替えるとともに耐震壁を増設しました。東日本大震災では再び同じ位置のサッシが破損しました。躯体の動きや変形を最小限にするために、ある程度強固に補強するのは気密性能保持にも有効です。さらなる耐震壁の増設を行う計画でした。登録文化財は個人所有であっても、所在する地域、市町村、広くは国の宝物です。しかし維持管理は所有者が行わなければならず、今回のような震災に対しても何ら補助金は用意されていません。上野家では主屋のほかに、門と土蔵が被災しました。土蔵は被害が激しく、筆者は解体せざるを得ないと容認しないわけにはいきませんでした。矛盾する気持ちを整理する努力を課せられたのです。**図1**は上野家の門です。すべてがケヤキでできており大変美しい門です。築年数は約85年が経過しています。震災によって柱

写真4　増築部から折れる。真新しいQ1ボードが

写真5　佐藤邸大正期建築の部分に入り込んだトラック

写真6　開閉不能になったサッシ

の傾きは著しく約6度でした。（**写真6**）

●宮城県指定有形文化財今野家住宅

今野家住宅は多賀城市の東北歴史博物館内にあります。移設前は、石巻市北上町橋浦に所在しました。たくさんの犠牲者が出た大川小学校の近くです。１９９９年開館で今野家の修理復原工事の設計監理をしました。博物館に隣接する敷地一帯の地名は浮島といいます。その地名が示すように地耐力*はN値0の不良地盤です。石灰混入撹拌による地盤改良とＲＣ造べた基礎、英知を集めた耐震補強により、主屋をはじめ付属屋のすべてで被害は皆無といってよい状況でした。ちなみに博物館本館は杭基礎のため沈下せず、地盤の不動沈下に従い、建物との取合い部で最大50センチ程度の差が生じていました。このことは、各地で強固な基礎を造っている橋と、転圧しただけの道路に段差ができていることと同じ現象です。

耐震補強の設計施工は、地盤の性質を知り、よく検討すれば確実に効果があることを証明しています。

（安井妙子）

【注】宮城県ＨＰの宮城県北部連続地震の記録による。

＊地耐力
地盤がどの程度の荷重に耐えられるか、また、地盤の沈下に対して抵抗力がどのくらいあるかを示す指標。

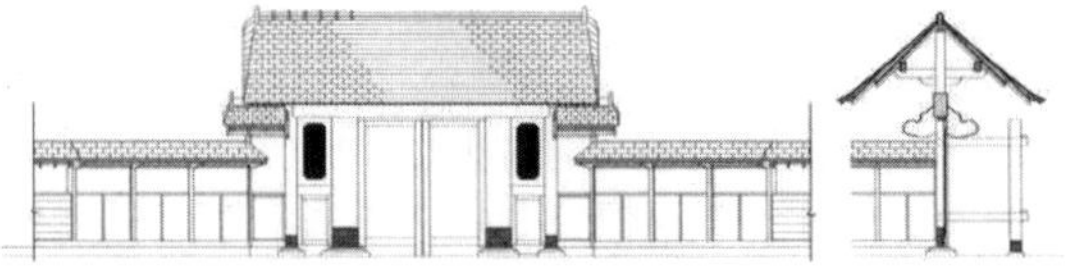

図１　上野家の門立面図

28 放射能汚染防止に関するエアフィルターの効果 ─全館空調住宅の調査から

キーワード
全館空調住宅、空気清浄機、エアフィルター、空間放射線量、表面放射能、実測調査

●はじめに

2011年3月11日の東日本大震災では、福島第一原子力発電所の事故により、大量の放射性物質が大気中に放出され、これらの多くは塵や埃に付着して、福島県から関東地方にかけて広く拡散したものと考えられます。一方、住宅では2003年7月の改正建築基準法により機械換気装置の設置が義務づけられましたが、換気装置のエアフィルターに放射性物質が付着した塵や埃が蓄積し、エアフィルターの清掃や交換時における作業者の被爆が懸念されます。また、エアフィルターによって除去されずに通過する微小な粒子は、そのまま室内に侵入し、居住者の内部被曝を引き起こしたり、空間放射線量を高めたりすることも考えられます。

筆者らは、これまでアレルギー対策のために開発された空気清浄機能を搭載する全館空調住宅における実測調査から、気管支の炎症を引き起こす浮遊微粒子の除去性能などについて報告していますが、ここでは、震災以降、エアフィルターに蓄積する放

射性物質や空間放射線量の実態について把握するため、群馬県およびその周辺地域の住宅を対象に行った実測調査の結果について示します。

●調査概要

調査対象

表1に調査対象住宅を示します。調査対象は、群馬県内とその周辺地域の戸建て住宅11軒です。いずれの住宅も断熱気密性が高く、空気清浄機能として電気集塵機が組み込まれている全館空調住宅です。**図1**に空調システムにおける換気経路を示します。屋外の吸込口より取り入れられた外気は、防虫フィルター（設置されない場合もある）と中性能フィルター*で構成される給気清浄ユニットを通過し、比較的粒径の大きな粒子が取り除かれます。その後、リターン空気と合流し、プレフィルターと電子セルで構成される電気集塵機を通過し、微小な粒子まで除去されます。その後、冷温装置にて空調され、ダクトを通じて各室へ送風され、給気口から室内へ給気されます。また、2階ホールに設けられた還気口からリターン空気が空気清浄システムの上流に合流し、排気は浴室、トイレなどから行われます。**図2**に測定したエアフィルターを示します。

表1　調査対象住宅一覧

ID	所在地	C値［cm²/m²］	竣工年月	測定日
A	群馬県太田市	未測定	未確認	2011年11月12日
B	群馬県太田市	0.44	2009年12月	2011年11月12日
C	群馬県伊勢崎市	0.81	2006年12月	2011年11月13日
D	群馬県前橋市	1.00	2006年12月	2011年11月13日
E	群馬県邑楽町	0.64	2008年12月	2011年11月19日
F	群馬県前橋市	0.85	2009年12月	2011年11月20日
G	群馬県前橋市	未測定	未確認	2011年11月22日
H	群馬県館林市	0.83	2009年11月	2011年11月22日
I	栃木県足利市	0.55	2010年12月	2011年11月23日
J	群馬県太田市	0.52	2011年8月	2011年11月24日
K	埼玉県深谷市	未測定	2011年1月	2011年11月26日

***中性能フィルター**
地粒径が、5マイクロメートルより小さい粒子に対して捕集効率が60～95%程度の粒子捕集率を持つエアフィルター。

測定方法

空間放射線量の計測は、外気の吸込口付近と居室の床上1メートル付近で実施し、ハンディー型線量計を用いて1分間の測定を5回行った平均値を算出します。表面放射能の計測は、各エアフィルターの表面近傍で実施し、表面汚染放射線測定用ガイガーカウンターを用います。なお、測定は震災から8ヶ月後の2011年11月に実施しました。

●空間放射線量とエアフィルター表面放射能の測定結果

図3に空間放射線量の測定結果と吸込口（外気）に対する低減率を示します。空間放射線量は、吸込口で0・060〜0・092マイクロシーベルト／時、室内で0・047〜0・062マイクロシーベルト／時の範囲にあって、いずれも一般人の年間被爆線量の限度である1ミリシーベルトを超える値ではありません。また、吸込口と室内を比較するとF邸ではほとんど同じでしたが、それ以外の住宅では、いずれも室内の方が吸込口より低く、低減率は住宅ごとに異なりますが、平均で約24％、最大で約41％でした。

表2に各エアフィルターにおける表面放射能を、**図4**にその平均値を示します。比較的粒径の大きな粒子が除去される中性能フィルターでは、下流にあるプレフィル

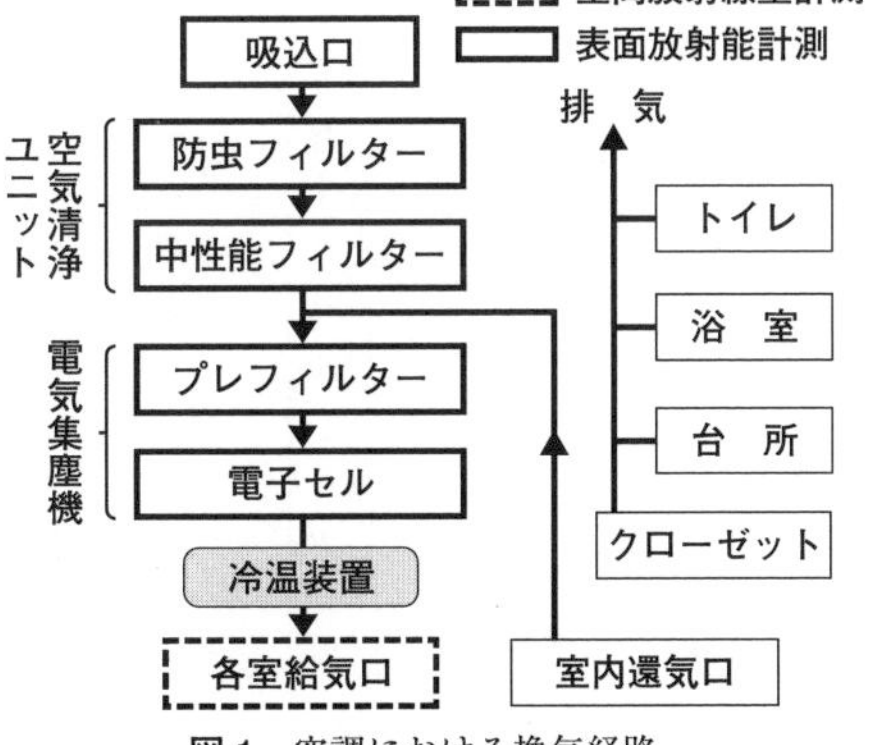

図1　空調における換気経路

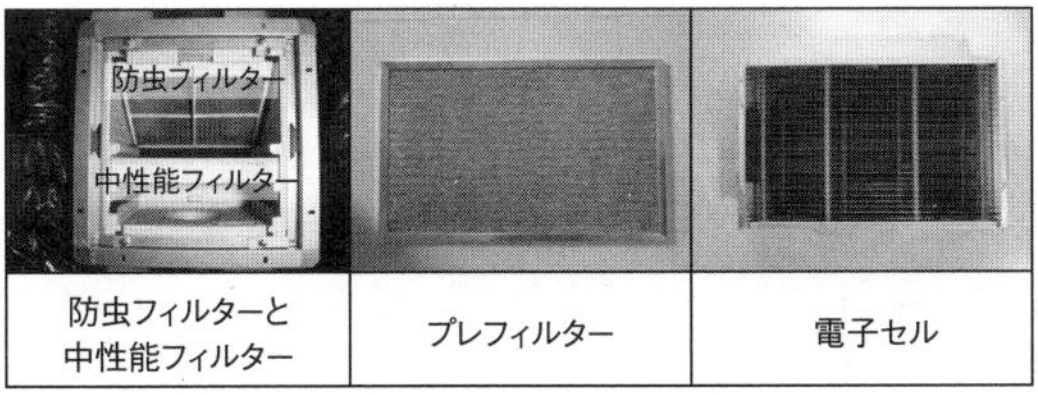

図2　測定したエアフィルター

表2　各エアフィルターにおける表面放射能

ID	表面放射能［Bq/cm²］				
	防虫フィルター	中性能フィルター（交換前）	中性能フィルター（交換後）	プレフィルター	電子セル
A	なし	1.25	0.00	1.35	1.11
B	0.55	8.45	0.00	0.25	0.95
C	なし	0.10	－	1.25	0.92
D	なし	1.29	－	0.20	0.20
E	なし	1.25	－	1.35	1.11
F	0.25	8.95	0.00	0.09	0.02
G	なし	1.25	－	0.01	0.75
H	0.03	8.25	0.00	0.10	0.75
I	1.25	7.80	0.00	0.09	1.25
J	0.01	0.95	－	0.90	0.40
K	2.75	6.45	0.00	0.18	4.60

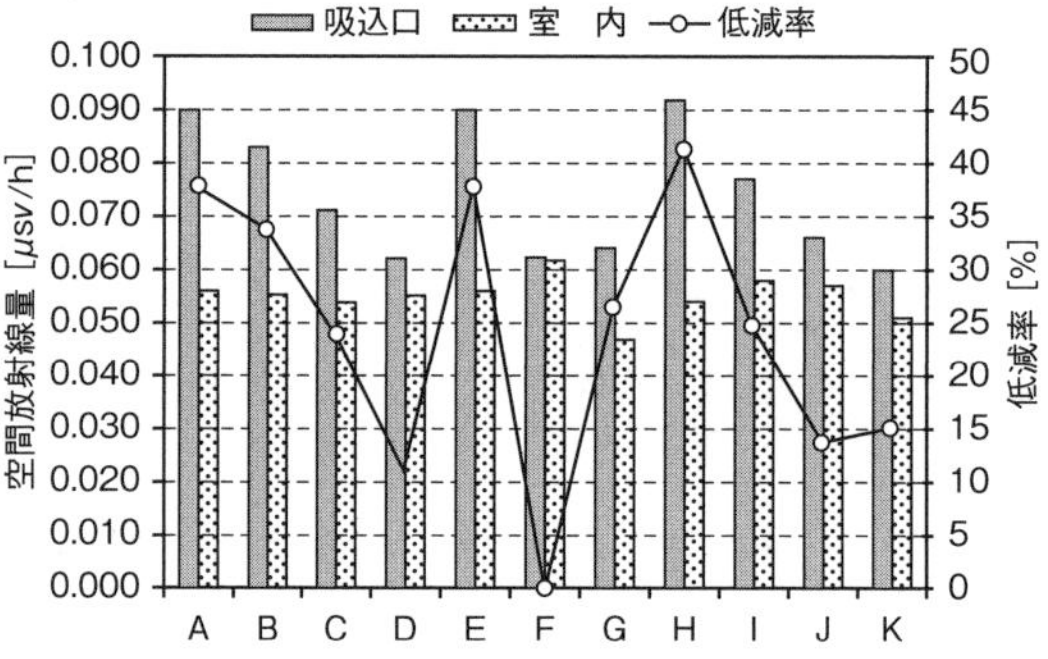

図3　空間放射線量の測定結果と吸込口に対する低減率

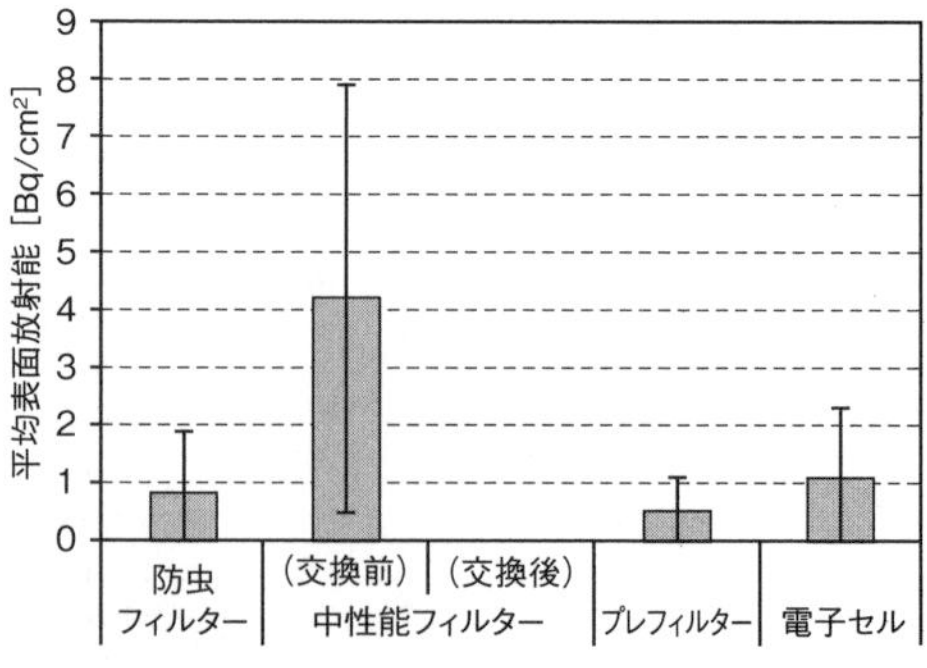

図4　各エアフィルターにおける表面放射能

ターや電子セルと比較して高い数値がみられます。特にB、F、H、I、Kでの中性能フィルターの表面放射能が高くなっていますが、フィルターを交換した後に再計測を行った結果では、いずれも０ベクレル／平方センチとなっています。また、中性能フィルターの表面放射能は、ばらつきが大きい傾向がみられますが、これは、計測直近のフィルターの清掃・交換時期の影響を大きく受けていることが考えられます。その他、一般的な不織布などのエアフィルターでは除去されにくい粒径の小さい粒子（１・０マイクロメートル未満）を除去する電子セルでも放射能が検出されていることから、本システムの空気清浄機能により外気中の放射性物質の多くを除去することが可能であると考えられます。

図５にエアフィルターの表面放射能と空間放射線量低減率の関係を示します。エアフィルターの表面放射能が高いほど、放射性物質が除去されていると考えられるため、空間放射線量の低減率も大きくなることが推測されますが、今回の結果からは両者に明確な関係はみられず、さらに調査軒数を増やして検証する必要があると思われます。

●まとめ

今回の調査結果により、福島第一原子力発電所から約２００キロ離れた群馬県とその周辺地域の住宅でも換気装置におけるエアフィルターにおいて放射性物質

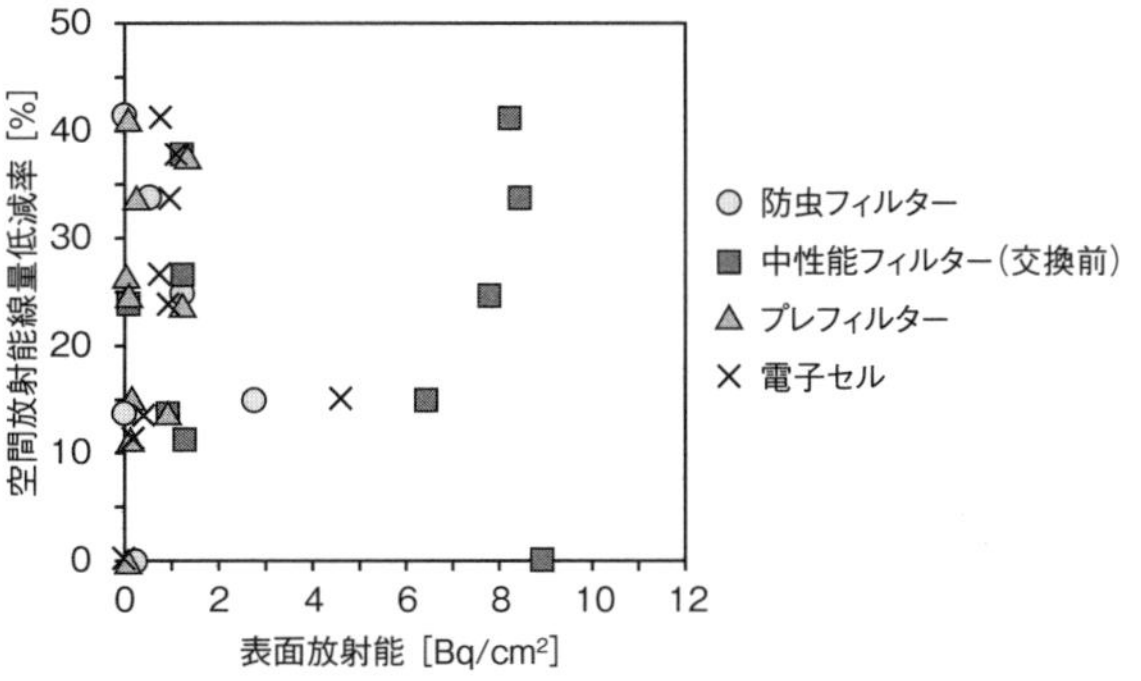

図５　エアフィルターの表面放射能と空間放射線量低減率の関係

が蓄積されていたことが明らかとなりました。なお、汚染されたエアフィルターの処理方法については十分な注意が必要です。（社）空気清浄協会が「放射性物質で汚染されたエアフィルターの取り扱い指針」を示しているため、これらに準拠して処理を行うことが望ましいでしょう。現在では、事故当時のような大気中への大量な放射性物質の放出はなくなったものの、廃炉への明確な見通しが立たないため、今後、大気中へ放射性物質が放出される心配はなくなったとは言い切れず、また、最近では、中国からのＰＭ２・５による大気汚染の問題が取り上げられるなど、換気における外気導入時の空気清浄機能の役割は、ますます大きくなるものと思われます。

（三田村輝章）

29 仮設住宅の室内環境問題とは？

キーワード
仮設住宅、室内環境、アンケート調査

●はじめに

2011年3月11日に東北地域を中心に起きた東日本大震災は、極めて広範囲に被害をもたらしました。その結果、約5万3000戸の応急仮設住宅（以下、仮設住宅）が建設され、今も多くの被災者が仮設住宅での生活を送っています。仮設住宅は災害救済法に基づき応急処置として被災者に供給されるものですが、新築の一般住宅に比べ断熱性能が不十分であり、気積*が小さいなどからいくつかの環境的な問題が発生しています。

筆者らは日本建築学会東北支部の環境工学部会に設けた「震災関連住宅における健康影響の低減対策に関する研究WG」を母体として、組織的、継続的に詳細なアンケート調査および環境測定を実施し、仮設住宅の居住者の健康状態と室内温熱環境、空気質の関係などを明らかにするための研究を実施しています。

ここでは、仮設住宅の特徴、室内環境上の課題、簡易アンケート調査の結果について述べます。

*気積
室内空気の総量。

●仮設住宅の特徴

都道府県が提供し、市町村が運営する「応急仮設住宅」は、災害救助法23条の1「収容施設（応急仮設住宅を含む。）の供与」に災害救助の一環として規定されています。一般的に各都道府県が必要数を取りまとめてプレハブ建築協会に発注する体制が整えられており、プレハブ建築協会規格建築部会会員と同協会住宅部会会員が施工にあたります。その他、地元企業を対象とした公募も実施し、早期の建設を目指します。災害救助法によって建設費用が定められているほか、1戸当たりの規模も29・7平方メートルを標準とすることとなっています。その他、県ごとにある程度仕様が定められている場合がありますが、施工業者によって工法、平面などは異なります。

表1に今回の震災における仮設住宅の仕様例、**図1**に2DKの平面図の例を示します。表1はプレハブ建築協会が定める仕様と岩手県が定める仮設住宅仕様から作成しました。主な特徴は以下のとおりです。

①住宅平面は、普通世帯の居住用として3種類（1DK、2DK、3K）のタイプが存在しますが、2DKタイプを標準としており、業者によっては2DKのみを建設している場合もあります。

②構造は軽量型鋼ブレースが主ですが、在来木造、枠組壁工法、木

表1　仮設住宅仕様例

①面積	単身用	1DKタイプ（約19.8 m²）
	2～3人	2DKタイプ（約29.7 m²）
	4人以上	3Kタイプ（約39.6 m²）
②構造		軽量型鋼ブレース構造
③間取り		玄関、台所、居間、浴室、トイレ
④設備	暖冷房設備	エアコン（各戸居室に1台）
	家電製品	テレビ、洗濯機、冷蔵庫、炊飯器、電子レンジ、電気ポット（日本赤十字社から寄付）
	換気扇	台所はプロペラ扇（フード付き）、トイレおよび浴室は天井埋め込み型
⑤断熱仕様	天井	グラスウール 10K　100mm
	壁	グラスウール 10K　100mm
	床	グラスウール 10K　50mm
	開口部	二重サッシまたはペアガラス
⑥結露防止対策		小屋裏強制換気、天井目貼テープ

質パネルなど、さまざまです。

③設備としては、エアコンが1台設置されています。その他の家電（テレビ、洗濯機、冷蔵庫、炊飯器、電子レンジ、電気ポット）は日本赤十字社からの寄付で設置されました。

④断熱仕様は岩手県の場合、表1に示すとおりです。ほかの地域はこれに満たない住宅も多く、後にそれらの住宅に対して断熱改修が行われています。

⑤過去の仮設住宅において問題となった天井裏の結露対策として、小屋裏に換気扇が設けられました。しかし、換気口のみの住戸も少なくありません。

仮設住宅の外観と内部を**写真1、2**に示します。

● 仮設住宅の環境的課題

仮設住宅の環境的課題は以下のとおりです。

温熱環境

断熱性能の不足による夏季の暑さ、冬季の寒さの問題が特に懸念されます。また、鉄骨造では鉄骨が熱橋*となり、室内温熱環境に影響を与える可能性が大きいでしょう（**写真3**）。

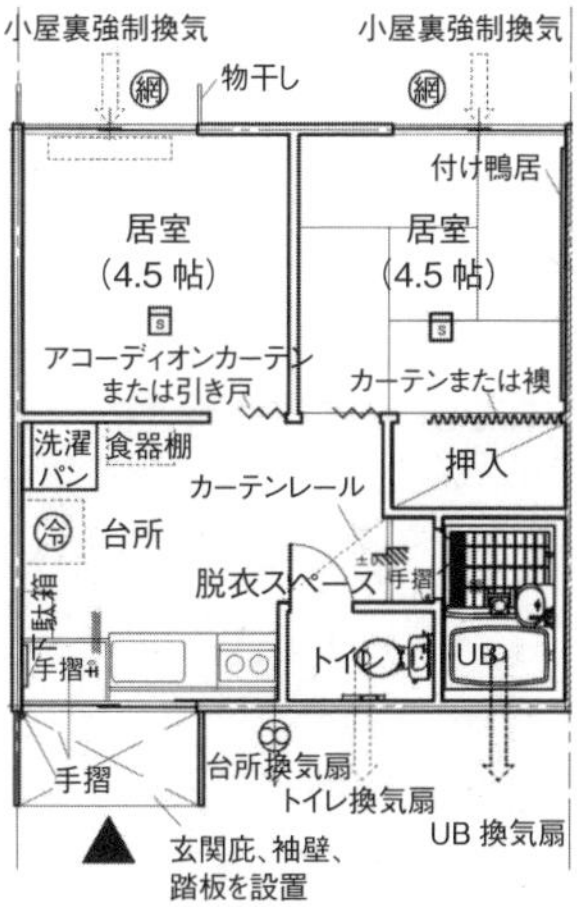

図1　平面図例（岩手県 HP）

写真1　仮設住宅外観

写真2　仮設住宅内部

＊熱橋
ヒートブリッジともいい、外壁と内壁の間にある柱などが熱を伝える現象のこと。

結露

過去の仮設住宅においては天井裏において結露が発生し、発生した結露水が居室に滴り落ちてくるという問題が発生しました。今回の調査においても確認できました（**写真4**）。また、熱橋部が多いことから、そこでの結露も問題となる可能性があります。

室内空気環境

開放型ストーブの使用などによる汚染の危険性があります。また、浸水した家具の持ち込みなどよって室内の空気環境が悪化する懸念があります。

通風障害

隣棟間隔が狭いため、通風が十分得られない可能性があります（**写真5**）。

音環境

長屋形式の仮設住宅のために、隣戸からの騒音が問題となります。

害虫の侵入

窓サッシの隙間、網戸のない窓からの虫の侵入や、接合部の隙間からの害虫の侵入が懸念されます。訪問した住宅では窓の隙間にティッシュを詰めるなどの対策を施していました（**写真6**）。

排水処理

住戸棟間の通路における排水処理は一般的に行われておらず、大雨時の排水不良が懸念されます。

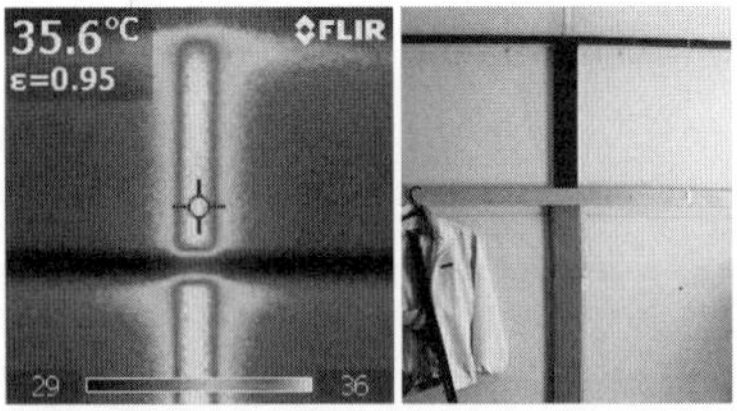

写真3　熱橋となっている鉄骨柱の熱画像（夏に撮影。表面が熱いため、下半分は段ボールで覆っている）

写真4　天井からの滴る水によるカビの発生

●仮設住宅の環境的課題調査

調査の概要

調査は2011年夏より開始しています。調査対象の選定はさまざまなルートを通して行っており、多くの関係者の協力を得ています。主な調査内容は、①居住環境に関する聞きとり、②アンケート調査、③温湿度、揮発性有機化合物（VOC）、微生物などの環境測定、④気密性能測定などです。簡易アンケート調査の結果を以下に示します。

簡易アンケート調査結果

【調査の目的と概要】

現状の環境問題を把握するために、ハガキを用いた簡易アンケート調査を実施しました。回答欄には次のステップの詳細アンケートと実測調査への協力に対する可否の記入欄が設けられています。

2011年8月と9月に仙台市内の仮設住宅地12団地、758件を対象に仙台市と町内会の了解を得たうえで、はがきを投函し、150件の有効回答を得ました（回収率19・8％）。

【調査項目】

簡易アンケート項目を**表2**に示します。部屋の広さ、同居人数とともに、暑さや湿気など、仮設住宅において特に問題となる点について質問を設けました。

表2　簡易アンケート質問項目

a. 部屋の構成（1DK、2DK、3K、その他）
b. 同居人数（記述式）
c. 生活上問題と感じる事項（はい／いいえで回答） ①部屋の広さ、②居室の暑さ、③居室の湿気、④建物の臭い、⑤窓等の隙間、⑥周囲の騒音、⑦結露の発生、⑧カビの発生、⑨虫の侵入、⑩防犯、⑪その他（記述式）

写真6　害虫侵入の対策

写真5　仮設住宅の隣棟間隔の狭さ

【単純集計結果】

◎部屋の構成

図2に部屋の構成についての結果を示します。72％の住戸が「2DK」です。「1DK」、「3K」はそれぞれ1割に満ちません。なお、「その他」で「2K」と回答した住戸が6件ありましたがここでは2DKに含めました。

◎同居人数

図3に同居人数の結果を示します。「2人」で暮らしている場合が37・3％で最も多く、次いで「3人」が24・0％、「1人」が22・7％という結果になりました。4人以上の家族の場合には、2DKの住戸を2戸使用している例もありました。

◎生活上問題と感じる項目

図4に生活上問題と感じる項目の指摘率を示します。「居室の暑さ」を指摘した居住者は多く、8割に上ります。「部屋の広さ」に関しても7割を超え、「居室の湿気」「周囲の騒音」「虫の侵入」に関しては6割の居住者が指摘しています。「その他」では、「玄関に屋根がない」「収納スペースが少ない」「台所に窓がない」「プライバシーの問題」などが挙げられました。

●まとめ

仮設住宅の概要と建設状況、並びに簡易アンケート調査の結果を報告しました。残

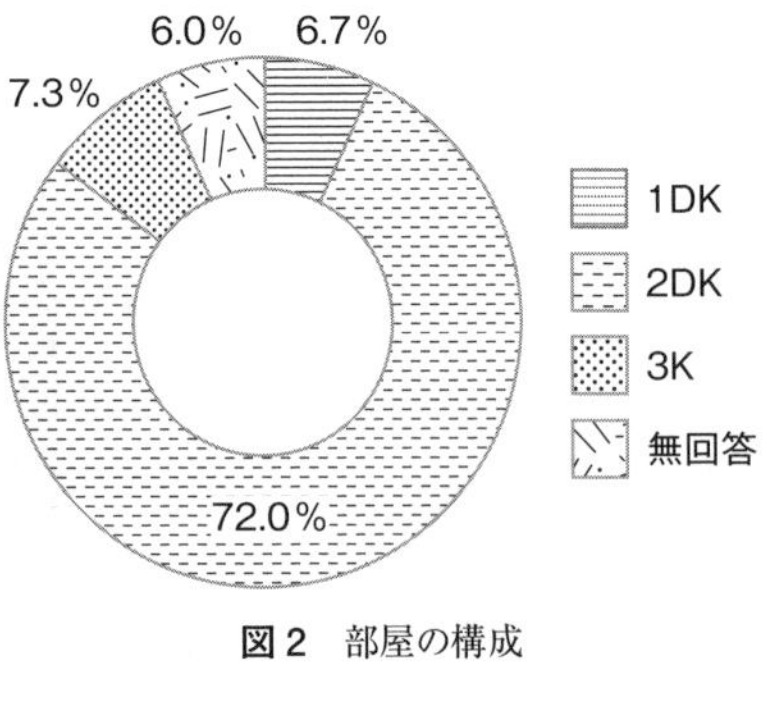

図2　部屋の構成

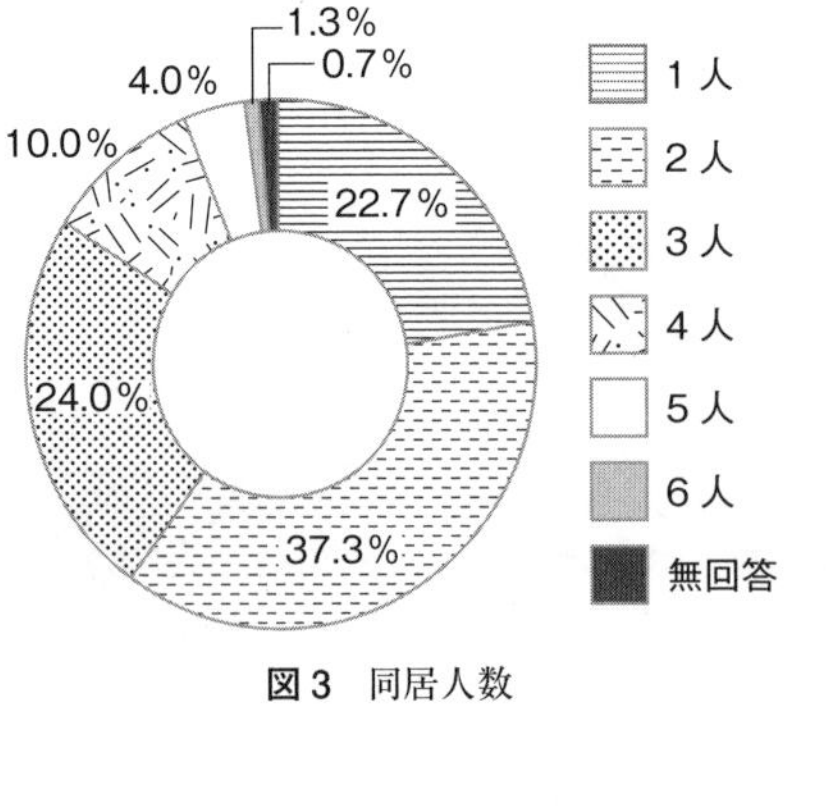

図3　同居人数

念ながら建物の断熱・気密性能は必ずしも十分ではなく、それに伴う環境的な問題点が顕在化してきています。冬季の調査結果も踏まえて、今後の対策や仮設住宅の設計方法を検討する必要があります。

（吉野　博）

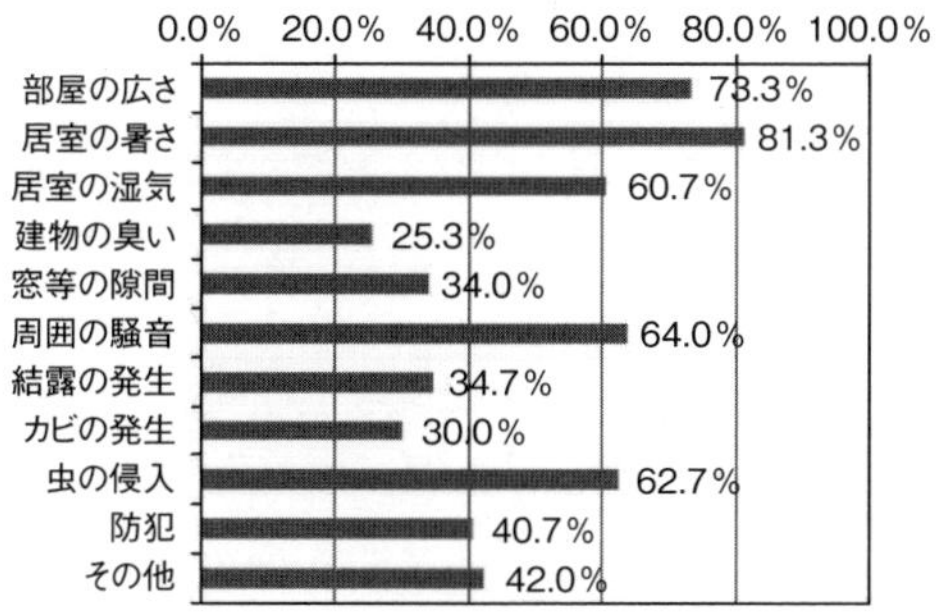

図 4　生活上問題と感じる項目の指摘

30 震災後のスマートコミュニティで考えるべきこと

キーワード
災害・エネルギー・スマートコミュニティ

●はじめに

スマートグリッドやスマートコミュニティという言葉をよく聞きます。東日本大震災が起こる以前は電力の供給と需要がうまく合うような電力網をスマートグリッドと呼んでいました。スマートグリッドを持っているのがスマートシティ、スマートタウン、スマートコミュニティなどとイメージされていました。

国の新成長戦略の一つとして掲げられ、世界的に大きな市場になると期待と注目を集め、スマートメーターの大規模な設置が行われました。２０１０年ごろでは、関連テーマの国際会議は年１００回を超えるのではないでしょうか。

日本では東日本大震災の後に大きく考え方が変化しました。当初は情報をインターネット上にあげてビッグデータとして扱い、これまで蓄積したノウハウを活用して、世界で最も安定した電力供給と高性能の機器・システムを基にして低炭素化社会を実現しようという考え方が多かったと思います。しかし、震災で経験したのは、エネルギーがないとあらゆる機器・システムが動かないという事実でした。

●スマートコミュニティとは何か

スマートという言葉

「スマート」という言葉を考えてみます。ある講演で聞いたところ、次のような使い方があるそうです。

①出荷時にたくさんの機能を付与してユーザーが選択する。例えばスマートフォン。
②情報にある印を付けてタグ化してまとめて扱う。例えばスマートグリッド、スマートクラウド。
③質や量の異なるものを最適制御して需要と供給のバランスを取るなど、ユーザーが工夫して変えられるようなモノ。スマートシティ、スマートコミュニティでは住民の参加が考えられる。
④日常と非日常（災害時）をつなげる。例えば、スマートデザイン。
⑤産業・軍事によるハード、文化によるソフトのバランスで国家を進展させる。

これをスマートパワーと呼ぶが、普通考えるイメージから少し離れる。

このように多くの使い方があるために、何となく良さそうだという感じはあっても、何人かで話をすると違うことを考えているかも知れません。

日本の考え方

経済産業省がイメージしているスマートコミュニティのイメージは**図１**のようなものです。エネルギーやサービス全般が街全体をカバーする情報網に基づいて行われます。建物のエネルギー管理システムについては、住宅対象のＨＥＭＳ（Home Energy Management System）、建物対象のＢＥＭＳ（Building Energy Management System）や街区全体を扱うＤＥＭＳ（District Energy Management System）などが対応していて、それらをまとめてＸＥＭＳと呼ばれたりします。環境やサービスの質を落とさずに、ある大きさの範囲でスマートにエネルギーを使います。

このようなアイデアを東北地方で実現しようとして、東北経済産業局ではスマートグリッド研究会を２０１０年に立ち上げ３年間活動しました。東北は再生可能エネルギーのポテンシャルが日本最大ですので期待が持てます（文献１）。例えば、夏季の太陽光による太陽光発電、冬季の降雪による冷熱、風力による発電などがあります。

研究会は三つの部会からなります。

① 第一分科会：スマートグリッド化に対応した家電・蓄電池・電池自動車に関する分科会（モノ）

② 第二分科会：エネルギー管理システムに関する分科会（システム）

図１　新しい街づくりとしてのスマートコミュニティのイメージ（出典：経済産業省）

③第三分科会：スマートグリッド時代に対応した住宅・ビルに関する分科会（インフラ）

建物を主として扱うのは第三分科会ですが、三つのテーマがあります。

テーマ１：スマートグリッド時代における住宅やビルのハードウェアのあり方

テーマ２：東北の地域特性に合わせた空調システム

テーマ３：エネルギー・コンサルティングの現状

スマートコミュニティは対象が多様ですが、このぐらい細分化されると建築で扱うテーマに重なってきます。個別の技術要素はほぼ整っているといってよいと思いますが、実際にこれらをまとめて研究・応用・実用化するには、多くの専門家の協力の基で機器をシステムとして組み上げていきますが、多くの経費と時間を必要とします。

街区全体のエネルギーを扱うＤＥＭＳのモデルとして、２００４～２０１０年に地球温暖化対策費などで開発したモデルを**図２**に示します。後述する環境未来都市のシンポジウムで紹介されたものです。街区の単位で各建物

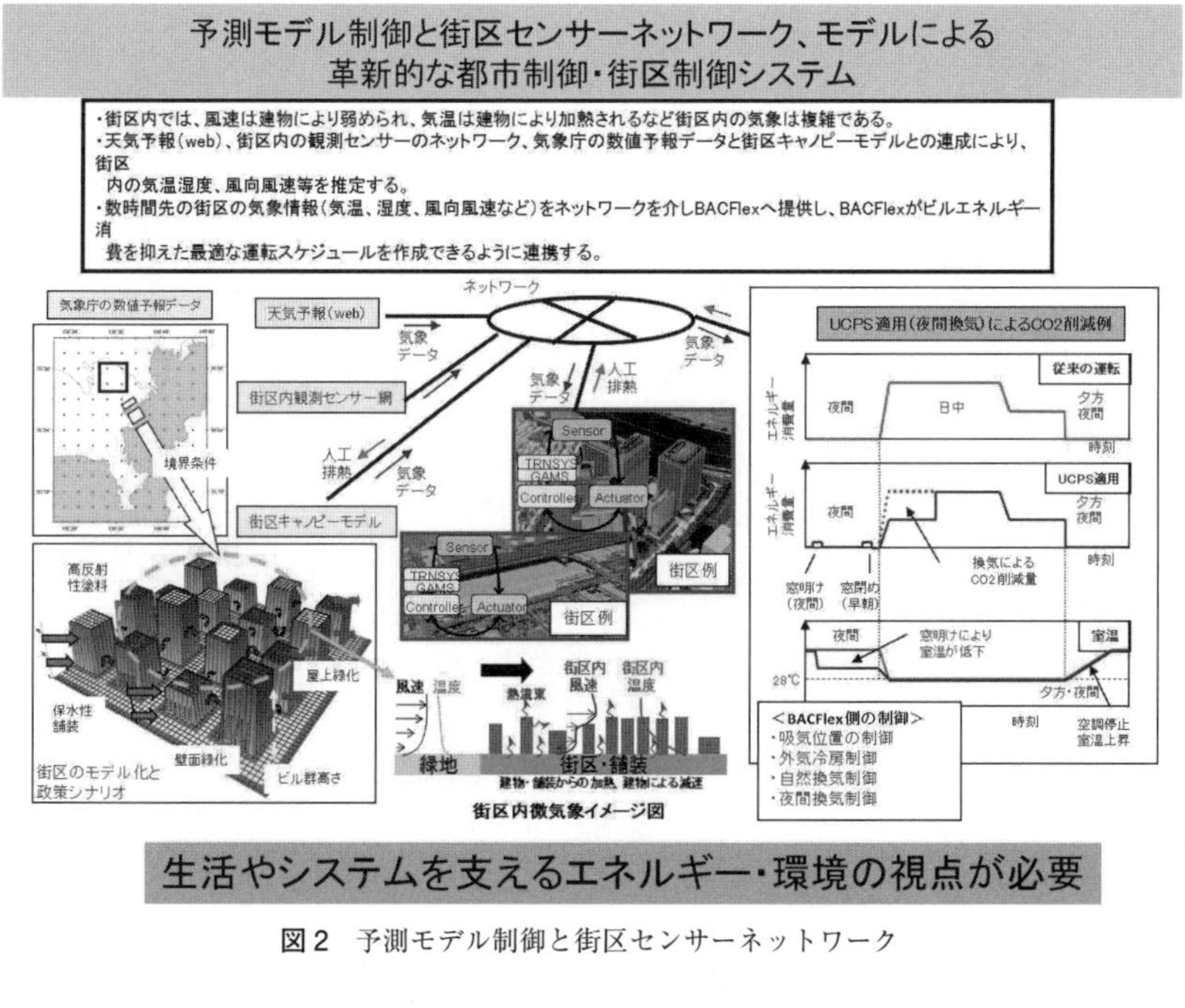

図２　予測モデル制御と街区センサーネットワーク

のＢＥＭＳを一括制御します。この際、翌日の天気予報や室の使用スケジュールなどを使って、エネルギー消費量を予測して、あらかじめ決めた制御スケジュールで機器を稼働します。天気予報が外れたら、目標値の温度と実現された温度の差を後追いしてなくします。つまり、普通に行われているフィードバック制御に戻ります。建物の計算モデルを作成して予測制御することから、モデル予測制御（ＭＰＣ　Model Predictive Control）という言葉で一般に呼ばれます。

ここでは空調設備だけを扱っていますが、将来は建築設備以外へと扱う範囲が大きくなり、今多く行われているフィードバック制御が予測（フィードフォアワード）制御と組み合わされていくと考えています。スマートコミュニティにおいてエネルギー管理を行うシステムとなると思います。

ＤＥＭＳを拡張したものとして、２０１０年に閣議決定された新成長戦略の一つである「環境未来都市」があります。特定の都市・地域において、未来に向けた技術、社会経済システム、サービス、ビジネスモデル、まちづくりで世界に類のない成功事例を創出し、国内外に普及展開するものです。社会経済システムイノベーション実現による地域活性化と持続可能な経済社会の実現を目標としています。

震災前に5都市が認定されていて、震災後に被災地である岩手県、宮城県、福島県に六つ認定されました。宮城県では東松島市と岩沼市です。東松島市の具体例を後で説明します。

海外での考え方

海外では地球温暖化防止のための取組みの際に、持続可能な発展（sustainable development）という考え方を掲げました。先進国は生活水準を保ちながら、発展途上国もともに発展していこうという考え方です。その後、各国で低炭素化都市、スマートコミュニティを目指した活動が行われています。

すべての考え方を網羅することはできないのですが、ジェレミー・リフキン（Jeremy Rifkin）の第三次産業革命（Third Industrial Revolution）（文献1）を紹介します。これまでの社会は「通信コミュニケーション」と「エネルギー」の技術が相まって産業を開拓してきましたが、これからは分散型の再生可能エネルギーとインターネット社会が結ばれた地球全体の産業の時代となっていくというものです。参加者のつながりにより、エネルギー・経済・政治・教育・意識など、社会を変わると述べられていますす。EUや米国の都市がこの考えを支持しています。日本語訳が出ていますので関心のある方はお読みになるとよいと思います。

●東日本大震災のもたらしたもの

直面する問題

もともと人口減少やデフレに悩んでいた日本には、安全・安心、環境・エネルギー、超高齢社会についての課題がありました。多くの国が持つ共通の課題でして、例えば環境・エネルギー・経済（３Ｅ）の鼎立はトリレンマと呼ばれる難問です。

近い将来には大変な課題になると覚悟はしていましたが、東日本大震災により目前に突きつけられてしまいました。震災以降の被災者の生活は、これらの課題を日々乗り越えるものに変わりました。その結果、電力の安定供給が保証されないならば、再生可能エネルギーを利用した分散電源システムが不可欠であると誰もが確信しています。上記の課題解決が期待されているスマートコミュニティについて考える際にも、大規模災害時に何が必要かという視点が大切です。

課題解決のための総合化

前述の課題はそれぞれが複雑に絡んでいて、さまざまな人たちが係わるために、個別に解決するとともに全体を見通してそれぞれの過程のバランスを取らなければなりません。日本の第四期科学技術基本計画では、基本方針として震災復興とともに「国として取り組むべき重要課題を設定し、その達成に向けた施策を重点的に推進する」ことが掲げられています。タスク・ドリブン（課題を原動力として）という課題解決型の活動を示していると思います。

最近は、バックキャスティングというもう少し具体的な言葉が出てきました。将来を予測して目標を立てて、そこに達するための合理的な手段を見つけて実行します。多くの人々が話し合い、目標を決めたら、現有の資源と新規の開発を組み合わせて、それに合わせてプロジェクトを始めてマネジメントして行くやり方が、我々の直面する問題に求められると思います。

● 東松島市の環境未来都市

環境未来都市の構想

津波で多くの人々が犠牲となったなか、将来への姿を描いてその実現へ努力を続けている東松島市の例を紹介します。同市の環境未来都市構想は**図３**のようなものです。環境・超高齢化対応・防災という課題に正面から取り組むものです。

具体的な活動を開始しており、一般社団法人東松島みらいとし機構（愛称ＨＯＰＥ）が復興事業の中間支援組織として、五つの部会（くらし、産業、コミュニティ・健康、エネルギー、その他）を配置しています。

ここでは、コミュニティ・健康部会の高齢者見守り事業のうち、仮設住宅で行っている例を紹介します。

仮設住宅について

震災後の居住環境を確保するため、多くの仮設住宅が設置されました。生活の場の確保ができましたが、居住環境としては解決すべき点も少なくありません。例えば、「交通の便が悪く敬遠される場所がある」「網戸のない住宅ではアリやハエが室内に侵入する」「玄関の幅が狭く車いすで中に入れ

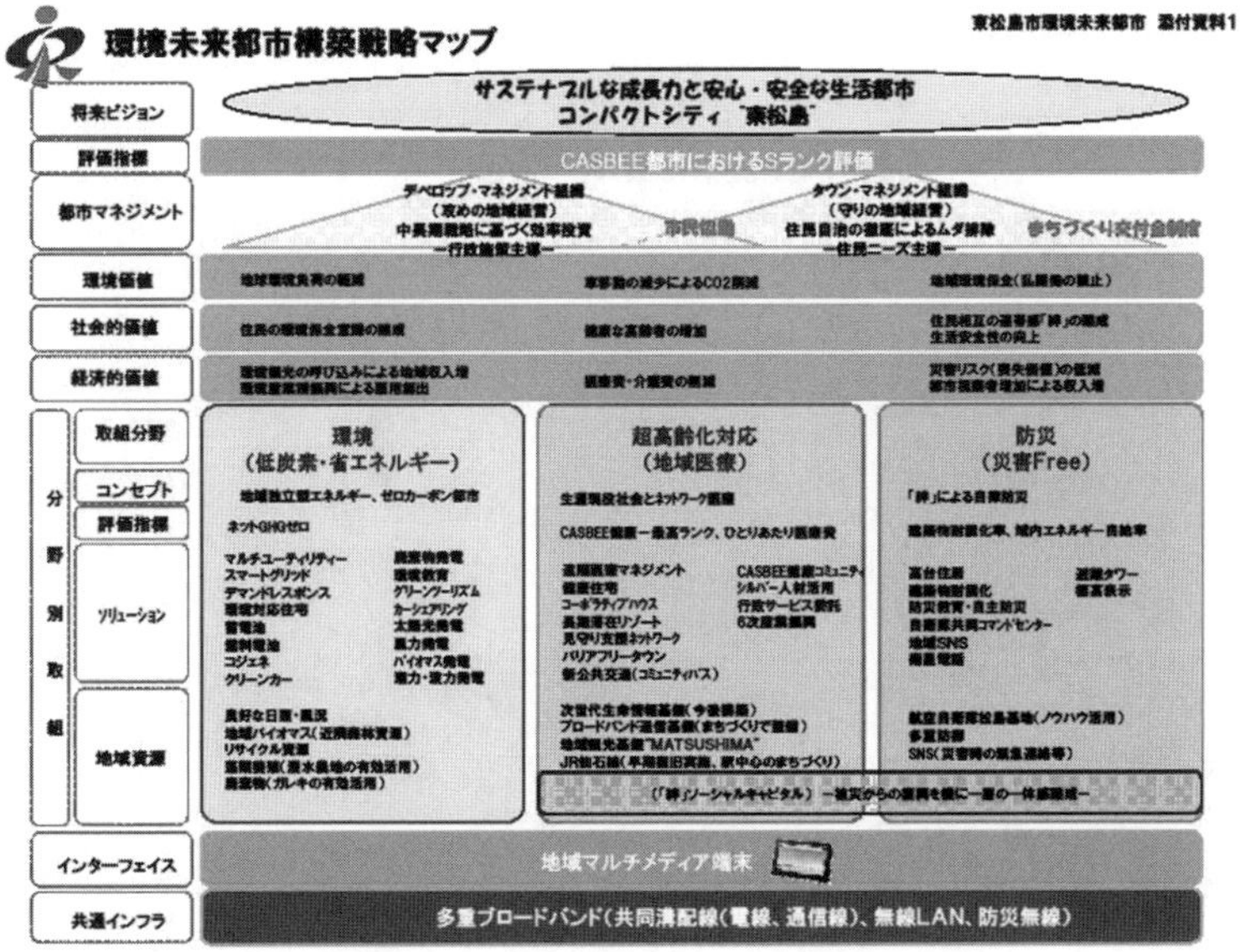

図３　東松島市の環境未来都市の構想

ない」「側溝がなく水はけが悪いため結露を起こしやすい」「鉄製の柱と壁であり夏は暑く冬は寒い」「エアコンを控えると蒸し暑くなる」「換気量不足により室内空気質が低下する」などが挙げられます。

東北地区6高専で行っている「東北地区震災復興プロジェクト―東北地域の産業復興を行う技術者人材育成」という文部科学省のプロジェクトにおいて、東松島市と東北地区高専が連携して、仮設住宅の室内環境モニタリング・システムを構築しつつあります（**図4**、**5**）。得られた情報は、自立電源で稼働する双方向の通信システムを通じてインターネットに蓄積されて行政や医療機関に提供されます。この情報により仮設住宅内の機器制御を行えるようにします。スマートコミュニティが持つべき機能の一つですし、仮設住宅に住まうお年寄りの見守りとして役立つ機能と思います。

●おわりに

国内外の背景を含めてスマートコミュニティ実現への活動と、具体例として東松島市の環境未来都市の枠組みの中で行っている仮設住宅の環境モニタリング・システムを紹介しました。実用化までの道のりにはさまざまな課題が立ち現れるでしょうし、多くの方々の

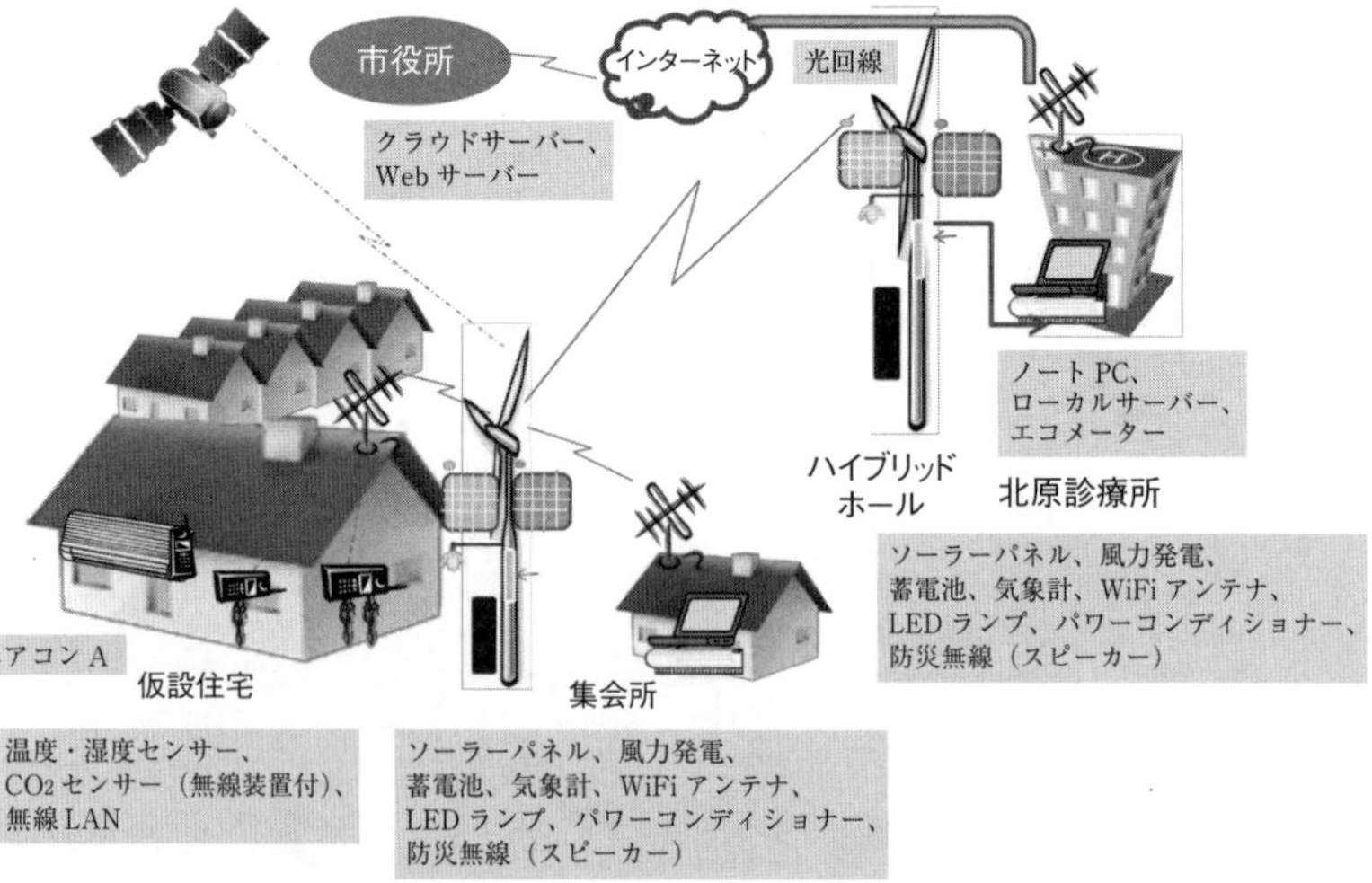

図4　仮設住宅の環境モニタリング・システムの概要

協力が必要です。産学官民の連携や異なる規模の企業の組合せなど、これまでよりも幅広い連携が必要と考えています。

（内海康雄）

《参考文献》

（1）ジェレミー・リフキン著、田沢恭子訳『第三次産業革命：原発後の次代へ、経済・政治・教育をどう変えていくか』インターシフト、2012

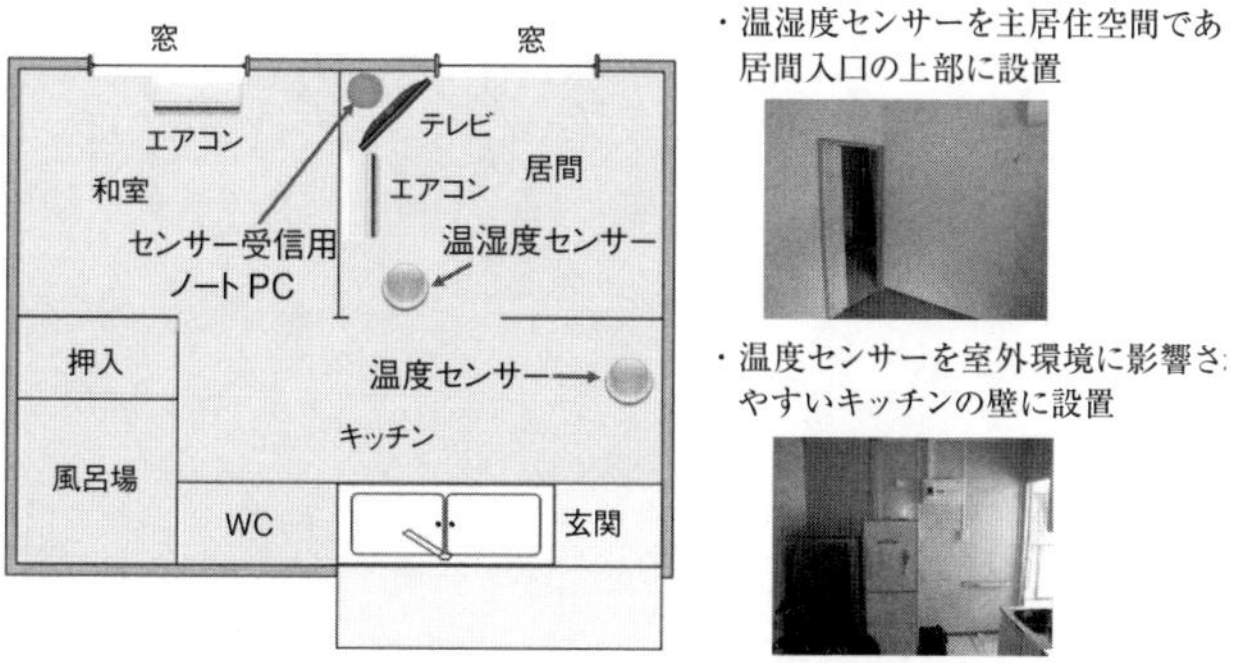

・温湿度センサーを主居住空間であ
居間入口の上部に設置
・温度センサーを室外環境に影響さ
やすいキッチンの壁に設置

図5　仮設住宅内のセンサー設置の事例

編　集：住まいと環境 東北フォーラム（理事長：吉野　博）

健康で快適な住まいとは何か、どのようにしたら環境に負荷をかけないかを、生活者や住宅建設関係者とともに考えていくことを目的に１９９２年に設立した団体。なお、編集にあたっては、編集委員会（石川善美（委員長）、吉野　博、安井妙子、酒井善光（事務局長）、柴田まりこ（事務局員））を設けて作業を行った。

執筆者

五十嵐由利子	新潟青陵大学
池田耕一	日本大学
石川恒夫	前橋工科大学
石川善美	東北工業大学
石田秀輝	（合）地球村研究室
内海康雄	仙台高等専門学校
菊地　洋	コーナー札幌（株）
源城かほり	長崎大学
後藤伴延	東北大学
小林　光	東北大学
菅原正則	宮城教育大学
田中正敏	福島県立医科大学
西川竜二	秋田大学
野崎淳夫	東北文化学園大学
長谷川兼一	秋田県立大学
林　基哉	国立保健医療科学院
本間義規	宮城学院女子大学
松本真一	秋田県立大学
三浦秀一	東北芸術工科大学
三木奎吾	住宅雑誌　Replan
三田村輝章	前橋工科大学
安井妙子	安井妙子あとりえ
吉野　博	東北大学

住まいと人と環境
プロフェッショナルからの提言

定価はカバーに表示してあります。

2015年11月25日　1版1刷発行

ISBN 978-4-7655-2576-3　C3052

編　　者　住まいと環境 東北フォーラム
発 行 者　長　　滋　彦
発 行 所　技報堂出版株式会社
〒101-0051　東京都千代田区神田神保町1-2-5
電話 営業 (03) (5217) 0885
　　 編集 (03) (5217) 0881
FAX (03) (5217) 0886
振替口座 00140-4-10
http://gihodobooks.jp/

日本書籍出版協会会員
自然科学書協会会員
土木・建築書協会会員

Printed in Japan

装幀　田中邦直　　印刷・製本　愛甲社